Zu diesem Buch

Die Epoche der «automobilen» Gesellschaft scheint dem Untergang geweiht. Das überkommene Mobilitätskonzept – «freie Fahrt für freie Bürger» – hat sich als untauglich erwiesen, und es hat Schattenseiten offenbart, die weder Politiker und Verkehrsplaner noch der einzelne Verkehrsteilnehmer länger ignorieren können. Verheerende Umweltschäden, die erschreckende Zahl an Verkehrstoten, die Entstellung unserer Städte und das inzwischen alltägliche Verkehrschaos haben das Auto zu Recht in Verruf gebracht; der motorisierte Individualverkehr ist zum Anachronismus geworden.

Doch kann man überhaupt noch ohne Auto leben? Zwar benutzen immer mehr Menschen ihren eigenen Pkw mit einem offensichtlich schlechten Gewissen; eine Trendwende allerdings ist deshalb noch nicht in Sicht. Im Gegenteil, die Zulassungszahlen steigen ebenso ungebremst wie die Hubraumgrößen. Wie Süchtige, die von einer Droge nicht loskommen können, kapitulieren die meisten von uns vor der Vielzahl von Barrieren, die einem Ausstieg entgegen zu stehen scheinen.

Die Autoren dieses Bandes, der auf eine bundesweit beachtete Untersuchung des Instituts für Stadt- und Sozialforschung der Universität Bremen zurückgeht, zeigen, welche tatsächlichen Schwierigkeiten ein Autoverzicht bereiten könnte, und wie sich diese Probleme erfolgreich überwinden lassen. Ein Leben ohne Auto wird den Alltag zumindest der Stadtbewohner bereits in wenigen Jahren prägen. Dieser urbane Lebensstil der Zukunft – die sinnliche Wiederaneignung des städtischen Raumes durch umwelt- und menschenfreundliche Fortbewegungsmittel –, so die Erkenntnis der Bremer Soziologen, kann bereits heute ein Gewinn sein.

Hiltrud Burwitz, geb. 1949, Dipl. Ing., Dipl. Sozialwissenschaftlerin; studierte Architektur an der Hochschule für Gestaltende Kunst und Musik in Bremen und Sozialwissenschaften.

Henning Koch, geb. 1956, Dipl. Sozialwissenschaftler; studierte in Göttingen Ethnologie und in Bremen Sozialwissenschaften.

Thomas Krämer-Badoni, geb. 1944, Dr. phil., Professor für Stadt- und Regionalsoziologie an der Universität Bremen.

Hiltrud Burwitz / Henning Koch /
Thomas Krämer-Badoni

Leben ohne Auto
Neue Perspektiven für eine menschliche Stadt

Rowohlt

rororo aktuell
Herausgegeben von Ingke Brodersen
Redaktion Rüdiger Dammann

Originalausgabe
Veröffentlicht im Rowohlt Taschenbuch Verlag GmbH,
Reinbek bei Hamburg, September 1992
Copyright © 1992 by Rowohlt Taschenbuch Verlag GmbH,
Reinbek bei Hamburg
Alle Rechte vorbehalten
Umschlaggestaltung Büro Hamburg – Jürgen Kaffer/Peter Wippermann
(Foto: action press)
Satz Sabon (Linotronic 500)
Gesamtherstellung Clausen & Bosse, Leck
Printed in Germany
1290-ISBN 3 499 13123 4

Inhalt

Vorwort 7

Stadt der Autos

Belastungen für Mensch und Umwelt 10 / Der Lärm 12 / Die Schadstoffe 14 / Die Unfälle 18 / Der Flächenverbrauch 23 / **Kurze Geschichte der Automobilisierung** 26 / Die autogerechte Stadt in Politik und Planung 27 / Schiene oder Straße? Die Wirtschaft setzt auf den motorisierten Individualverkehr 33 / Das Objekt unserer Begierde: Einsteigen und abfahren 34 / Mehr Straßen, mehr Autos, mehr Straßen... 36 / Die technische Illusion 37 / **Konzepte für einen stadtverträglichen Verkehr** 42 / Stadt der kurzen Wege 46 / Zufahrtsbeschränkungen und Verbote 50 / Parkraum: knapp und teuer 56 / Park and Ride: kein Wundermittel 58 / Attraktivitätssteigerung der öffentlichen Verkehrsmittel 62 / Mehr Raum für das Fahrrad 66 / Den Fußgängern Geltung verschaffen 71 /
Neue Trends in der Verkehrsmittelwahl: Vom überzeugten Autofahrer zum überzeugten Autolosen 74

Leben ohne Auto

Der Traum der Mobilität 82 / Die immobile Politik 82 / Die Geburt eines Experiments 84 / Die Freiwilligen 89 / Zur Ausgangslage: »Das Auto ist eh angemeldet« 91 /
Von alter Gewohnheit zu neuen Routinen 97 / Das Einkaufen 97 / Das Mehl, der Regen und der Fahrradanhänger 100 / Weniger kaufen, häufiger laufen 101 / Die Transporte: »...zwei Torten, Teller und Bestecke« 103 / Der Arbeitsweg 104 / Die Fahrt ins Umland: »Es gibt keine öffentlichen Verkehrsmittel, die zu meiner Mutter fahren« 112 / Inter-City 116 /

Learning by doing 119 / Das Fahrrad: Durch Perspektivenwechsel zum Routinefahrzeug 120 / Der öffentliche Personennahverkehr: brauchbar, aber unbeliebt 124 / Das Gehen: Eine Selbstverständlichkeit wird bewußt 129 / Das Mitfahren: Gelegenheit auf freundschaftlicher Basis 133 / Das Automobil: kaum vermißt 136 / »Stadtauto« und Taxi: Wenn Autofahren sein muß 139 /
Mobil ohne Auto: begrifflicher Widerspruch oder unbegriffene Wirklichkeit? 141 / Was, wann, wo, wie oft 141 / Mobilität als Verfügung über den Raum 145 / Mit Kindern unterwegs 147 / Wegezeiten: verbrachte Zeit und verbrauchte Zeit 159 / Die Entstehung des Raumes in der Erfahrung 152 / Der Weg als sozialer Raum 155 /
Von der Möglichkeit zur Wirklichkeit 159

Einstieg in den Ausstieg

Auto adieu 166 / Die Grundform der Fortbewegung: das Gehen 172 / Verknüpft und vernetzt: Busse und Bahnen 177 / Schnell, flexibel, individuell: das Fahrrad 187 /
Inventur der eigenen Mobilität 197 / Das Verkehrsbudget 197 / Was mache ich wo und wie gelange ich dorthin? 202 /
Unterwegs zu neuer Mobilität 207 / Modalitäten der Benutzung 208 / Mit welchen Veränderungen ist im Alltag zu rechnen? 209 / Der Umstieg 212

Literatur 218

Vorwort

Die Auseinandersetzung der automobil gewordenen Gesellschaft mit sich selbst gleicht einer unendlichen Geschichte. Trotz wachsender Einsicht in das Zerstörungspotential des Automobils, trotz der Erkenntnis, daß städtisches Leben unter der Bedingung des zunehmenden Autoverkehrs unmöglich zu werden droht, trotz der wissenden Ahnungen über die Beteiligung des Automobils am Treibhauseffekt und damit an der dramatischen Verschlechterung der Lebensbedingungen auf dem Planeten Erde – trotz alledem: wir fahren, fahren, fahren.

Unter dieser Voraussetzung erscheint es fast müßig, der Flut der autokritischen Literatur einen weiteren Band hinzuzufügen. Daß wir uns dennoch dazu entschlossen haben, liegt daran, daß unsere Forschung zu dem Thema «Reduzierung des Automobilverkehrs», die wir im Auftrag des Instituts für Landes- und Stadtentwicklungsforschung des Landes Nordrhein-Westfalen durchgeführt haben, einen Hoffnungsschimmer hat aufscheinen lassen: Eine wachsende Zahl von Menschen scheint zu einem Verzicht auf das Automobil bereit zu sein; zunächst mit einer ökologischen Motivation, dann aber von der Erfahrung zehrend, daß ein Leben ohne Auto keineswegs das Ende der Mobilität bedeutet, ja, daß es ein besseres, streßfreieres und reicheres Leben ist. Damit gewinnt ein Lebensstil Konturen, der Modernität an den Nichtbesitz eines Autos, an die Befreiung vom Automobil knüpft. Wir haben dieses Buch geschrieben, weil uns die Familien, die am Forschungsprojekt teilnahmen, Mut machten. Diesen Mut wollen wir weitergeben.

Das Buch – das sich ausschließlich mit dem städtischen Verkehr beschäftigt – besteht aus drei Teilen. Im ersten Teil skizzieren wir eine Reihe von verkehrspolitischen Maßnahmen, die zu einer Reduzierung der Verkehrsbelastungen und des Automobilverkehrs beitragen sollen und die doch im wesentlichen dieses Ziel verfehlen. Sie sind nicht nutzlos, aber nur eine konsequente und kombinierte Anwendung solcher Maßnahmen könnte wirksame Effekte erzielen.

Im zweiten Teil stellen wir unsere Untersuchung «Vier Wochen ohne Auto» in sehr komprimierter Form dar. Für diese Untersuchung hatten wir einige Familien gebeten, im Spätsommer 1990 vier Wochen ihr Auto stehenzulassen und über ihre Erfahrungen ein von uns vorbereitetes Tagebuch zu führen. Die Tagebücher wurden dann von uns systematisch analysiert. Die Ergebnisse dieser Untersuchung waren so überraschend, daß wir uns entschlossen, dieses Buch zu schreiben.

Der dritte Teil hat sich für uns folgerichtig aus den anderen beiden Teilen ergeben. Wenn nämlich die Politik keine zureichenden Maßnahmen zur Eindämmung des Automobilverkehrs ergreift, andererseits immer mehr Menschen freiwillig auf das Auto verzichten möchten, dann lohnt der Versuch, all jenen, die das wollen, beim Umstieg vom Automobil auf die umweltfreundlichen Verkehrsmittel eine Hilfestellung anzubieten. Auch wenn eine solche Hilfestellung vielen gar nicht nötig zu sein scheint: Die Ergebnisse unserer Untersuchung haben uns gelehrt, daß schon die geringste Vernachlässigung scheinbarer Selbstverständlichkeiten den Umstiegsversuch zum Scheitern verurteilen kann. Sich ohne Auto in der Stadt zu bewegen, das will gelernt sein. Wenn wir aus dem «Verkehrssystem Auto» aussteigen, stehen wir erst einmal ganz schön hilflos im Freien. Wie Kinder müssen wir lernen, uns fortzubewegen. Unser Buch soll uns «Kindern» dabei helfen, erwachsene mobile Menschen zu werden.

Stadt der Autos

Belastungen für Mensch und Umwelt

«Der Raumbedarf des Kraftfahrzeugs wird immer gewaltigere Ausmaße annehmen, und wenn wir den Standpunkt einnehmen, auf die visuellen Beeinträchtigungen komme es nicht an, werden wir ein immer stärkeres Auseinanderfließen städtischer Strukturen erleben, mit immer größeren Flächen, die als Parkplätze dienen, bis eines Tages die äußere Erscheinung unserer Städte vorwiegend von dem Kraftfahrzeug, seinen Bedürfnissen und den mit ihnen in Verbindung stehenden Einrichtungen beherrscht wird.»

Diese Warnung vor den verheerenden Folgen eines überhandnehmenden Automobilverkehrs äußerte der englische Verkehrswissenschaftler Colin Buchanan bereits 1964. Er war einer der ersten, der die mit dem Automobilverkehr zusammenhängenden Probleme, vor allem dessen störende Auswirkung auf das Wohnumfeld *(environment)* der Stadt- und Landbewohner klar benannte. Mittlerweile haben sich seine Befürchtungen längst bewahrheitet. Sieht man von den wenigen innerstädtischen Fußgängerzonen ab, ist das Bild der städtischen Straßen durch Automobile geprägt. Sie treten dabei nicht nur fast überall in unser Blickfeld, sondern wir müssen nahezu rund um die Uhr ihren Lärm und ihren Gestank ertragen. Selbst in unseren Wohnungen sind wir nicht geschützt vor ihren schädigenden Auswirkungen.

Der Automobilverkehr, dem die Straße sowohl als Tempostrecke wie auch als Abstellfläche dient, droht sich mittlerweile selbst lahm zu legen. Der Verkehrsstau, das Produkt zu vieler Automobile auf zu wenig Straßenraum, gehört zum alltäglichen Erscheinungsbild unserer Städte. Es gibt heute kaum mehr jemanden, der die Verstopfung unserer Städte mit Automobilen unproblematisch findet. Selbst ausgesprochene Autobefürworter verlieren die Lust am Autofahren, wenn sie in der Stadt im Stau stehen oder vergeblich einen Parkplatz suchen. Doch die Zunahme des Automobilverkehrs schränkt nicht nur die Autofahrer in ihren Mobilitätsbedürfnissen ein, sondern schädigt die Lebensqualität aller Stadtbewohner. Anwohner verkehrsreicher Straßen, Fußgänger, Fahrradfahrer, Bus-

und Straßenbahnbenutzer – alle nicht selten auch Autofahrer – sind vor allem von den sogenannten Folgeproblemen des Automobilverkehrs betroffen. Für sich selbst genommen ist das vierrädrige Gefährt, wie es Automobilreklamen und -ausstellungen geschickt zum Ausdruck bringen, ein in Technik und Design faszinierender Gegenstand. Problematisch ist die Masse der Automobile. Giftige Abgase, Lärm, Flächenfraß auf Kosten anderer Nutzungsmöglichkeiten, hohe Unfallrisiken (auch) für andere Verkehrsteilnehmer: all dies sind Gefahren und Belastungen, die der heutige Automobilverkehr verursacht. Hinzu kommen der hohe Energiebedarf für die Herstellung und den Betrieb eines Pkw sowie der massenhaft anfallende Autoschrott. Diese Probleme nehmen zu, je mehr Autos gekauft und gefahren werden.

In der vereinigten Republik sind gegenwärtig mehr als 36,1 Millionen Pkws angemeldet – davon 31,3 in den alten und 4,8 Millionen in den neuen Bundesländern. In zwanzig Jahren soll die Menge an Autos nach den Prognosen der Shell AG (1991,5) je nach gesellschaftlichen Rahmenbedingungen auf 41 oder 46 Millionen gestiegen sein. Die geringere, aber immer noch erhebliche Steigerung auf 41 Millionen Pkw wäre laut Shell-Studie vor allem eine Folge geringeren Wirtschaftswachstums, dirigistischer Umweltschutzmaßnahmen und einschneidender Zufahrtsbeschränkungen für den Kfz-Verkehr in die städtischen Verdichtungsgebiete.

Auch wenn man davon ausgeht, daß durch eine zunehmende kritische Haltung der Bevölkerung zum Automobil sowie durch die Verteuerung und die raum-zeitlichen Beschränkungen des Automobilverkehrs ein geringerer Anstieg oder gar eine Verringerung der Autoverkehrsmenge erreichbar ist, müssen die Menschen in der Stadt auf absehbare Zeit mit dem Automobil und seinen Belastungen leben. Allerdings wird es von der Wahrnehmung und den Entscheidungen jedes einzelnen abhängen, welches Ausmaß der Automobilverkehr in der Stadt annehmen wird. Lärm, Gestank und Sicherheitsrisiken des Automobilverkehrs werden gegenwärtig weniger als je zuvor kritiklos hingenommen. Gerade in den letzten Jahren hat die Zahl der Bürger, die sich in Verkehrsinitiativen organisieren und gegen Straßenbauprojekte oder für Geschwindigkeitsbegrenzungen und Fahrverbote eintreten, enorm zugenommen. Viele Bürger beteiligen sich an Fahrradvereinen wie dem Allgemeinen Deutschen Fahrrad Club (ADFC) oder an Organisationen wie dem

Verkehrsclub Deutschland (VCD), die den umweltfreundlichen Verkehrsmitteln gegenüber dem Automobil Vorrang einräumen und sich selbst als Interessenvertreter der durch den Automobilverkehr benachteiligten Bevölkerungsgruppen verstehen.

Doch immer mehr Bürger wenden sich nicht nur fordernd an Planung und Politik, sondern bemühen sich, auch ihr eigenes Verhalten zu ändern und weniger oder gar nicht mehr Auto zu fahren. Viele, die versucht haben, ohne eigenes Auto zu leben, werden wie die Teilnehmer an unserem Projekt (vgl. Teil 2 dieses Buches) festgestellt haben, daß die Abhängigkeit vom Automobil geringer ist, als sie zunächst befürchtet hatten. Verkehrswissenschaftler haben festgestellt, daß nur etwa die Hälfte aller Autofahrer auf die Benutzung eines Pkw festgelegt ist (Ueberschaer 1988,5). In der Stadt, mit ihren im Vergleich zum Land geringeren Entfernungen, dürfte der sogenannte Zwang zur Automobilbenutzung noch weniger ausgeprägt sein. Viele Städter können ihr Auto stehenlassen oder ganz auf den Besitz eines Autos verzichten. Da aber alle Autofahrer mehr oder weniger an die Benutzung des Automobils gewöhnt sind, fällt die Entscheidung für ein anderes Verkehrsmittel oft schwer.

Die folgenden Ausführungen zu den verschiedenen Belastungen und Schädigungen durch den Automobilverkehr in der Stadt sollen dazu beitragen, daß sich mehr Menschen der problematischen Folgewirkungen des Automobilverkehrs bewußt werden. Wir wissen, daß Autofahren auch Spaß macht. Doch die Lust am Automobil beinhaltet leider auch destruktive Aspekte wie eine übertriebene Geschwindigkeitsliebe oder eine zu enge Verknüpfung mit dem eigenen Selbst. Gefahren und Schädigungen, die vom Automobilverkehr ausgehen, werden leicht verdrängt, verleugnet oder verharmlost. Deshalb ist es um so wichtiger, die Fakten, die diese Schäden beschreiben, darzustellen.

Der Lärm

Zugegeben, der von Automobilen verbreitete Krach ist nicht die einzige Lärmquelle in der Stadt. Wer gerade dort wohnt, wo Baumaschinen im Einsatz sind, wo in unmittelbarer Nähe Güter- und Intercityzüge verkehren oder wo sich eine Einflugschneise befindet, wird ebenfalls erheblich durch Lärm belästigt. Doch sind von der

Beschallung durch den Autoverkehr weitaus mehr Menschen betroffen (siehe Abbildung 1). Die Hälfte der Bevölkerung fühlt sich durch Straßenverkehrslärm belästigt. Mindestens 16 Millionen Menschen können sich in ihren Wohnungen erst dann unterhalten, wenn sie alle Fenster geschlossen haben. Zu diesen Ergebnissen kamen Untersuchungen, die das Umweltbundesamt in Berlin in einem Bericht zusammengefaßt hat (vgl. *GEO*–Mobilität, 1990, 91 ff).

Auf einem Zehntel der Gesamtfläche der Bundesrepublik ist es für die Menschen durch den Lärm des Straßenverkehrs so laut geworden, daß ihre Gesundheit gefährdet ist. Besonders ausgeprägt ist die Lärmbelästigung in den Städten. An Hauptverkehrsstraßen, die täglich von mehr als 15 000 Pkws genutzt werden, sind Gesundheitsschäden schon unausweichlich. Der Lärmpegel liegt hier über 70 Dezibel. Der Grenzwert für noch zumutbaren Lärm liegt bei 55 dB (vgl. Ludewig 1990,8). Durch eine sorgfältige statistische Analyse (Herbold 1989) konnte nachgewiesen werden, daß eine positive Beziehung zwischen einer Lärmexposition durch den Straßenverkehr am Wohnort im Bereich von 66 bis 73 dB und erhöhter Häufigkeit von Bluthochdruck besteht. 10–15 Prozent der Anwohner von stark befahrenen Straßen bekämpfen den Lärm mit Schlafmitteln.

Auch Lärmschutzmaßnahmen haben wegen der rapiden Zunahme des automobilen Verkehrsaufkommens nicht verhindern können, daß es im Mittel auf den bundesdeutschen Straßen immer lauter geworden ist (vgl. Holzapfel 1985,16–21). An stark belasteten Großstadtstraßen stieg der Dauerschallpegel von der Jahrhundertwende bis heute von 50 auf 85 Dezibel. Das bedeutet, daß sich die Lautstärke – Lärmwerte wachsen logarithmisch – verachtfacht(!) hat (vgl. Monheim 1990,28). Besondere Lärmerzeuger in den Straßen sind neben den Automobilen Motorräder und Lkws. Letztere können bei hohem Tempo den völlig unzumutbaren Spitzenwert von 100 Dezibel erreichen.

Die Bekämpfung des Lärms fand in den letzten Jahren vorwiegend «passiv» statt, etwa durch den Einbau von Schallschutzfenstern. Die «aktive» Bekämpfung der Lärmquelle durch die Festlegung von Grenzwerten für die Lärmemissionen der Kraftfahrzeuge erwies sich als wenig erfolgreich. Daß die Automobile bei den sogenannten Typprüfungen etwas leiser geworden sind, hatte kaum einen Einfluß auf die Lärmwerte beim praktischen Fahrbetrieb. Bei den Typprüfungen werden bisher alle Geräusche vernachlässigt, die von den rollenden Autoreifen ausgehen. Diese Reifengeräusche sind aber bereits beim flüssigen Stadtverkehr die Hauptlärmquelle. Sie werden um so lauter, je schneller gefahren wird. Viele der heute benutzten Reifen sind übermäßig breit und in ihrer Konsistenz und Härte auf hohe Geschwindigkeiten ausgelegt. Sie sind dann auch bei niedrigen Geschwindigkeiten vergleichsweise laut (vgl. *Die Zeit* 1992, Nr. 14).

Technische Möglichkeiten, den Straßenverkehrslärm zu bekämpfen, sind zwar vorhanden – beispielsweise die Verkapselung des Motors –, sie werden aber von der Autoindustrie kaum angewendet, wenn nicht die Kunden oder gesetzliche Regelungen lärmarme Fahrzeuge verlangen. Eine deutliche Minderung des Lärms könnte deshalb zur Zeit nur durch eine Reduzierung von Verkehrsaufkommen und Geschwindigkeit erreicht werden. Aus den Tempo-30-Gebieten liegen positive Ergebnisse vor. Dort konnte der Lärm erheblich reduziert werden, was sowohl auf die Verringerung der Geschwindigkeit als auch auf eine Verstetigung des Fahrverlaufes zurückzuführen ist (vgl. Ludewig 1990,12). Generell gilt, daß ein Pkw bei 50 km/h genauso laut ist wie drei Pkw bei Tempo 30 (Kürer 1982). Leider wird die Tempo-30-Regelung bis jetzt fast ausschließlich in Sammel- und Wohnstraßen eingeführt. Für die am stärksten belasteten innerstädtischen Hauptverkehrsstraßen hat die Tempo-30-Regelung bislang noch Seltenheitswert.

Die Schadstoffe

Automobile sind nicht nur laut, sie produzieren auch eine Vielzahl giftiger Stoffe. Herkömmliche Verbrennungsmotoren setzen unter anderem die giftigen Bestandteile Kohlenmonoxid (CO), Stickoxide (NO_x), Kohlenwasserstoffe (C_xH_x), Schwefeldioxid (SO_2) und das ungiftige, jedoch den Treibhauseffekt verursachende Kohlendioxid (CO_2) frei. Wie *Tabelle 1* zeigt, liegen die dabei anfallenden Schadstoffmengen ganz erheblich über denen anderer Verkehrsmittel. Hinzu kommen Staub und Ruß sowie die giftigen Stoffe, die beim Tanken oder beim Reifen-, Fahrbahn- und Bremsabrieb entstehen. Diese Stoffe wirken nicht nur einzeln, sondern auch in kombinierter Form auf Mensch und Umwelt ein. So entstehen beim photochemi-

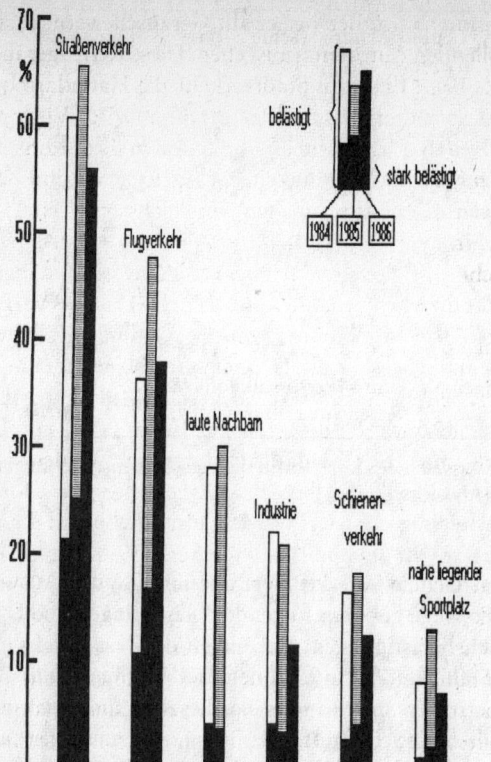

Abbildung 1: Belästigung durch Lärm in der BRD (in Prozent der Gesamtbevölkerung)

Lesebeispiel: 1985 fühlten sich 65 Prozent der Bevölkerung der BRD vom Straßenverkehr belästigt, 25 Prozent fühlten sich stark belästigt.
Quelle: Institut für praxisorientierte Sozialforschung

schen Smog (Sommersmog) während intensiver Sonneneinstrahlung aus Kohlenwasserstoff und Stickoxiden die sogenannten Photooxidantien wie beispielsweise das Ozon. Diese Folgestoffe sind bedeutend umweltbelastender und giftiger als die Gase, aus denen sie entstehen (vgl. Reimann 1983, 18 ff).

Die meisten Luftschadstoffe führen zwar nicht monokausal zu bestimmten Krankheiten, doch ist unbestritten, daß die Reizgase SO_2, NO_x und Ozon die Atemwege schädigen, während CO haupt-

	Fuß-gänger	Fahr-rad	Schiene	Bus	Pkw	Pkw 3WKat	Einheit
CO_2-Emission	0	0	90	59	200	200	g/Pkm [1]
NO_x-Emission	0	0	0,12	0,2	2,2	0,35	g/Pkm
HC-Emission	0	0	0,02	0,08	1	0,2	g/Pkm
CO-Emission	0	0	0,05	0,15	8,7	1,5	g/Pkm
Luftver-schmutzung	0	0	1705	3315	38370	652	[2]

Anmerkungen: 1 Pkm = Personenkilometer
2 verseuchte Luft in m³/Pkm   *Quelle: UPI 1988*

Tabelle 1: Vergleich der Emissionen der verschiedenen Verkehrsmittel (Absolutwerte)

sächlich das Gehirn und das Herz angreift. Zu den Auswirkungen auf die Atemwege gehören folgende Belästigungen und Schädigungen: Geruchsbelästigungen, Reizungen der Nase und des Halses, erhöhte Anfälligkeit für Infektionen und Asthmaanfälle. Besonders schlimm betroffen sind Kinder, da diese oft im Freien aktiv sind und deshalb mehr Schadstoffe einatmen. Zudem sind sie anfälliger, weil ihre körperliche Abwehr noch nicht voll ausgebildet ist (vgl. Walz 1990,54).

Der «Beitrag» des motorisierten Verkehrs zu den Schadstoffen ist vor allem in den größeren Städten erheblich. So stammt das Krebsgift Benzol (gehört zu den Kohlenwasserstoffen) zu 90 Prozent aus dem Autoverkehr. Großstädter haben davon doppelt soviel im Blut wie Bürger aus Mittel- und Kleinstädten. Ihr Krebsrisiko steigt. Eine Auswertung des Hamburger Krebsregisters hat ergeben, daß die Anwohner verkehrsreicher Straßen überdurchschnittlich häufig an bösartigen Lungentumoren sterben: Die Mortalitätsrate liegt um 34 Prozent über dem Durchschnitt. Beim Dickdarmkrebs ist die Zahl der Todesfälle sogar um 68 Prozent höher (*Ökotest* 9/1989). Auch der Anteil des Autos am Gesamtaufkommen der anderen Schadstoffe ist beträchtlich und wiederum in den autobelasteten Gebieten besonders hoch. 1984 stammten 65 Prozent aller Kohlenmonoxid-Emissionen aus dem Autoverkehr, wobei dieser Wert an den städtischen Hauptverkehrsstraßen auf bis zu 99 Prozent ansteigen kann. Bei den Kohlenwasserstoffen waren es 40 Prozent (in den Stadtstraßen 76–89 Prozent) und bei den Stickoxiden 55 Prozent (in den Stadtstraßen 80–90 Prozent).

In den achtziger Jahren wurden erstmals Maßnahmen gegen die Schadstoffemissionen des Automobils ergriffen, weil diese Schadstoffe zu erheblichen Schädigungen der natürlichen Umwelt geführt hatten. Das Thema «Waldsterben» zwang die Politiker zu Reaktionen. Bundesweit und auf EG-Ebene wurden Dreiwegkatalysatoren (für Benzinmotoren) und Rußfilter (für Dieselmotoren) eingeführt und schärfere Abgasnormen für die Hersteller festgesetzt. Diese fahrzeugtechnischen Maßnahmen bewirken allerdings keine sofortige Minderung des Schadstoffausstoßes. Allein die Umrüstung des Pkw-Bestandes dauert etwa zehn Jahre. Von den gegenwärtig 27 Millionen Pkw mit Benzinmotor blasen etwa noch 15 Millionen ihre Abgase ungereinigt aus dem Auspuff (Frankfurter Rundschau v. 4.4.1992).

Ein Dreiwege-Katalysator sollte etwa 90 Prozent der giftigen Abgase (CO, NO_x, HC) in ungiftige Bestandteile umwandeln. Nach einer TÜV-Untersuchung läßt aber bereits jeder zweite Katalysator wesentlich mehr Schadstoffe passieren, als es nach den gesetzlich festgesetzten Grenzwerten erlaubt wäre (vgl. *Der Spiegel* 8/1992, 09). Mit Katalysatoren lassen sich auch nicht die giftigen Stäube verhindern, die beim Abrieb von Bremsen, Reifen und der Fahrbahnoberfläche entstehen (vgl. Monheim 1990, 30; Holzapfel 1985, 24), und – was angesichts des Treibhauseffektes sehr wichtig ist – sie bewirken ebenfalls keine Reduktion des Kohlendioxidausstoßes. Eine Reduktion der CO_2-Emissionen kann nur über eine Verringerung des Gesamttreibstoffverbrauchs erreicht werden. Deutlich weniger Abgase wird es also nur geben, wenn die schadstoffproduzierende Autoverkehrsmenge insgesamt abnimmt. Leider nimmt aber nicht nur die Zahl der Fahrzeuge ständig zu, auch der Kraftstoffverbrauch des einzelnen Fahrzeugs steigt nach den Sparerfolgen der letzten Jahre wieder an. Ein neuer VW Golf verbraucht heute laut der Zeitschrift *Auto, Motor, Sport* wieder genauso viel Sprit wie sein Urahn aus dem Jahre 1974.

Relativ kurzfristig ließen sich die Schadstoffemissionen verringern, wenn die zulässigen Geschwindigkeiten sowohl auf den Fernstraßen als auch in der Stadt herabgesetzt würden. Abbildung 3 verdeutlicht den Zusammenhang zwischen steigender Geschwindigkeit und erhöhtem Ausstoß an Stickoxiden. Wenngleich die Gesamtschadstoffmengen des Kraftfahrzeugverkehrs durch Tempo-30-Zonen kaum verringert werden können, sind doch die Abgasentlastungen für die Anwohner der betroffenen Straßen bedeutsam (vgl. Müller 1989, 47). Bei CO beträgt die Abnahme 20–25, bei HC 10–25 und bei NO_x 30–50 Prozent (vgl. Ludewig 1990, 13).

Die Unfälle

Die Teilnahme am Straßenverkehr ist im Alltag unser gefährlichster Lebensbereich (vgl. Holzapfel 1989, 83). 500000 Todesopfer forderte in der BRD seit dem 2. Weltkrieg der motorisierte Verkehr (vgl. Apel 1988, 83). Durchschnittlich wird jeder zweite Bundesbürger im Laufe seines Lebens mindestens einmal in einen Verkehrsunfall verwickelt. Weder im häuslichen Bereich noch auf der Arbeit oder während der Freizeit kommen mehr Menschen durch Unfälle zu Tode als auf der Straße. Bedenkt man, daß die Menschen im Durchschnitt täglich nur knapp eine Stunde unterwegs sind, so ist auch das Verletzungsrisiko nirgendwo höher als im Straßenverkehr. 40 Prozent aller Unfälle passieren, wenn wir auf der Straße sind.

Alle Lebenszeit, die Menschen verloren geht, wenn sie in einem Verkehrsunfall tödlich oder schwer verunglücken, läßt sich statistisch erfassen. Das UPI-Institut hat das Unfallrisiko entsprechend als einen Verlust an Lebenszeit definiert: «Legt man bei Verkehrstoten die Differenz zwischen normaler Lebenserwartung und mittlerem Alter der Verkehrsopfer und bei Schwerverletzten die Dauer der Verletzung als verlorene Lebenszeit zugrunde, dann ergibt sich, daß im Mittel pro hundert Kilometer Autofahrt statistisch 1,2 Stunden (= 70 Minuten) Lebenszeit verloren gehen.» (UPI 1989, 3). Die Gefahr, sich selbst und andere schwerwiegend zu verletzen, ist mit dem Automobil ungleich höher als mit anderen Verkehrsmitteln. So ist beispielsweise das Risiko, einen schwerwiegenden Unfall auf einer bestimmten Strecke zu verursachen, mit dem Automobil 56mal höher als mit dem Fahrrad und 28mal höher als mit der Bahn (vgl. Tabelle 2).

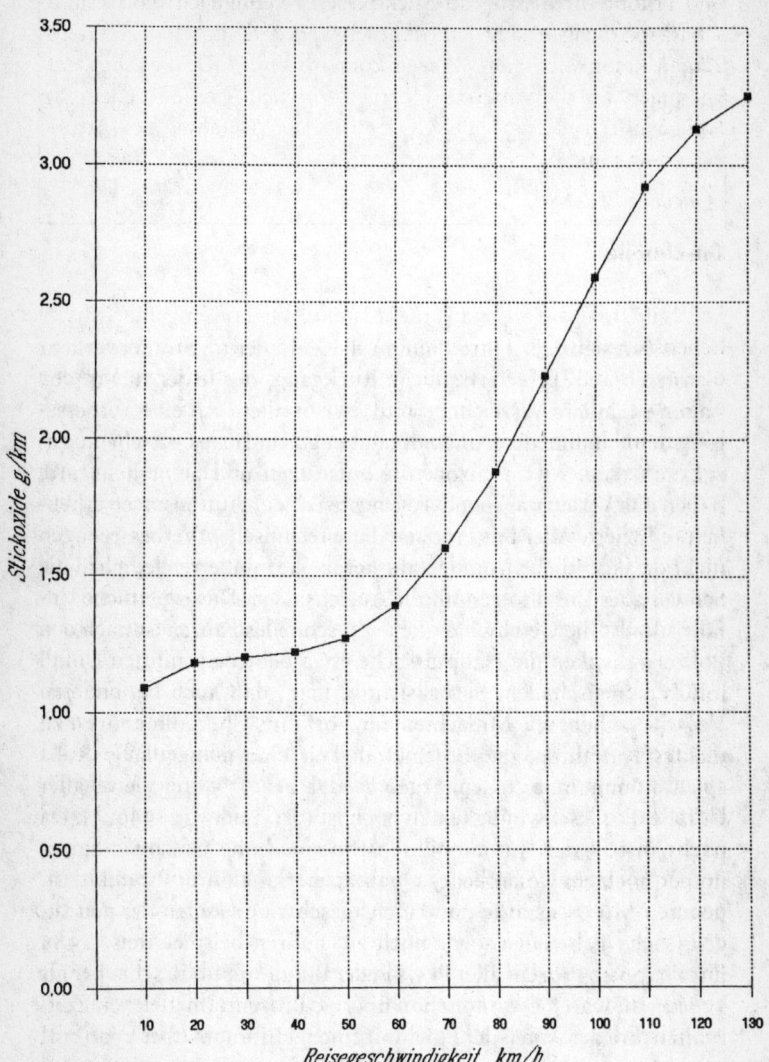

Abbildung 2

Quelle: Luftprogramm für den Kanton Zürich

	Fußgänger	Fahrrad	Schiene	Bus	Pkw	Pkw 3WKat	Einheit
Verursachtes Unfallrisiko	0,01	0,2	0,4	1	11,5	11,5	verlorene Lebensstunden pro 1000 km

Quelle: UPI 1988

Tabelle 2

Seit den siebziger Jahren nimmt die Zahl der im Straßenverkehr Getöteten ab. Dieser erfreuliche Rückgang, der leider nur in den «alten» Ländern verzeichnet wird, ist vor allem auf eine Verbesserung der Unfallmedizin und auf fahrzeugtechnische Fortschritte zurückzuführen. Knautschzonen, Kopfstützen und Sicherheitsgurte haben das Verletzungs- und Tötungsrisiko der Autoinsassen erheblich reduziert. Allerdings setzten diese technischen Verbesserungen nicht die eigentliche Unfallgefahr herab, sie minderten lediglich die Schwere der Unfallfolgen für die Autoinsassen. Das eigentliche Unfallrisiko ist die Geschwindigkeit. Zu schnelles Fahren ist nach den Polizeistatistiken die Hauptursache etwa bei jedem fünften Unfall mit Personenschaden. Berücksichtigt man, daß auch bei anderen Unfallursachen, wie Mißachten der Vorfahrt, Überholmanöver, zu dichtes Auffahren, die Geschwindigkeit eine maßgebliche Rolle spielt, kommt man zu dem Ergebnis, daß bei etwa drei Viertel aller Unfälle die Geschwindigkeit zu hoch ist (vgl. Ludewig 1990, 5). Da nach Ansicht der Automobilindustrie eine hohe Geschwindigkeit immer noch ein wesentliches Qualitätsmerkmal ihrer Produkte ist, nehmen Motorenstärke und Höchstgeschwindigkeiten der neu zugelassenen Fahrzeuge sogar noch zu. Fuhren beispielsweise 1984 nur knapp 40 Prozent aller Pkws in der Bundesrepublik schneller als 150 km/h, waren es 1989 schon über 60 Prozent. Im gleichen Zeitraum nahm der Anteil der Pkws mit einem Hubraum über 1500 cm^3 von 56 auf 62,4 Prozent zu (vgl. Verkehr in Zahlen 1989, 131 u. 134).

Die hohe Geschwindigkeit der Pkws wird häufig mit Sicherheitsüberlegungen legitimiert. Hohe Spitzengeschwindigkeit bedeutet ein hohes Beschleunigungsvermögen des Fahrzeugs. Dadurch steige, bespielsweise bei Überholvorgängen, die «aktive Sicherheit» des Fahrers. Allerdings kann das Beschleunigungsvermögen eines Pkw ebenso zu einer riskanten Fahrweise verleiten. Ähnliche Effekte auf das Fahrverhalten können möglicherweise auch andere, weniger fragwürdig erscheinende technische Sicherheitsverbesserungen haben. Schwere, gegen Kollisionen stabilisierte Pkw, ausgerüstet mit Airbag und ABS-Bremsen können leicht ein falsches Sicherheitsgefühl vermitteln und zu einer überhöhten Geschwindigkeit verführen. Auf jeden Fall bedeuten die bisherigen Sicherheitsverbesserungen am Automobil keine erhöhte Sicherheit für die Verkehrsteilnehmer, die sich außerhalb des «sicheren» Pkw befinden.

Für Fußgänger und Radfahrer ist nur ein langsames Auto ein sicheres Auto. Zusätzlich könnte die Schwere des Aufpralls durch abgeflachte, gepolsterte oder elastische Karosserieteile gemindert werden. Solche Verbesserungen scheitern aber bislang ebenfalls am Widerstand der Automobilindustrie und deren Vorstellung, sie könne ihren Kunden nur windschnittige und gestylte Fahrzeuge verkaufen.

Das Unfallrisiko hat sich für unmotorisierte Verkehrsteilnehmer weiter erhöht. 75 Prozent aller Unfallopfer im Stadtverkehr sind Fußgänger und Radfahrer: vorwiegend Kinder, Jugendliche und alte Menschen. Zwar ging die Zahl der Todesopfer deutlich zurück, doch liegt dies vor allem daran, daß sich heute viel weniger Fußgänger und Radfahrer am Verkehr beteiligen als noch vor 30 Jahren. Heiner Monheim hat errechnet, daß die Unfallrisiken für Fußgänger, Radfahrer und Kinder, bezogen auf die Häufigkeit und Dauer ihrer Verkehrsteilnahme, sogar stark angestiegen sind. So hat sich beispielsweise das Risiko eines Kindes, im Straßenverkehr zu verunglücken, innerhalb von zehn Jahren von 1970 auf 1980 nahezu verdoppelt (vgl. Monheim 1990, 25). Leider bestätigt sich die These eines erhöhten Unfallrisikos auch für Radfahrer. Seitdem wieder mehr Fahrrad gefahren wird, steigt auch die Zahl der Fahrradunfälle rapide an. Verunglückten 1975 circa 40000 Fahrradfahrer im Straßenverkehr, waren es 1988 bereits über 60000 (vgl. Verkehr in Zahlen 1989, 147).

Die meisten Fußgänger und Radfahrer bewegen sich innerhalb

geschlossener Ortschaften. Hier finden auch die meisten Unfälle statt. 1983 ereigneten sich 69 Prozent aller Straßenverkehrsunfälle mit Personenschäden innerorts. Allerdings gibt es von Stadt zu Stadt große Unterschiede in der Unfallhäufigkeit. So ist das Unfallrisiko der Einwohner Berlins etwa dreimal so hoch wie das der Einwohner Lüdenscheids oder Marburgs. Noch deutlichere Unterschiede zeigen sich im internationalen Vergleich. Selbst in den deutschen Städten mit der geringsten «Unfallbelastung» ist das Unfallrisiko mehr als doppelt so hoch wie im holländischen Delft oder im schwedischen Uppsala.

Wie sind diese Unterschiede zu erklären? Untersuchungen des Deutschen Instituts für Urbanistik (Apel 1988, 11–20 u. 176–192) kommen zu dem Ergebnis, daß in den Städten mit einer überdurchschnittlich hohen Unfallbelastung die Intensität des Autoverkehrs die Hauptursache der höheren Unfallhäufigkeit ist. Unfälle treten besonders häufig in solchen Städten auf, wo viel und schnell Auto gefahren wird und wo die sich als besonders unfallträchtig erweisenden Hauptverkehrsstraßen gut ausgebaut sind. Generell gilt folgender Zusammenhang: Je mehr Fahrspuren auf den Hauptverkehrsstraßen vorhanden sind, je länger und dichter ihr Netz ist und je öfter sie durch Wohngebiete führen (ein Viertel bis ein Drittel der städtischen Bevölkerung wohnt an Hauptverkehrsstraßen), desto höher ist die Unfallhäufigkeit. Durch ihre autofreundliche, breite Gestaltung verleiten die Hauptverkehrsstraßen den Autofahrer zu überhöhter Geschwindigkeit. Sie fahren hier deutlich schneller als auf anderen städtischen Straßen und gefährden wegen eines vermeintlichen Zeitgewinns sich und andere Verkehrsteilnehmer.

Maßnahmen gegen die Unfallgefährdung müssen also bewirken, daß die Verkehrsdichte reduziert und der verbleibende Automobilverkehr langsamer wird. Schritte zu diesem Ziel wären sicherlich eine generelle bundesweite Geschwindigkeitsreduzierung auf 30 km/h innerorts, wie sie beispielsweise von den Verkehrsinitiativen schon lange gefordert wird, und die vermehrte Einrichtung von verkehrsberuhigten Zonen, in denen eine «Schrittgeschwindigkeit» gesetzlich vorgeschrieben ist. Schon in den bisher eingerichteten Tempo-30-Zonen ging die Anzahl der Unfälle und insbesondere die Schwere der Verletzungen deutlich zurück. Die lapidare Feststellung *«speed kills»* gilt auch für Geschwindigkeitsbereiche, die dem Autofahrer langsam vorkommen mögen. Ein Pkw mit 30 km/h kommt bei einer Spontanbremsung nach 14 Metern, bei Tempo 50 jedoch erst nach 30 Metern zum Stehen. Bei einem Unfall liegt die Zerstörungsenergie eines Fahrzeugs bei Tempo 30 um fast ⅔ niedriger als bei Tempo 50. Das UPI-Institut erläutert die Relationen durch folgendes Beispiel: «Springt z. B. ein Kind plötzlich 15 Meter vor einem Pkw auf die Straße, kommt ein Pkw mit Tempo 30 noch rechtzeitig vor dem Kind zum Stehen, es passiert nichts. Fährt er mit Tempo 40, prallt er trotz Vollbremsung noch mit über 30 km/h auf das Kind, fährt er mit Tempo 50, beträgt die Aufprallgeschwindigkeit 48 km/h. Bei einer Aufprallgeschwindigkeit von 48 km/h werden Fußgänger bereits mit einer Wahrscheinlichkeit von 35 Prozent getötet und von weiteren 45 Prozent verletzt.» (UPI 1989, 7) Würde bundesweit die Tempo-30-Regelung innerorts eingeführt, so das UPI-Institut aus Heidelberg, wäre mit einem Rückgang der Verkehrstoten um über 2000 und der Verletzten um über 150000 jährlich zu rechnen.

Neben der Geschwindigkeitsbegrenzung wirken sich noch weitere Maßnahmen positiv auf die Sicherheit im Straßenverkehr aus. So sollten wieder die geschwindigkeitssenkende Grundregel «rechts-vor-links» gelten und vermehrt Querungshilfen (Zebrastreifen) für Fußgänger und Radfahrer eingerichtet werden. Vor allem darf nicht davor zurückgeschreckt werden, den Straßenraum zugunsten umweltfreundlicher und andere Menschen weniger gefährdender Verkehrsmittel neu aufzuteilen. Dies heißt konkret, daß die Anzahl der Fahrspuren für den Autoverkehr zu reduzieren ist und/oder die Fahrspuren schmaler zu gestalten sind. Auf dem den Fahrbahnen abgewonnenen Straßenraum könnten dann breitere Gehwege und Radfahrstreifen eingerichtet werden (vgl. Ludewig 1990, 23 ff.).

Der Flächenverbrauch

Über 35 Millionen Pkws gibt es gegenwärtig in der geeinten Republik. Die Automobile nehmen schon mehr Fläche in Anspruch als die Häuser, in denen wir wohnen. Für einen laufenden Meter einer zweispurigen Straße werden elf Quadratmeter Kulturland, für einen Abstellplatz mit Zufahrt gar 22,5 Quadratmeter benötigt (vgl. Reimann 1983,10).

	Fußgänger	Fahrrad	Schiene	Bus	Pkw	Pkw 3WKat	Einheit
Flächenbedarf	3	9	7	12	120	120	m²/Person

Quelle: UPI 1988

Tabelle 3: Der Flächenbedarf der verschiedenen Verkehrsmittel

Mit dem Automobil hat sich das Aussehen unserer Städte radikal verändert. Der autoorientierte Straßenbau zerstörte in erheblichem Umfang gewachsene städtische Strukturen. Straßenverbreiterungen und das Bauen neuer, einseitig auf die Tempobedürfnisse der Autofahrer zugeschnittener Straßen verdrängten Rad- und Fußwege, beseitigten Alleen und Grünflächen ebenso wie historische Bürgerhäuser, Stadttore und Brücken, sofern sie ein Hindernis für den «modernen» Automobilverkehr darstellten. Der Anteil der Verkehrsfläche an der bebauten Fläche in deutschen Städten schwankt heute zwischen 30 Prozent (München) und 70 Prozent (Frankfurt). Wie obige Tabelle zeigt, ist das Automobil eindeutig der Hauptflächenverbraucher.

Der immense Flächenverbrauch des Automobils ist vor allem eine Entwicklung der letzten drei bis vier Jahrzehnte. Die Raum- und Mobilitätsvorstellungen in der Republik waren geprägt von der Sicherstellung eines automobilen Verkehrsflusses. In Neubaugebieten wurden 30 bis 50 Prozent der Flächen für fahrende und parkende Autos reserviert. In den Altbaugebieten waren es anfangs nur fünf Prozent, doch hat sich auch dort die vom Automobilverkehr beanspruchte Fläche aufgrund von Straßendurchbrüchen, Straßenerweiterungen und Parkplätzen auf bis zu 30 Prozent erhöht.

Die übermäßige Präsenz und Dominanz des Autoverkehrs auf der Straße beeinträchtigt auch das soziale Leben in der Stadt. Selten lädt der Straßenraum noch zum Verweilen, für Gespräche oder zum Spiel der Kinder ein. Vieles von dem, was dem städtischen Raum einen spezifischen Reiz verleiht, wie Grünanlagen, Kleingärten, Straßenbäume, Rad- und Gehwege, Marktplätze oder Bäche, nimmt unter dem Flächenfraß des Automobilverkehrs erheblichen Schaden oder verschwindet ganz aus dem Stadtbild. Besonders schlimm ist die Situation wieder an den Hauptverkehrsstraßen. Waren die großen Straßen einst eine Nahtstelle des städtischen Lebens, so sind sie heute vielfach schwer überwindbare Grauzonen geworden. An Straßen, die täglich von zigtausenden Automobilen befahren werden, hält sich niemand gern auf. Soziales Leben ist in dieser Autotristesse nicht mehr möglich. Wer nicht Auto fährt, fühlt sich von diesen Straßen abgestoßen. Sie entfalten eine Trennwirkung und segmentieren die räumlichen Lebensbereiche der Anwohner. Kinder spielen nicht mehr auf der anderen Straßenseite, der Einkauf verliert an Reiz.

Aber nicht nur die sozialen Beziehungen der Straßenanwohner werden durch die Hauptverkehrsstraßen zerschnitten. Ganze Stadtviertel wurden durch die Straßenschneisen zerteilt. Da fast jede größere Stadt von einem Schnellstraßen- oder Autobahngürtel umgeben ist, sind insbesondere die suburbanen Siedlungen deutlich von der Kernstadt abgetrennt. Ein Fußgänger oder Radfahrer, der die Stadt verlassen will, braucht oft einen gehörigen Spürsinn und einen detaillierten Stadtplan, um sich seinen Weg über die Stadtautobahnen und durch die sie umgebenden Verbrauchermärkte, Industrieanlagen, Müllhalden, Schrottplätze, Kraftwerke, Bauhöfe und ähnliche unfreundliche Örtlichkeiten zu bahnen.

Ein anderes Problem, welches durch den Flächenverbrauch des Automobils entsteht, ist die Versiegelung des Bodens durch den Straßenbau (vgl. Monheim 1990, 36 und Holzapfel 1985, 26–28). Da städtische Flächen größtenteils asphaltiert oder betoniert sind, wird die natürliche Versickerung von Niederschlägen erheblich eingeschränkt. 80 Prozent des Regens fließen in die städtische Kanalisation mit dem Effekt, daß sich die Grundwasserbildung und Bodendurchfeuchtung vermindert und eine Hochwasserbildung begünstigt wird. Die geringere Boden- und Luftfeuchtigkeit wiederum hat eine Überhitzung der Stadt, insbesondere der dichtbebauten Quartiere, zur Folge. Wie die Bäume gehört auch der unversiegelte Boden zu den natürlichen Regenerationsquellen einer Stadt; er darf nicht bedenkenlos unter Straßenflächen verschwinden oder durch Schadstoffe belastet werden.

Kurze Geschichte der Automobilisierung

Die heutige problematische Verkehrssituation in den Städten läßt sich besser verstehen und verändern, wenn man auf ihre Geschichte zurückblickt. Zweifellos ist das Automobil in diesem Jahrhundert für viele Menschen zu einem Wunschobjekt geworden. Ohne die Bedürfnisse und Gefühle, die viele Menschen an den Besitz und die Benutzung dieses technischen Gefährts knüpfen, ist die heutige «Massenmotorisierung» nicht zu erklären. War es zu Anfang dieses Jahrhunderts noch ein Luxusartikel für wenige, der von vielen begehrt wurde, so ist es heutzutage für viele überhaupt keine Frage, *ob* ein Auto angeschafft wird, sondern nur *welches*. Heute verfügt – statistisch betrachtet – jeder Haushalt in der Bundesrepublik über einen Pkw.

Die «Sehnsucht» nach dem Automobil entstand nicht im gesellschaftlich luftleeren Raum. Das Auto stand – und steht, trotz vielfacher Kritik – für ein Lebensgefühl von Freiheit und Unabhängigkeit in einer fortschreitend sich entwickelnden Gesellschaft. Im Gegensatz zu anderen Verkehrsmitteln haftete dem Automobil das Zeichen von Modernität und Wohlstand an, zumal es in immer neuen Varianten auf den Markt gebracht wurde. Das Automobil ist, wie der Name schon sagt, ein Individualverkehrsmittel. Im Vergleich zu den Erfahrungsdimensionen der muskelbetriebenen oder schienengebundenen Fortbewegungsarten werden für den Fahrer Raum- und Zeitgrenzen durchlässiger. Die Automobilität eignet sich damit hervorragend dazu, die individuelle Teilhabe an einer modernen, prosperierenden, sich bewegenden Gesellschaft symbolisch zum Ausdruck zu bringen.

Automobilität war also ein wesentlicher Teil der Zukunftsvorstellungen des einzelnen wie der Gesellschaft. Dies darf jedoch nicht darüber hinwegtäuschen, daß es in der Gesellschaft bestimmte Gruppen gab, die durch ihr Handeln die Automobilisierung der Gesellschaft entscheidend forcierten und damit die Bedürfnisse nach einem Automobil immer neu weckten und das Autofahren zur einzig zeitgemäßen Fortbewegungsart erkoren. Vor allem die Automobilindustrie, die Automobilverbände und autobegeisterte Politiker und Planer hatten ein Interesse daran, für den Automobilverkehr alle baulichen, rechtlichen und ideologischen Voraussetzungen zu schaffen. Das Bild der autogerechten Stadt wurde entworfen und bis in die Gegenwart hinein realisiert.

Die autogerechte Stadt in Politik und Planung

Es ist bekannt, und jeder Erwachsene wird es verfolgt haben, daß die «Eroberung» der Stadt durch das Automobil vor allem eine Entwicklung der letzten zwei bis drei Jahrzehnte war. Die Weichen für diese Entwicklung wurden aber bereits vorher gestellt. Schon in der Zeit nach dem Ersten Weltkrieg, als sich in Deutschland nur wenige den Luxus eines Automobils leisten konnten, war die Stadtplanung in den Großstädten weitgehend an dem Fortschrittssymbol der «neuen Zeit», dem Automobil, orientiert. Die Großstadt wurde zu dieser Zeit als «Ausgeburt alles Schlechten» vor allen von konservativen Kreisen heftig kritisiert. Den erheblichen Bevölkerungszunahmen in der Stadt, die zu baulicher Verdichtung, Proletarisierung und oft zur Verslummung mittelalterlicher Kernbereiche führte, sollte unter anderem durch den Bau von Trabantenstädten und Vorortsiedlungen begegnet werden. In den zwanziger und dreißiger Jahren entwickelten die Stadtplaner zu diesem Zwecke in vielen deutschen Großstädten sogenannte «Generalbebauungspläne». Realisiert wurden von diesen Plänen hauptsächlich Straßenbaumaßnahmen, wie beispielsweise neue Hauptverkehrsstraßenringe und -tangenten sowie neue breitere Brücken mit entsprechenden Durchbrüchen durch die Altbauquartiere. Das Schaffen von Raum für den Automobilverkehr war neben der Beseitigung von Elendsvierteln das wichtigste Motiv für den Stadtumbau (vgl. Kopetzki, 1986).

Trotz der frühzeitigen stadtpolitischen Fixierung auf den Automobilverkehr mußte aber zur Bewältigung des städtischen Personenverkehrs auch das Schienennetz ausgebaut werden. Das Automobil war in Europa nur für wenige Menschen erschwinglich. In Deutschland stieg die Stückzahl von 130 346 (1924) auf 489 270

(1932). Lediglich ein Prozent der Bevölkerung verfügte über ein Automobil. Dennoch zeichneten sich die positiven Entwicklungslinien für den Automobilverkehr bereits deutlich ab. Gemessen an Streckenlängen und Fahrzeugbeständen hatte die Straßenbahn Ende der zwanziger Jahre ihren Höchststand schon hinter sich. Trotz ihrer erheblichen Bedeutung im städtischen Verkehrswesen wurde ab 1930 kaum noch in Straßenbahnen investiert. Sie hatten ihre Schuldigkeit als Wegbereiter lokaler und regionaler Stromversorgungsmonopole getan und wurden, wo immer möglich, an die Kommunen abgestoßen. Es begann die bis in die Gegenwart reichende Geschichte der Streckenstillegungen. Immer mehr Behörden und Verwaltungen entschieden sich für die modernen und beweglichen Omnibusse, wenn es darum ging, den öffentlichen Nahverkehr auszubauen (vgl. Frenz 1987, 47 ff).

Die eigentliche Wende in der Verkehrspolitik vollzog sich mit Beginn der nationalsozialistischen Machtergreifung. Das Gesellschaftsprojekt des Faschismus war gekennzeichnet von einer eigenartigen Mischung aus einer rückwärtsgewandten Ideologie und einer technikorientierten Modernisierung der Gesellschaft. Die faschistische Verheißung eines technischen Fortschritts in der Harmonie einer Volksgemeinschaft wurde vor allem von den kleinbürgerlichen und agrarischen Bevölkerungsgruppen begeistert aufgenommen. Mit dem Bau der Autobahnen und des Volkswagenwerks als populistische sozialpolitische Maßnahmen und unterstützt von einer autofreundlichen Verkehrsgesetzgebung – 1934 wurde beispielsweise das Vorfahrtsrecht der Straßenbahn gegenüber anderen Verkehrsteilnehmern abgeschafft –, setzte Hitler die Zeichen auf «Volksmotorisierung». Ab 1938 konnten sich die Deutschen durch einen Sparvertrag das Anrecht auf einen Volkswagen erwerben. Die 336 668 Sparer bekamen ihr Fahrzeug als Familienauto «für drei Erwachsene und ein Kind» allerdings nie zu sehen. Statt dessen rollte ab 1940 im Wolfsburger Volkswagenwerk der Kübelwagen «für drei Soldaten und ein Maschinengewehr», der militärische Bruder des Volkswagens, vom Band (vgl. Sachs 1984, 63–80).

«Verkehrspolitisch gab es keine Stunde Null», so Till Bastian in der *Zeit*. Die Verkehrspolitik der NS-Zeit wurde fortgesetzt. Das unterschwellige Ziel, soziale Mobilität durch geographische zu ersetzen und so ein Ventil für gesellschaftlichen Druck zu schaffen, blieb in Kraft (vgl. Wille 1988, 18 ff). Nach der Kriegsniederlage konnte man die alte Automobilförderung fortsetzen bei gleichzeitiger Orientierung an der schon weitgehend automobilisierten Siegermacht Amerika.

Obwohl die Verkehrspolitik nach dem Krieg offiziell ein echtes Konkurrenzverhältnis der verschiedenen Verkehrsmittel propagierte, förderte sie in Wirklichkeit einseitig die Automobilität und stellte die Belange der anderen Verkehrsteilnehmer hintan. Legitimiert wurde diese Politik hauptsächlich durch die zu erwartende Zunahme des Automobilverkehrs. Nach den schweren Zerstörungen der meisten deutschen Städte gab es nur wenige Automobile, die sich zudem überwiegend im Besitz der Besatzungsmacht befanden (vgl. Monheim 1990, 57). Trotzdem spielte der Autoverkehr eine zentrale Rolle in den Wiederaufbauplanungen. In der Wiederaufbauphase orientierten sich «moderne» Stadt- und Verkehrsplaner am Vorbild Amerika und forderten Stadtautobahnen, Cityringe und Parkhäuser. Breite Straßenräume sollten die Funktionsfähigkeit der Stadt garantieren und symbolisierten im Zeitalter der Hochhäuser, der weiten Abstandsflächen und der aufgelockerten Stadtstrukturen einen neuen städtebaulichen Maßstab. Als vorbildlich für eine derartige Förderung des motorisierten Individualverkehrs galten beispielsweise die Städte Hannover und Kassel (vgl. Horn 1985, 17–23).

In den fünfziger und sechziger Jahren wurde die Politik, dem Auto genügend Platz in der Stadt zur Verfügung zu stellen und das Autofahren angenehm zu machen, fortgesetzt. Straßenverbreiterungen, Neugestaltung der städtischen Verkehrsknotenpunkte und «Flächenklau» von den Rad- und Fußwegen waren die Folgen einer stark technik- und autofixierten Verkehrsplanung. Die städtebaulichen und sozialräumlichen Auswirkungen dieses verkehrsplanerischen Konzepts erleben wir heute als katastrophal.

1960 gab es in der Bundesrepublik vier Millionen Pkw, 1970 waren es bereits 14 Millionen. Es mußte zusätzlicher Platz für Autos her. Straßenbahnen wurden stillgelegt, U-Bahnen neu gebaut oder erweitert; Rad- und Fußwege mußten weichen; Bäume wurden geopfert: alles, damit mehr Autos auf den Straßen fahren konnten. Doch schon in den siebziger Jahren wurden die Städte mit dem zunehmenden Verkehrsaufkommen nicht mehr fertig. Gestank und Lärm des Autoverkehrs war für viele Stadtbewohner ein ausreichender Grund, der Stadt den Rücken zu kehren. Das Gespenst der

Stadtflucht ging um. Vor allem einkommensstarke Bevölkerungsgruppen verließen die Stadt, was erhebliche Steuereinnahmeverluste zur Folge hatte. Erste Ansätze eines Umdenkens in der Verkehrspolitik wurden sichtbar, die Stadt sollte «verkehrsberuhigt» werden:

«Das Bundesbauministerium und seine Bundesforschungsanstalt haben sich für die Idee der Verkehrsberuhigung in unseren Wohngebieten stark gemacht, weil es hier um einen Beitrag zu einer Konzeption der erhaltenden Stadterneuerung geht. Wir haben dabei die Konsequenzen aus unseren Untersuchungen gezogen, nach denen die unbefriedigenden Wohnumfeldverhältnisse in unseren Städten als eine der Hauptursachen der sogenannten Stadtflucht angesehen werden.» (Haack 1979, zitiert nach Horn 1985, 30).

Allerdings beruhte der Abwanderungsprozeß aus den Städten ins Umland nicht nur darauf, daß die Menschen in der Stadt mit ihren Lebensbedingungen – insbesondere den Verkehrsverhältnissen – unzufrieden waren. Zwar spielten, wie wissenschaftliche Untersuchungen (vgl. Böltken 1987, 1107–1121) gezeigt haben, die Belastungen und Gefährdungen durch den städtischen Verkehr durchaus eine wichtige Rolle bei der Entscheidung, aus der Stadt raus und ins «Grüne» zu ziehen. Wichtigere Gründe für einen Wohnungswechsel waren jedoch eine zu kleine Wohnung oder der Wunsch nach Eigentum. Diese Wünsche nach einer größeren Wohnung oder nach einem eigenen Haus waren für viele Haushalte in der Stadt unerfüllbar, da hier Mieten und Grundstückspreise deutlich höher lagen (und liegen) als auf dem Lande. Der Boden- und Wohnungsmarkt ist als der entscheidende Grund für die Abwanderung aus den Kernstädten anzusehen. Allerdings besteht kaum ein Zweifel, daß von vielen Städtern die Belästigungen durch den Autoverkehr oft als unerträglich empfunden wurden (und werden). Insbesondere an den städtischen Hauptverkehrsstraßen ist die Lebensqualität der Anwohner durch Krach, Gestank und Unfallgefahren stark beeinträchtigt. Nicht jeder Städter wird deshalb gleich die Stadt verlassen wollen. Viele, die es sich leisten können, werden sich nach einer ruhigeren Wohngegend in der Stadt umsehen. Diese müssen allerdings vorhanden sein. Nicht zuletzt deshalb wurden seit den achtziger Jahren viele Wohnviertel «verkehrsberuhigt».

Ziel der Verkehrsberuhigung war es, den Durchgangsverkehr und auch den sogenannten Schleichverkehr aus den Wohngebieten zu verbannen und den verbleibenden Verkehr zu verlangsamen. Die

Hauptverkehrsstraßen sollten den Durchgangsverkehr aus den Wohngebieten «absaugen» und in sich bündeln. Um dies zu erreichen, mußten sie attraktiv sein, das heißt relativ hohe Geschwindigkeiten gestatten. Dadurch forcierte das Konzept der städtischen Verkehrsberuhigung also gleichzeitig den Neubau und vor allem den Umbau von städtischen Hauptstraßen. Die Wohn- und Lebenssituationen an den viel befahrenen Hauptverkehrsstraßen verschlechterten sich zusehends. Die Verkehrsberuhigung selbst wurde dagegen von den Städten zunächst nur in relativ geringem Umfang durchgeführt. Es besteht für die Kommunen keine Verpflichtung, verkehrsberuhigte Bereiche einzurichten. Zudem können die Städte sich diese kostspieligen Maßnahmen nur in geringem Umfang leisten, da für verkehrsberuhigte Zonen umfangreiche Straßenumbauten gesetzlich vorgeschrieben sind.

Eine weitere stadtpolitische Reaktion auf die zunehmenden Belastungen durch den Automobilverkehr waren Zonengeschwindigkeitsbegrenzungen, allgemein bekannt als Tempo-30-Zonen. Seit 1985 wird von dieser Möglichkeit, in einzelnen Straßen die Geschwindigkeit zu reduzieren, in großem Umfang Gebrauch gemacht. In fast jeder Stadt sind – häufig auf Initiative der Bewohner – Tempo-30-Zonen entstanden. Wir haben bereits darauf hingewiesen, welche positiven Auswirkungen eine Geschwindigkeitsbegrenzung für die Stadtbewohner hat. Die Unfallzahlen sinken, die Abgas- und Lärmemissionen gehen deutlich zurück. Trotz dieser auch wissenschaftlich gut abgesicherten Erkenntnis (vgl. Müller 1989) sind Tempo-30-Regelungen immer noch die Ausnahme. Alle Erfahrungen mit Tempo-30-Zonen sprechen aber für deren generelle Einführung. Einzelne Hauptverkehrsstraßen wie die, in deren unmittelbarer Nähe keine Menschen wohnen, könnten von dieser Regelung ausgenommen werden.

Seitdem das Automobil zum Besitzstand breiter Kreise der Bevölkerung gehört, hat sich eine völlig neue städtische Siedlungsstruktur herausgebildet. Der Städtebau war bis zum Zeitalter des Autos charakterisiert durch eine hohe Baudichte und eine hohe Nutzungsmischung von Wohnen, Arbeiten und Einkaufen. Diese Siedlungsform war nach der Automobilisierung breiter Bevölkerungsgruppen dem Untergang geweiht. Es entstanden autogerechte Stadtrandsiedlungen und Vororte, bei deren Planung keine besondere Rücksicht auf Baudichte, Versorgungsleistungen und Arbeitsplatzangebote genommen werden mußte, da alle Bewohner nun (auto-)mobil waren. Diese Veränderung der Siedlungsstruktur schuf damit neue Zwänge und hatte zur Folge, daß nun auch immer mehr Menschen das Auto tatsächlich benutzen mußten. Für den Stadtrand- oder Vorortbewohner sind die Wege zur Arbeit, zum Einkaufen und zu Freizeiteinrichtungen deutlich weiter als für den Stadtbewohner, das Angebot an öffentlichen Verkehrsmitteln schlechter und die Bedingungen für das Zufußgehen und Radfahren meist unattraktiver. Ausstattungsmängel müssen also durch mehr Automobilität kompensiert werden. Verkehrsbefragungen in Großstädten haben nachgewiesen, daß die Autofahrleistungen zunehmen, je weiter die Autofahrer von der Kernstadt entfernt wohnen. Am stärksten ist diese Abhängigkeit bei den Einkaufsfahrten. Ein Vorortbewohner legt mehr als dreieinhalb mal soviel Kilometer mit dem Pkw für sogenannte «Versorgungsreisen» zurück wie ein Bewohner eines gut ausgestatteten Altbauviertels im städtischen Kerngebiet (vgl. Kutter 1991, 288 ff.). Gerade in den Stadtrandgebieten und in den Umlandgemeinden von Großstädten scheint ohne Automobil also fast gar nichts mehr zu gehen.

Der autogerechte Umbau der Städte seit den dreißiger Jahren und vor allem nach den Zerstörungen des Zweiten Weltkriegs ist wohl zu recht als Vandalismus der Straßenbauer bezeichnet worden. Er trug erheblich dazu bei, daß unsere Städte monotoner, öder und unwirtlicher wurden. Der Sozialpsychologe Alexander Mitscherlich führt die grandiosen Fehlplanungen bis in die siebziger Jahre hinein hauptsächlich auf eine soziale Entmischung zwischen der großen Zahl der stummen Bürger und den Bürokraten in den Rathäusern zurück. Der mangelnde politische Gestaltungswille der meisten Bürger einerseits und die Selbstherrlichkeiten auf der Verwaltungsebene andererseits stellten nur zwei Seiten derselben Medaille dar (vgl. Mitscherlich 1971, 68 u. 85 ff.). In der Tat ist es zu den jetzigen Verhältnissen in den Städten auch deshalb gekommen, weil sich die Stadtplaner zunehmend von den Bedürfnissen großer Teile der städtischen Bevölkerung entfremdet und in ihrer planerischen Gestaltung strikt an autofreundlichen Normen und Vorgaben orientiert haben. Eine der verheerendsten Folgen davon war, daß die Bedürfnisse von Kindern unberücksichtigt blieben. Die Ausrichtung der Städte auf den Automobilverkehr hat den Kindern die Spielmöglichkeiten auf Straßen und Plätzen genommen. Sozialpsychologische Studien haben darauf hingewiesen, daß diese Mißachtung kindlicher Interessen eine Verkümmerung ihres Neugierverhaltens zur Folge hat. So schrieb A. Mitscherlich bereits 1971:

«Die affektiven Angebote sind es, die, von außen kommend, den jungen Menschen verlocken müssen, sich neuen Erfahrungen anzuvertrauen. Das wird sich nur ereignen, wenn Menschen – über den engsten Familienrahmen hinaus – Kommunikationswege, menschengerechte Verkehrswege, attraktive Plätze und öffentliche Einrichtungen angeboten werden.» (Mitscherlich 1971, 85)

Schiene oder Straße? Die Wirtschaft setzt auf den motorisierten Individualverkehr

Der Weichenstellung für das Automobil als dominantes Verkehrsmittel lagen ökonomische Interessen zugrunde. Winfried Wolf (1988, 29–38) führt drei ökonomische Gründe an, weshalb sich der Automobilverkehr auf der Straße gegenüber dem schienengebundenen Verkehr durchsetzte. Zuerst weist er auf einen strukturellen Unterschied zwischen beiden Verkehrssystemen hin. Während der Schienenverkehr eher eine sachliche Einheit – Schiene und Lokomotive gehören technisch engstens zusammen – und daher eine zentralisierte (staatliche) Betriebsform anstrebt, ermöglicht der Straßenverkehr eine Trennung von Verkehrsträger (Straße) und Fahrzeug (Pkw, Lkw, Bus). Im Vergleich zum Verkehrssystem Schiene kann das Kapital bei dem Verkehrssystem Straße viel eher nach der Devise verfahren: private Aneignung der Profite, Vergesellschaftung der Verluste und Kosten. Während die Autokonzerne, die Bauindustrie und die Autowerkstätten am Automobil verdienen, müssen die Kosten für den Straßenbau, für die Verkehrspolizei und für die monetär sehr schwer berechenbaren Folgekosten, die durch die gesundheitliche Beeinträchtigung von Menschen und die ökologischen Belastungen der Natur entstehen, vom Steuerzahler aufgebracht werden. Die Richtigkeit dieses Arguments wurde durch Analysen des Umwelt- und Prognose Institut Heidelberg bestätigt. Dieses stellte eine Kostenbilanz für den Pkw-Verkehr auf, in der den Einnahmen aus Kraftfahrzeug- und Mineralölsteuer die Ausgaben für Straßenwesen, Unfallkosten und die Kosten durch Luftverschmutzung und Lärm gegenüberstehen. Ermittelt man eine

Gesamtbilanz, so ist das Ergebnis, daß der Kfz-Verkehr jährlich ein Defizit von 76–78 Milliarden DM (!) verursacht.

Einen zweiten Grund für die Dominanz des Automobils als Verkehrsmittel sieht Wolf darin, daß das in der Automobilindustrie eingesetzte Kapital sehr schnell einen hohen Profit erwirtschaftet, während das in Straßen- und Eisenbahnen investierte Kapital – etwa in Brücken, Gleisen und Dämmen – einem zeitlich langsameren Verschleiß unterliegt. Profite können somit erst langfristig erzielt werden. Drittens schließlich hängt die Durchsetzung des Straßenverkehrs gegenüber dem Schienenverkehr damit zusammen, daß die Automobilkonzerne und die Ölgesellschaften seit Anfang des 20. Jahrhunderts die führende Kapitalfraktion bildeten. In Amerika verliefen der Aufstieg Henry Fords, der als erster einen Pkw für breite Bevölkerungsgruppen in Serie herstellen ließ, und der Aufstieg des Öl-Imperiums eines Rockefeller zeitlich parallel. Weltweit erreichte das US-Kapital diese Führungsrolle erst nach dem Zweiten Weltkrieg.

Das Objekt unserer Begierde: Einsteigen und abfahren

Daß sich das Automobil trotz aller schädlichen Auswirkungen in diesem Jahrhundert mehr und mehr gegenüber den anderen Verkehrsmitteln durchsetzte, hat nicht nur ökonomische und verkehrspolitische Gründe. Sein Siegeszug ist auch eine Geschichte unserer Bedürfnisse, die sich an das Automobil knüpfen. Die Mentalitäts- und Kulturgeschichte des Automobils ist vor allem von Wolfang Sachs (1984) erforscht worden. Nach Sachs sind es die «im technischen Produkt angelegten Möglichkeiten», die die Wünsche nach dem Automobil entstehen lassen. Was das Verkehrsmittel Automobil so faszinierend erscheinen läßt, ist seine individuelle Benutzungsmöglichkeit:

«Das Auto kann, im Gegensatz zur Eisenbahn, privat angeeignet werden und ist daher ständig verfügbar. Es ist nicht schienengebunden (und manchmal nicht straßengebunden) und kann überall hin bewegt werden. Es ist individuell steuerbar und braucht daher nicht mit anderen Personen geteilt zu werden, wie es sich auch den jeweiligen Geschwindigkeitswünschen des Fahrers fügt. Dazu tritt schließlich, historisch übrigens zunehmend, die

Vielseitigkeit, auf die hin gerade moderne Wagen angelegt sind: sie taugen zum Repräsentieren ebenso wie zum Verladen von Surfbrettern.» (Sachs 1984, 119)

Vor allem zwei Eigenschaften zeichnen das Automobil gegenüber anderen Verkehrsmitteln aus und wecken das Begehren breiter Bevölkerungsschichten: eine hohe Geschwindigkeit und eine komfortable, individuelle Steuerungsmöglichkeit. In der historischen Entwicklung wurden die erreichbaren Geschwindigkeiten stetig gesteigert. Diese Entwicklungslinie folgte den Wünschen und den Bedürfnissen der potentiellen Käuferschichten und bot ihnen zugleich immer wieder neue Nahrung. Die Faszination am «Tempomobil» wurde von der Automobilindustrie und den Automobilverbänden immer wieder geschürt. Seitdem es Automobile gibt, gibt es auch Automobilrennen, die das Publikum alsbald in Massen anzogen. Großen Bevölkerungskreisen wurde das Technik- und Fortschrittssymbol dieses Jahrhunderts vor Augen geführt. Das Publikum bestaunte dabei die Kraft und die Geschwindigkeitspotentiale der Fahrzeuge ebenso wie die Waghalsigkeit der Rennfahrer. Es entstand das Bild des (todes)mutigen Rennfahrers, dem später unzählige Automobilisten bewußt oder unbewußt nacheiferten. Ihre Geschwindigkeitsliebe beruht auf einem spezifischen Angstlustgefühl, wie es am treffendsten vielleicht das englische Wort *thrill* beschreibt. Autofahren lockt mit Abenteuer und Gefahr und verleiht dem Leben eine neue Würzkraft.

Besonders faszinierend an der Benutzung des Automobils ist, daß die Geschwindigkeit des Fahrzeugs individuell und ohne körperlichen Kraftaufwand gesteuert werden kann. Dies ermöglicht die Vorstellung, die Maschine erweitere und verstärke nur die eigenen Körperkräfte. Wolfgang Sachs (1984, 137) spricht vom Automobil als «Mittel zur Selbstverstärkung, als Ichprothese für Machtbedürftige». (Omni)Potenzgefühle und Männlichkeitswünsche knüpfen sich an die Beschleunigungskräfte des Fahrzeugs. Doch das Automobil vermittelt nicht nur ein Gefühl individueller Stärke, sondern auch Geborgenheit. Abgekapselt vor Wind und Wetter, in bequemer Sitzstellung, kann der Fahrer das Gefährt durch leichte Arm- und Fußbewegungen bedienen. Das Automobil lockt als eine Art Refugium, in dem der Autofahrer, abgeschirmt von allen äußeren Widrigkeiten, in wohlige Regression zurückfallen kann.

Es ist aber unzureichend, die Faszination am Automobil lediglich aus der Triebkraft infantiler Wünsche zu erklären. Die Teilnahme am Straßenverkehr verlangt ein hohes Maß an Aufmerksamkeit und fahrerischem Können. Die Erfahrung, das Fahrzeug zu beherrschen, ist sicherlich auch so etwas wie ein individuelles Autonomieerlebnis. Fatal scheint nur zu sein, daß individuelle Autonomie in den meisten gesellschaftlichen und kulturellen Erfahrungsbereichen nur schwer möglich ist. Die Automobilbenutzung verspricht Erlebnis- und Betätigungsmöglichkeiten, wie sie die meisten Menschen sonst kaum in ihrem Alltagsleben vorfinden. Keineswegs sind diejenigen, die nach der «Freien Fahrt» rufen, selber so frei, wie sie glauben möchten. Die Faszination des Automobils rührt auch daher, daß es einen Wirklichkeitsersatz für gesellschaftlich erfahrene Unfreiheit bietet.

Mehr Straßen, mehr Autos, mehr Straßen...

Das Versagen staatlicher und städtischer Verkehrsplanung und Verkehrspolitik ist in den letzten Jahrzehnten immer deutlicher geworden. Die klassischen Mittel der Verkehrspolitik wie der Straßenbau oder das Bereitstellen von Parkmöglichkeiten konnten bisher weder verhindern, daß die Autofahrer mehr stehen als fahren, noch wurde bei der Umsetzung dieser autoorientierten Maßnahmen ernsthaft danach gefragt, welche Auswirkungen diese Politik auf das gesamte Verkehrssystem und auf andere Lebensbereiche haben würde. Die fatalste Folge einer vorwiegend am Autoverkehr orientierten Verkehrsplanung ist zunächst ganz einfach: Sie führt zu immer mehr Automobilverkehr. Verkehrswissenschaftlern ist die teuflische Wechselwirkung zwischen der Attraktivitätssteigerung des Autoverkehrs durch Straßenbau und der Zunahme des Automobilverkehrs seit langem klar: Straßenbau produziert Verkehr, und Verkehr produziert Straßenbau. Der Versuch, durch eine Erweiterung der Straßenkapazität Verkehrsstauungen zu verhindern, führte bislang in keiner Großstadt zum Ziel. Diese Verkehrspolitik trieb nur die Ausgaben für den Straßenbau und die Zulassungszahlen in die Höhe. Am Verkehrsfluß änderte sich nichts.

Neue autogerechte Straßen und Parkhäuser locken nicht nur mehr Autoverkehr an, sie führen auch dazu, daß sich die Konkurrenzsituation der anderen Verkehrsmittel verschlechtert. Dem Straßenneubau und -umbau sind in der Vergangenheit viele Fuß- und Radwege zum Opfer gefallen. Die Attraktivität des Radfahrens sinkt mit der Zunahme der Autos in der Stadt. Mehr Gestank, Krach und Unfallgefahr auf den Straßen schrecken Radfahrer und Fußgänger ab und nötigen sie selbst zum Autofahren. Wenn die Autofahrer auf den neuen Straßen – wenn auch nur vorübergehend – etwas schneller vorankommen, verschlechtert sich im Vergleich dazu die Attraktivität der Busse und Bahnen, die zudem durch die wachsende Autoverkehrsmenge in ihrer Pünktlichkeit behindert werden. Der Neubau von Straßen führte zur Abnahme von Fahrgastzahlen bei den öffentlichen Verkehrsmitteln. Der Pkw-Verkehr substituiert also immer auch öffentlichen Verkehr. Die Folge: das Leistungsangebot des öffentlichen Personennahverkehrs (ÖPNV) wird abgebaut, was wiederum einen Attraktivitätsverlust zur Folge hat und zu einer weiteren Zunahme des Automobilverkehrs führt.

Wenn man versucht, das Autofahren in der Stadt durch neue und breitere Straßen angenehmer zu machen, wird der dadurch induzierte Mehrverkehr mit seinen schädlichen Auswirkungen die Lebensqualität der städtischen Bewohner weiter verschlechtern. Mehr Autos in den Städten veranlassen viele Städter dazu, sich im Grünen oder am Stadtrand anzusiedeln. Die Siedlungsstruktur wird immer weiträumiger, die Menschen müssen immer weitere Entfernungen zurücklegen, um ihren Tagesablauf zu organisieren. In einem weiträumigen Siedlungsgebiet wird ein entfernungstoleranter Lebensstil notwendig, der ohne Automobil gar nicht gelebt werden kann. Auch hier vollendet sich wieder die spiralförmige Kreisbewegung: Autoverkehr und Straßenkapazitätserweiterung schrauben sich gegenseitig in die Höhe.

Die technische Illusion

Technische Änderungen am Automobil können, wie die Einführung des Sicherheitsgurtes oder des Katalysators gezeigt haben, das Auto sicherer und schadstoffärmer machen. Der Wirkungsgrad dieser Verbesserungen wird aber beträchtlich überschätzt. Der Katalysator «reinigt» längst nicht alle Giftstoffe, die beim Autofahren entstehen. Vor allem verhindert er nicht den Ausstoß von Kohlendioxid, jenem Gas, welches wesentlich die Überhitzung der Erdatmosphäre verursacht und zu einem erheblichen Teil aus dem Automobilverkehr stammt. Sicherheitsgurte reduzieren nur das Verletzungsrisiko bei Unfällen für die Autoinsassen, nicht aber die Anzahl der Unfälle selbst. Solche technischen Veränderungen sind letztlich nur Krücken für die Teilnahme an einem Verkehrssystem, das als solches veränderungsbedürftig ist.

Die städtischen Verkehrsprobleme können nicht durch technische Verbesserungen am Automobil gelöst werden. Der einfache Grund hierfür liegt darin, daß die Technik eines Automobils keinen Einfluß auf die Verkehrsdichte hat. Im Gegenteil, es scheint sogar so zu sein, daß umweltfreundlichere und sicherere Automobile die angekratzte Akzeptanz des Automobils wiederherstellen und den Automobilberg weiter ansteigen lassen. Auch wenn es technisch gelingen sollte, erheblich leisere, sauberere, sicherere und im Energieverbrauch sparsamere Automobile herzustellen, werden die Stadtbewohner auch in Zukunft unter den Belastungen des Autoverkehrs leiden. Die Erfahrungen des letzten Jahrzehnts haben darüber hinaus gezeigt, daß die durch technische Verbesserungen erzielten Rückgänge im Kraftstoffverbrauch und in der Schadstoffemission am Einzelfahrzeug stets durch die größere Menge an Automobilen und deren erhöhte Motorenstärke wieder «aufgefressen» wurden.

Technische Lösungen für einzelne Problembereiche wie Sicherheit, Lärm, Schadstoffe, Kraftstoffverbrauch, Größe, Gewicht usw. kollidieren oft untereinander oder stehen mit anderen Ansprüchen in einem Zielkonflikt. Im Stadtverkehr beispielsweise ist ein kleines (kurz und hoch), leichtes, sparsames Automobil erforderlich, welches wenig Straßenfläche beansprucht und doch genügend Raum zum Einkaufen läßt. Die Automobilindustrie produziert aber immer schwerere, größere und leistungsstärkere Autos. Dies geschieht stets mit Blick auf die Käuferwünsche nach einem bequemen, geräumigen und mit allerlei Servicefunktionen ausgestatteten Automobil. Solche Wünsche nach den sogenannten Sekundäreigenschaften des Automobils, also nach dem, was an Ausstattung und Design nicht unmittelbar der Fortbewegung dient, nehmen im übrigen nach Ansicht des Biokybernetikers F. Vester fatalerweise um so mehr zu, je weniger das Auto seinen eigentlichen Zweck erfüllen kann. Je immobiler der Autofahrer durch

Staus und Parkplatzsuche wird, desto wichtiger wird ihm das Auto als «rollendes Wohnzimmer» und als Mittel der Selbstdarstellung.

Die Bemühungen der Automobilindustrie konzentrieren sich gegenwärtig darauf, die Abgasemissionen ihrer Produkte zu senken. Die öffentliche Diskussion um den durch Kohlendioxid verursachten Treibhauseffekt sowie die strenge Abgasgesetzgebung Kaliforniens – ein wichtiger Absatzmarkt auch für deutsche Automobile – haben die Autobranche dazu veranlaßt, mit Antriebsarten (vgl. zu den alternativen Antriebsarten: Haaf 1991 b, 99–101) zu experimentieren, die wenig oder gar keine Schadstoffe verursachen. Alternativen zum herkömmlichen Sprit könnten Methanol, Wasserstoff oder der sogenannte Bio-Sprit aus Zuckerrohr oder Pflanzenöl sein. Diese Antriebsstoffe wären aber ihrerseits problematisch. Vor allem die Bio-Sprit-Produktion im großflächigen monokulturellen Anbau von Zuckerrohr oder Raps nimmt notwendige Flächen für die Lebensmittelproduktion. Und Methanol wird aus Erdgas gewonnen – einer wie das Öl nicht regenerierbaren Energiequelle. Wasserstoff wäre ökologisch ideal, wenn der für seine Herstellung (Elektrolyse) benötigte Strom aus Solar-, Wasser- oder Windkraftwerken käme. Antriebe mit Wasserstoff sind gegenwärtig noch in der Experimentierphase. Ein großes Problem besteht allerdings darin, daß Wasserstoff pro Energieeinheit viel mehr Raum beansprucht als etwa Benzin, so daß spezielle Tankbehälter erforderlich würden.

Eine neue «alte» Antriebsart ist die Elektrizität. Elektromobile fuhren bereits in der Anfangsphase der Automobilentwicklung seit 1861. Sie konnten sich aber gegenüber benzingetriebenen Fahrzeugen nicht durchsetzen, da die Speicherkapazität ihrer Batterien nur relativ geringe Reichweiten zuläßt. Außerdem sind die Batterien nicht nur groß und schwer, sondern belasten bei ihrer Entsorgung die Umwelt mit Materialien wie Schwefel und Cadmium. Schon deshalb produziert die Zunahme von Elektromobilen unverhältnismäßige Umweltbelastungen – ganz zu schweigen von dem zusätzlichen Strombedarf, der uns dem Atomstaat ein Stück näher bringt (vgl. zu Elektro- und Solarmobilen: fairkehr 3/91, 16 ff).

Trotzdem arbeitet die Automobilindustrie mit Unterstützung der Energiewirtschaft intensiv an der Entwicklung von Elektrofahrzeugen. Das E-Mobil wird als «umweltschonendes» Verkehrsmittel gerade für den städtischen Raum mit seinen geringen Entfernungen propagiert. Ein wachsender Markt wird gerade für E-Mobile vorhergesagt. Man erwartet für die nächsten fünf Jahre immerhin einen Bedarf von einer Million Stück. Da es kaum für Fern- oder Transportfahrten einsetzbar ist, wäre es für viele städtische Haushalte wohl eher der potentielle Zweit- oder Drittwagen als eine Alternative zum herkömmlichen Automobil. Das E-Mobil wird also kaum zur Reduzierung des herkömmlichen Automobilverkehrs in der Stadt führen.

Auch bei den Solarmobilen handelt es sich um Elektrofahrzeuge. Für ihren Betrieb ist im Gegensatz zu den anderen Elektroautomobilen eine «saubere» Energiequelle garantiert. Allerdings ist die Herstellung von Solarzellen, die zum Einfangen der Sonnenenergie benötigt werden, hochgradig umweltbelastend. Ausgangsmaterial für Solarzellen ist Silicium, ein Stoff, der in der Natur nur in Verbindung mit anderen Elementen vorkommt. Um reines Silicium zu gewinnen, bedarf es in einem technisch aufwendigen und kostspieligen Verfahren verschiedener giftiger Lösungsmittel (vgl. Wismeth 1990, 12). Außerdem entstehen nicht unerhebliche Entsorgungsprobleme. Da Solarmobile nur begrenzt Sonnenenergie einfangen und umwandeln können, müssen sie möglichst leicht sein. Ihre Karosserien sind deshalb aus leichtem Kunststoff hergestellt, der nach Gebrauch wie die Kunststoffteile aus herkömmlichen Pkw als Sondermüll anfällt (vgl. Natur 1990, Heft 4, 79). Würde ein Großteil der derzeitigen 30-Millionen-Pkw-Flotte durch Solarmobile ersetzt, hätte dies zwar eine Verringerung der Abgasemissionen zur Folge; es würden jedoch neue ökologische Probleme entstehen. So mag das Solarfahrzeug im Einzelfall eine umweltfreundliche Alternative zu herkömmlichen Pkw sein; als Zukunftsvision für ein neues Verkehrssystem ist es jedenfalls nicht geeignet.

Fahrzeugtechnische Verbesserungen und alternative Antriebsarten können selbst mittelfristig die Abgasemissionen nicht entscheidend reduzieren. Sogar der Verband der Automobilindustrie (VDA), der 1990 versprochen hatte, seinen «Teil dazu beizutragen, die CO_2-Emission des Straßenverkehrs ungeachtet der weiteren Zunahme des Fahrzeugbestandes bis zum Jahre 2005 um mindestens ein Viertel zu verringern» und «die übrigen Abgasemissionen des Straßenverkehrs in dieser Zeitspanne auf weniger als ein Viertel des heutigen Standes zu senken», ist der Meinung, daß dieses Ziel nicht erreicht werden kann, wenn nicht weniger Auto gefahren wird. Die versprochene Umweltentlastung sei «mit fahrzeugtechnischen Maßnahmen allein nicht zu erzielen» (zitiert nach Haaf 1991 a, 72). Umweltfreundlicher Verkehr wird also auch in Zukunft heißen: zu Fuß gehen, Fahrrad fahren, öffentliche Verkehrsmittel benutzen. Oder zuhause bleiben.

Konzepte für einen stadtverträglichen Verkehr

Die städtische Verkehrsplanung förderte in der Vergangenheit direkt und indirekt – etwa durch den Bau der U-Bahnen – den Autoverkehr. Nachdem aber die Belastung der Stadtbewohner nahezu unerträglich geworden ist, orientiert sich die Politik in vielen Städten zunehmend an Vorstellungen, die die selbstverständliche Dominanz des Automobils im Straßenverkehr in Frage stellen. Dazu muß die Stadt Vorkehrungen treffen, um die Autofahrer zu veranlassen, auf umweltfreundliche Verkehrsmittel (Busse, Bahnen, Fahrrad, eigene Füße) umzusteigen. Ohne bestimmte Einschränkungen (Restriktionen) für den motorisierten Individualverkehr wird dies allerdings kaum in erheblichem Umfang gelingen. Stadtpolitische Maßnahmen sollten mittels eines sanften Zwanges den Autofahrern deutlich machen, daß die Benutzung des Automobils in der Stadt nicht mehr selbstverständlich ist. Die Risiken und Belastungen, die vom Automobilverkehr ausgehen, können nur durch eine Verminderung der Autoverkehrsmenge eingegrenzt werden. Hierzu bedarf es gesetzlicher Regelungen und einer Verbesserung der Nutzungsmöglichkeiten von Bahn, Fahrrad und Füßen.

Hält statt dessen eine städtische Verkehrspolitik an der Fiktion der Freiheit der Verkehrsmittelwahl bei gleichzeitiger Förderung des Automobilverkehrs fest, wird die Autoverkehrsmenge in der Stadt weiter zunehmen. Der Bau neuer Parkhäuser und die Beseitigung von «Engpässen» durch Straßenbau und computergesteuerte Ampelschaltungen lockt nur neue Autofahrer an und macht ihnen ihre Fortbewegungsart immer wieder schmackhaft. In der Autostadt ohne Auto zu leben, wird zunehmend schwieriger und unangenehmer. Jedes zusätzliche Auto verringert die Lebensqualität.

Um den Verkehr in der Stadt so zu beeinflussen, daß er die Lebensqualität weniger als bisher beeinträchtigt, stehen der städtischen Planung einige bauliche, organisatorische, rechtliche und betriebliche Eingriffsmöglichkeiten zur Verfügung. Durch entsprechende

Maßnahmen können die Städte einerseits ihre Flächen- und Siedlungsstruktur so verändern, daß für möglichst viele alltägliche Wege das Auto nicht mehr benutzt zu werden braucht, andererseits können sie der Benutzung des Automobils in der Stadt örtliche, zeitliche und monetäre Schranken setzen und die Bürger auf diese Weise zur Inanspruchnahme der umweltfreundlichen Verkehrsmittel «motivieren». Zusätzlich können Städte durch Informations- und Aufklärungskampagnen zur Benutzung der umweltfreundlichen Verkehrsmittel anregen. Folgende Tabelle zeigt eine (unvollständige) Übersicht über das Planungsinstrumentarium, das einer deutschen Stadt für die Reduzierung des Autoverkehrs zur Verfügung steht.

Die Maßnahmenpalette zeigt, daß die Städte der Automobilflut keinesfalls nur hilflos gegenüberstehen. Allerdings unterscheiden sich die aufgezählten Maßnahmen hinsichtlich ihres Wirkungsgrades, ihrer Kosten und ihrer Durchsetzbarkeit. So ist beispielsweise die Finanzierung eines attraktiven ÖPNVs für viele Städte ein erhebliches Problem. Andere Veränderungen, wie die vergleichsweise billigen Spurreduktionen auf den Autostraßen, werden deshalb selten vorgenommen, weil die Stadt- und Verkehrsplaner von erheblichen Widerständen der Autofahrer ausgehen. Es sei hier angemerkt, daß es sich bei diesen Einschätzungen der städtischen Entscheidungsträger oft um Fehleinschätzungen handelt. Fragt man die Bürger nach der gewünschten Verkehrspolitik, so spricht sich die Mehrheit (ca. 80 Prozent) eindeutig für eine Förderung der umweltfreundlichen Verkehrsmittel aus, während die Politiker immer noch behaupten, die Mehrheit der Bürger wünsche sich eine autofreundliche Verkehrsplanung und -politik (vgl. Socialdata 1992, 16). Man kann es auch so sagen: Da Verkehrsplaner selber Autofahrer sind, machen sie ihre eigene Reaktion auf restriktive Maßnahmen zum Maßstab ihrer Tätigkeit.

Die Erfahrungen aus den meisten deutschen Städten zeigen, daß diejenigen Maßnahmen am leichtesten zu realisieren sind, die den Bestand des konventionellen Verkehrssystems, das heißt die Dominanz des Autoverkehrs, am wenigsten in Frage stellen. Dies geht vor allem mittels einer Angebotsverbesserung für den Automobilverkehr in den Hauptverkehrsstraßen bei gleichzeitiger Verkehrsberuhigung einiger Nebenstraßen. Das damit praktizierte Prinzip der Verkehrsbündelung nimmt dem Autofahrer zwar einige Rechte in

Kategorie	Maßnahmen	
Siedlungs-/ Standortstruktur, Flächennutzungen	Angebote/Restriktionen	
	– Standortzuordnung	(O)
	– Funktionsordnung, Funktions-/ Nutzungsmischung	(O)
	– Ausbau Nebenzentren	(O, BA)
	– Erhöhung der Nutzungsdichte	(O)
	– Förderung wohngebietsbezogener Einrichtungen	(O)
	– Ausschluß peripherer Großeinrichtungen	(O)
	– Förderung der Innenentwicklung (Baulückenschließung)	(O)
	– Förderung von Wohnumfeldqualitäten	(O, BA, BE)
	– Förderung der Wohnstandortmobilität	(O)
	– Änderung der Zeitorganisation (Öffnungszeiten…)	(O)
Beeinflussung motorisierter Individualverkehr	Angebote	
	– ausgewählte Verkehrsstraßen zur Bündelung	(BA, BE)
	– Parkmöglichkeiten (Park-and-Ride-Anlagen)	(BA, BE)
	– Parkleitsystem	(O)
	– Förderung von Fahrgemeinschaften	(O)
	(– schadstoff- und lärmarme Fahrzeuge)	(O)
	Restriktionen	
	– flächenhafte Verkehrsberuhigung	(O, BA, BE)
	– flächenhafte Geschwindigkeitsbegrenzung	(O)
	– Erweiterung der Fußgängerzonen	(BA, BE)
	– Fahrverbote	(O)
	– Parkplatzreduktion oder -plafonierung	(BA, BE, O)
	– Veränderung der Flächenaufteilung von Straßen	(BA, BE)
	– Spurreduktion, Schmalfahrstreifen	(BA)
	– Überwachung, Sanktionen	(O)
Beeinflussung öffentlicher Personennahverkehr	Angebote	
	– Ausbau Liniennetz, besonderer Bahnkörper, Busspuren	(BA)
	– Park-and-Ride-Anlagen, Bike-and-Ride-Anlagen	(BA)

Kategorie	Maßnahmen	
Beeinflussung öffentlicher Personennahverkehr	Angebote	
	– Lage von Haltestellen (Erreichbarkeit)	(BA, BE)
	– Linienführung, Verbesserung Umsteigebeziehung	(BA, BE, O)
	– Bedienungsfrequenz (Takt), Fahrplangestaltung	(BE)
	– Ausstattung, Gestaltung von Haltestellen	(BA)
	– Beschleunigung, Bevorrechtigung	(BA, O)
	– Wagenqualität (Komfort, Service)	(BE)
	– Tarifsystem (Dauer-, Umweltkarten)	(O)
	– Verkehrsverbund, Tarifverbund	(O)
	– Kundeninformation, Service	(BE, O)
Beeinflussung nicht- motorisierter Verkehr	Angebote	
	– geschlossene Rad- und Fußwegenetze	(BA)
	– Ausbau Radfahrer-/Fußgänger- infrastruktur	(BA)
	– Veränderung der Straßenraum- aufteilung	(BA)
	– Querungshilfen für Fußgänger	(BA)
	– Straßenraumgestaltung, Verkehrsberuhigung	(BA)
	– Geschwindigkeitsbegrenzung (Tempo 30)	(BE, O)
	– Bike-and-ride-Anlagen	(BA)
	– Abstellanlagen, Servicestationen	(BA, BE, O)
	– Bevorzugung bei Signalisierung	(BE, O)
	– Wegweisungen	(O)
	– Mitnahmemöglichkeiten der Fahrräder im ÖPNV	(O)
Informa- torische/ aufkläre- rische Maßnahmen	Angebote/Restriktionen	
	– Information über Angebote, Betriebsregelungen, Kosten	(I)
	– Werbung	(I)
	– «Verkehrsklima»	(I)
	– Verkehrserziehung	(I)

BA bauliche Maßnahmen; BE Betriebliche Maßnahmen; O ordnende Maßnahmen; I informatorische Maßnahmen
Quelle: Beckmann 1989

Tabelle 4

den verkehrsberuhigten Zonen – vor allem das der Raserei –, macht ihm aber andererseits das Fahren auf den anderen Straßen um so schmackhafter. Welche Wege der Autofahrer in der Stadt nimmt und wo er schließlich sein Fahrzeug abstellt, wird dabei vorwiegend durch eine autoorientierte Angebotsstruktur beeinflußt. Regelungen, die das Prinzip, nahezu jeder städtische Ort müsse mit dem Automobil erreichbar sein, wirkungsvoll einschränken, werden kaum getroffen. Bedeutung und Funktion des Automobils in der Stadt werden mit der bisher praktizierten Verkehrspolitik nicht in Frage gestellt.

Dies soll nicht heißen, daß die Verkehrsberuhigung und die Bündelung des automobilen Straßenverkehrs wirkungslose Maßnahmen seien. Die Entlastung vom Autoverkehr als Folge dieser Maßnahmen ist für viele Menschen in den sogenannten Wohnstraßen bedeutend: ruhigere Straßen, weniger Abgase, mehr Aufenthaltsqualität für Nichtmotorisierte. Dennoch sind zumindest zwei gravierende Nachteile mit dieser Verkehrspolitik verknüpft: Erstens kann von diesen konventionellen Vorkehrungen keine nennenswerte Reduzierung des Automobilverkehrs erwartet werden; in Wirklichkeit verlagern sie ihn nur. Diese Verlagerung führt nun zweitens fast zwangsläufig zu Konflikten. Den Maßnahmen haftet ein starkes Moment der Ungerechtigkeit an. Bewirkt beispielsweise eine Verkehrsberuhigung für bestimmte Straßen oder Wohnviertel eine angenehme Entlastung vom Autoverkehr, so hat sie gleichzeitig in anderen Straßen mehr Autoverkehr zur Folge. Innerhalb des städtischen Raumes wird der Automobilverkehr ungleich verteilt.

Stadt der kurzen Wege

Eines der wirkungsvollsten Mittel, die Stadt verkehrstechnisch zu entlasten, läge in der Umgestaltung ihrer Flächen- und Raumstruktur. Damit wäre das Übel Automobilverkehr gleichsam an der Wurzel gepackt.

Bis in die Gegenwart hinein ist die «funktional gegliederte Stadt» das beherrschende Leitbild städtischer Entwicklung. Dieses Leitbild orientiert sich an der sogenannten «Charta von Athen» (1933), in der das Modell einer Stadt entworfen wurde, die dadurch charakterisiert ist, daß die Funktionsbereiche des Wohnens, des Arbeitens und der Erholung räumlich scharf voneinander abgegrenzt und durch Verkehrsstraßen miteinander verbunden sind. Viele heutige städtische Probleme sind auf eben dieses Prinzip der Funktionstrennung zurückzuführen.

Nicht zuletzt die zunehmende Beeinträchtigung der städtischen Lebensqualität durch den Automobilverkehr führte zu neuen Leitbildern im Sinne einer «ökologisch orientierten Stadt- und Raumentwicklung» (vgl. Neddens 1986, 150–164). In einer «dezentralintegrierten Stadtstruktur» sollen sich die verschiedenen «Funktionszuordnungen (...) wesentlich kleinräumiger als bisher (...) entwickeln» (ebenda, 156). Nach dieser Modellvorstellung behält zwar die City weiterhin einige wichtige «Oberfunktionen» (kommunale Verwaltungen, Gerichte, Theater, Museen, Versicherungen, Banken, Hotels, Bahnhöfe), doch sollen – von diesen zentralen Einrichtungen abgesehen – die einzelnen Stadtteile weitgehend autonom gestaltet werden. Das heißt, es muß dort beispielsweise «ortsbezogene» kulturelle Einrichtungen und private Dienstleistungsangebote geben. Vor allem sollten aber in den einzelnen Stadt- und Ortsteilen ausreichende Einkaufsmöglichkeiten vorhanden sein und monostrukturierte Wohngebiete wieder mit Arbeitsstätten ausgestattet werden.

Ein Problem dieses Leitbilds ist die angestrebte räumliche Mischung von Arbeiten und Wohnen. So können verständlicherweise Lärm und Schmutz erzeugende Industriebetriebe nicht in Wohnvierteln angesiedelt werden; andererseits gibt es aber auch umweltfreundliche und wohnverträgliche Produktionsarten, «nichtstörendes» Kleingewerbe und Dienstleistungsarbeitsplätze, die durchaus in Wohngebiete integriert werden können. Zudem müßte das Problem der Zuordnung von Wohnen und Arbeiten gelöst werden. Umzugsprämien für näheres Wohnen am Arbeitsplatz oder die Einrichtung von Wohnungstauschbörsen wären erste sinnvolle Schritte in diese Richtung.

Trotz der genannten Schwierigkeiten könnte eine Orientierung am Leitbild einer ökologisch kontrollierten Funktionsmischung erfolgversprechend sein. Die verschiedenen Alltagssegmente wie Arbeiten, Bildung, Einkaufen, Freizeit müßten einander räumlich so zugeordnet werden, daß die alltäglichen Wege einer Person stets wohnungsnah sind. Eine solche «Stadt der kurzen Wege» käme vor allem den Fußgängern und Radfahrern zugute. Gerade in durchmischten städtischen Räumen mit vielfältigen Nutzungsmöglichkeiten besteht die Chance, daß sich die Bewohner mehr als bisher mit ihrer unmittelbaren räumlichen Umgebung identifizieren und diese als ein Stück Heimat begreifen. Diese «Aneignung» des Raumes gelingt dann besonders gut – so ein Ergebnis unserer Untersuchung (siehe Teil II dieses Buches) –, wenn man sich auf umweltverträgliche Weise fortbewegt. Ja, vielfach scheint eine nichtautomobile Fortbewegung gerade eine entscheidende Voraussetzung dieser Aneignung zu sein. Obwohl viele Autofahrer ihr Fahrzeug auch für geringe Entfernungen benutzen, erhöht sich in durchmischten Gebieten die Chance für einen Verzicht auf die Automobilbenutzung. Das Auto wird dann für den privaten Gebrauch fast überflüssig sein.

Nun ist unschwer einzusehen, daß eine solche Umstrukturierung einer Stadt nicht von heute auf morgen zu realisieren ist. In der Tat greifen Maßnahmen, die die Siedlungs- und Flächenstruktur einer Stadt bestimmen, erst sehr langfristig. Zudem hat sich eine an der Reduzierung des Autoverkehrsaufkommens orientierte Standortpolitik gegenüber einer «Anpassungspolitik» (vgl. Linder 1975, 67 ff) durchzusetzen, deren Credo gerade darin besteht, daß nur durch vermehrten Straßenbau die Voraussetzung für ein ökonomisches Wachstum der Stadt gegeben sei. Diese Anpassungspolitik versucht erst gar nicht, Einfluß auf eine stadtverträgliche Lokalisierung von Neuansiedlungen oder Umsiedlungen von Gewerbebetrieben zu nehmen.

Wir möchten hinzufügen, daß sich gegenwärtig in den neuen Bundesländern das Widererstarken dieser Anpassungspolitik beobachten läßt. In den meisten Städten und Regionen der ehemaligen DDR scheint sich – unterstützt durch «westliche» Planungsfachleute, Wirtschaftsförderer und Politiker – die Meinung durchzusetzen, daß nur der Ausbau einer automobilen Infrastruktur wirtschaftlichen Aufschwung ermögliche. Daß sich den Entscheidungsträgern in der ehemaligen DDR der Zusammenhang zwischen Automobilisierung und Prosperität einer Gesellschaft überdeutlich aufdrängt, ist verständlich. Andererseits müssen auch hier die negativen Folgen uneingeschränkter Automobilisierung auf die städtische Siedlungsstruktur zur Kenntnis genommen werden. Bereits jetzt wird der Automobilverkehr von den Bürgern in Deutschland Ost als weitaus unangenehmer eingeschätzt als von ihren westdeutschen Nachbarn (vgl. Socialdata 1992, 7). Gerade in den neuen Ländern bestünde die Chance, nicht dem totalen Automobilismus zu verfallen. Denn bislang werden die Haupttransportleistungen noch durch die Bahn und, in der Stadt, durch öffentliche Verkehrsmittel erbracht. Statt durch rücksichtslosen und kurzsichtigen Straßenbau die Zerstörung städtischer Strukturen zu forcieren, wäre es langfristig gesehen sinnvoller, die Schienenverkehrsmittel modernen Standards entsprechend auszubauen und sie als umweltfreundliche Alternative zum Automobil zu erhalten.

Die Durchsetzung einer alternativen Stadtentwicklungspolitik setzte darüber hinaus eine gemeinsame Koordinierung von Verkehrs-, Wirtschaftsförderungs- und Stadtplanungspolitik voraus. Traditionell vorhandene Nutzungsmischungen könnten gefördert und vorstrukturierte Gebiete durchmischt werden. Eine Abkehr von einer autoorientierten Siedlungspolitik könnte auch dadurch erreicht werden, daß die Neuansiedlung von Gewerbe (und Wohnungen) an den Trassen eines attraktiven ÖPNV orientiert wird. So wäre auch für weitere Entfernungen eine umweltfreundliche Alternative zum Automobil benutzbar.

Eine «Stadt der kurzen Wege» ist keine Utopie. Daß eine entsprechende Politik zu Erfolgen führen kann, zeigt das Beispiel Delft, eine typische mittelgroße holländische Stadt mit circa 85 000 Einwohnern. Seit 1966 orientierte sich die Stadterneuerung hier nicht mehr an einer wachsenden Autoverkehrsmenge. Dank einer intensiven und effektiven Bauleitplanung sowie anderer bodenrechtlicher Voraussetzungen konnte Delft seine historische kompakte Stadtform erhalten. «Trotz erheblicher Erweiterung der bebauten Fläche ist Delft eine kompakte Stadt der kurzen Wege geblieben, gegliedert durch eine begrenzte Zahl von Hauptverkehrsstraßen, die ein rasterförmiges Netz bilden.» (Apel 1984, 292)

Deutsche Städte wie Ingolstadt oder Osnabrück mit etwa gleich hohen Einwohnerzahlen erstrecken sich über ein doppelt so großes Flächengebiet. Ein Delfter hat also im Vergleich zu den Bewohnern dieser Städte nur halb soviel urbanisierte Fläche zur Verfügung. Seine Wege sind kurz, und die zur Verfügung stehende (und beanspruchte) Verkehrsfläche ist relativ klein. Dies macht sich auch deutlich in seiner Verkehrsmittelwahl bemerkbar. Etwa zwei Drittel aller Wege legt ein Delfter zu Fuß (24 Prozent) oder mit dem Rad zurück (40 Prozent) (vgl. zu den Zahlen: Apel 1984, 301). Auch wenn die Menschen in Delft «enger» zusammenleben, ist das Leben dort mit weniger Lärm, Gestank und Unfallrisiko in vielen Aspekten angenehmer als in vergleichbaren «Autostädten» der BRD.

Zufahrtsbeschränkungen und -verbote

Am einfachsten läßt sich die Automobilflut in der Stadt eindämmen, wenn man den Automobilverkehr aussperrt. Abgestellt am Stadtrand sollte es nur für weitere Entfernungen genutzt werden. In der Stadt bewegt man sich dann vor allem zu Fuß, aber auch mit dem Fahrrad, mit öffentlichen Verkehrsmitteln oder mit Taxis. So ungewohnt diese Vorstellung auch erscheinen mag, sie wird bereits – vor allem im Ausland – praktiziert. In der Schweiz gibt es neben Zermatt noch elf weitere Gemeinden, die autofrei sind und dies selbstbewußt als touristischen Vorzug proklamieren. In Deutschland sind nur einige wenige Kurorte, wie beispielsweise einige Nordseeinseln, ohne Autoverkehr.

Eine autofreie Stadt ist gegenwärtig noch eine Zukunftsvorstellung. Die städtischen Raumstrukturen entwickelten sich in den letzten Jahrzehnten zu sehr in Abhängigkeit vom wachsenden Automobilverkehr. Ein Ausschluß des Automobils aus der gesamten Stadt ist deshalb in den meisten Städten zunächst nicht realisierbar. Für kleinere, auf den Tourismus ausgerichtete Städte kann aber das Modell einer autofreien Stadt, wie die Beispiele aus der Schweiz zeigen, durchaus realistisch sein und zu positiven Wirtschaftsimpulsen führen. Immer mehr Menschen möchten wenigstens in Freizeit und Urlaub nicht vom Autoverkehr belastet werden. Urlaubsorte, die mit öffentlichen Verkehrsmitteln problemlos zu erreichen sind und eine autofreie Stadtstruktur bieten, werden immer beliebter.

Ist die Sperrung ganzer Städte für den Automobilverkehr noch weitgehend Zukunftsmusik, so wird eine Teilsperrung in einigen zentralen Einkaufsstraßen schon seit längerem praktiziert. Seit den siebziger Jahren wurden in der BRD über 1000 Fußgängerzonen eingerichtet. Dem motorisierten Lieferverkehr ist dort – meist in den frühen Morgenstunden – die Zufahrt erlaubt. Zuerst lediglich in den Zentren der Großstädte anzutreffen, entstanden Fußgängerzonen dann auch in den Nebenzentren und in Mittel- und Kleinstädten. Obwohl die autofreien Fußgängerzonen in der gesamten Stadt nur einen sehr geringen Flächenanteil einnehmen, ist ihre Bedeutung nicht zu unterschätzen. Ihre Einrichtung ist eine Reaktion auf die stadtzerstörenden und lebensfeindlichen Wirkungen übermäßigen Automobilverkehrs. Sie stellen die erste praktische Abkehr von der Vorstellung einer autogerechten Stadt dar.

Obwohl die Fußgängerzonen anfangs vom Einzelhandel kritisch beargwöhnt wurden, haben sie sich zu wahren Passantenmagneten entwickelt. Sie weisen nicht nur ein breites Einkaufsangebot auf, welches häufig durch verschiedene Märkte (Blumen-, Gemüse-, Fisch-, Handwerks-, Kunstmarkt usw.) aufgelockert wird, sondern bieten dem Fußgänger die Chance zu bummeln, ohne dauernd auf motorisierte Verkehrsteilnehmer achten zu müssen. Inzwischen sind die Fußgängerzonen in vielen Städten auch mit dem Rad auf festgelegten Routen befahrbar. Auch öffentliche Verkehrsmittel – insbesondere Straßenbahnen – sind bei langsamer Geschwindigkeit für Fußgänger weder ein Hindernis noch eine Gefahrenquelle.

Verspricht also eine Ausweitung der Fußgängerzonen auf den gesamten Innenstadtbereich eine Lösung der städtischen Verkehrsprobleme? Ist es nicht sinnvoll, das Automobil aus unseren Innenstädten ganz zu verbannen? Wie wäre das möglich?

Prinzipiell gibt es zwei Möglichkeiten, den Autoverkehr aus der Innenstadt herauszuhalten. Entweder wird den mit dem Automobil anreisenden Besuchern die Zufahrt zur Innenstadt grundsätzlich verwehrt, oder sie wird ihnen durch «Straßenzölle» erschwert. Im Ausland gibt es einige Städte, die versucht haben, mit diesen und anderen Maßnahmen den Automobilverkehr im Innenstadtbereich zumindest zu reduzieren. Am erfolgreichsten soll das im ostasiatischen Stadtstaat Singapur gelungen sein, wo bereits seit 1974 jeder Autofahrer für die Straßenbenutzung der Kernstadt – eine Sperrzone von 6,4 Quadratkilometern Größe – umgerechnet ungefähr 50 DM im Monat bezahlen muß. Zusätzlich werden die Autobesitzer für Straßensteuern – gestaffelt nach Hubraumklassen zwischen 300 und 3000 US-Dollar – und für den Pkw-Besitz selbst – die Zulassungsgebühr für einen Pkw beträgt 175 Prozent seines Marktpreises (Nickel 1991, 21) – zur Kasse gebeten. Flankiert wurde diese restriktive Politik durch eine drastische Aufstockung des Busbestandes. Dadurch konnte erreicht werden, daß der Pkw-Besitz in Singapur drastisch zurückging und das automobile Verkehrsaufkommen verhältnismäßig gering gehalten werden konnte (vgl. zu Singapur und zu den folgenden Städten: Nickel 1991, 11-22).

Das Beispiel Singapur macht deutlich, daß eine drastische Verteuerung des Automobilbesitzes und der -benutzung durchaus erfolgreich sein kann. Das Problem einer solchen Politik besteht darin, daß sie die Automobilität nur den Reichen ermöglicht. Die soziale und kulturelle Kluft, die in Dritte-Welt-Ländern, aber auch in Singapur, sehr tief ist, wird noch erweitert.

In der westlichen Welt hat sich die Vorstellung von sozialer Gerechtigkeit und gesellschaftlicher Zukunft stets mit der Vorstellung von der Automobilisierung aller Bevölkerungsschichten verbunden. Obwohl die sogenannte Vollmotorisierung nie Wirklichkeit wurde – noch heute besitzen sehr viele Menschen weder einen Führerschein, noch können sie über ein Auto verfügen –, ist die Vorstellung, alle seien Autofahrer oder könnten es zumindest werden, eine gesellschaftliche Gewißheit. Automobilität ist immer noch ein – wenn auch ideologischer – Ausdruck eines gesellschaftlichen Wohlstands- und Demokratieversprechens. Eine Verkehrspolitik, die hauptsächlich versucht, durch extreme Verteuerung Automobilität wieder zu einem Luxus für wenige zu machen, wird deshalb vermutlich keine große Akzeptanz in der Bevölkerung finden. Dagegen ist die prinzipielle Aussperrung des Automobilverkehrs aus der Innenstadt eine sozial verträglichere Form. Der Gedanke sozialer Gerechtigkeit und sozialen Ausgleichs bleibt bei diesem Verfahren gewahrt.

Das bekannteste Beispiel für eine Stadt, aus deren Kernbereich die Automobile weitgehend ausgesperrt bleiben, ist Bologna. Bologna, mit etwa einer halben Million Einwohnern, hat eine außergewöhnlich große und zusammenhängend erhaltene mittelalterliche Altstadt mit nahezu 4,5 Quadratkilometern Fläche, deren mittlerer Durchmesser circa zwei Kilometer beträgt. Aufgrund einer architektonischen Besonderheit waren die Belastungen durch den Automobilverkehr hier besonders hoch. Fast alle Straßen der Innenstadt sind nämlich von Arkaden umsäumt, unter denen sich die Abgase stauen und die vom Lärm widerhallen. 1984 beschloß deshalb die Bologneser Bevölkerung in einer Volksabstimmung die selektive Schließung der Altstadt.

Seit 1989 gibt es eine Begrenzung der Einfahrtsberechtigung in den Stadtkern für die Zeit von 7.00 bis 20.00 Uhr. Mit dem Pkw in die Innenstadt dürfen in dieser Zeit nur noch Personen, die dort entweder wohnen (40000 Personen), eine private Garage besitzen (20000 Personen) oder beruflich zu tun haben (40000 Personen). Letztere dürfen sich allerdings nur eine halbe Stunde mit dem Pkw in der Innenstadt aufhalten. Außerdem gelten die Einfahrtsberechtigungen nur für einen Teil der Innenstadt. Diese ist noch einmal in vier verkehrsberuhigte Zonen (*zona a traffico limitato*) unterteilt. Das Visum für die Einfahrt in eine dieser Zonen ist ein an der Windschutzscheibe angebrachter Aufkleber, der von der Bologneser Verkehrsbehörde an die Pkw-besitzenden Haushalte der genannten Gruppen verteilt wird.

Bologna ist keine autofreie Stadt, als welche sie in den Medien fälschlicherweise dargestellt wurde. Die Zufahrtsbeschränkungen der Innenstadt richten sich in erster Linie gegen den automobilen Berufspendlerverkehr. Durch die weitgehende Aussperrung dieses Verkehrs konnte aber insgesamt eine drastische Reduzierung des innerstädtischen Automobilverkehrs erreicht werden. Fuhren 1981 noch täglich etwa 152000 Pkw durch die Altstadt, so zählte man 1989, nach der selektiven Schließung des Zentrums, nur noch 58000. Der private Automobilverkehr reduzierte sich also um 62 Prozent. In Bologna hat man also durch die relativ billige Maßnahme der Zufahrtsbeschränkung bemerkenswerte Resultate erzielt. Hinzu kommt, daß sich die Aufenthaltsqualität in der Innenstadt durch die Reduzierung von Lärm, Abgasen und der Zahl der parkenden Autos erheblich verbesserte. Außerdem strahlt das Beispiel Bologna auch auf andere Städte aus. In Italien gilt es zunehmend als Modellfall für innerstädtische Verkehrskonzepte. Verkehrsbeschränkte Zonen, die deutlich über die gleichfalls vorhandenen Fußgängerzonen hinausgehen, gibt es mittlerweile in über 40 italienischen Städten (siehe zu Bologna: ILS-Monatsberichte 11/1990 u. 5/1991 sowie Apel/Lehmbrock 1990, 161 ff).

Verschiedene skandinavische Städte wie Bergen, Oslo und Stockholm versuchen, den Autoverkehr von der Innenstadt durch Mautgebühren (*road-pricing*) fernzuhalten. In den norwegischen Städten Bergen und Oslo ist das Ziel dieser Maßnahmen aber keineswegs, die Autofahrer zu einem Umstieg auf andere Verkehrsmittel zu bewegen. Die Mauteinnahmen werden fast ausschließlich dazu verwandt, neue Straßenprojekte wie Umgehungsstraßen oder Tunnels zu finanzieren. Der ÖPNV und die Infrastruktur für die muskelbetriebenen Fortbewegungsarten profitieren nicht von dem *road-pricing system*. So hat denn auch in Bergen der Autoverkehr in die Innenstadt trotz des Wegezolls nicht abgenommen.

In Stockholm dagegen hat man die Einfahrtsberechtigung mit dem Pkw in die Innenstadt an den Erwerb einer Monatskarte für die öffentlichen Verkehrsmittel geknüpft. Außerdem soll ein etwa 50 Quadratkilometer großes Kerngebiet mit *road-pricing* belegt werden. Alle Einnahmen aus den Straßenzöllen in Stockholm sollen zu 100 Prozent den öffentlichen Verkehrsbetrieben zugute kommen.

In Deutschland gibt es bislang erst eine Innenstadt, für die die Zufahrt für den Autoverkehr drastisch beschränkt wurde. Seit April 1989 wurde in Lübeck die gesamte Altstadt zunächst an ausgewählten Wochenenden und seit Juni 1990 an allen Wochenenden für den Automobilverkehr gesperrt. Vorher ging es in der Lübecker Innenstadt ganz ähnlich zu wie in anderen deutschen Städten. Zwar war die Entlastung der City vom Automobilverkehr ausdrückliches verkehrspolitisches Ziel, doch ging die Realisierung von Verkehrsberuhigungsmaßnahmen – Tempo-30-Zonen, Verbesserung des ÖPNV-Angebots – nur schleppend voran und änderte wenig an der täglichen Autoflut. In dieser Situation entschloß sich die Bürgerschaft, die Altstadt nach dem Vorbild der italienischen Städte zu bestimmten Zeiten für den Automobilverkehr zu sperren. Die historisch bedeutende Altstadt, die seit 1988 zum Weltkulturerbe gehört, sollte wieder ein «abgasarmes Wohn-, Einkaufs- und Besuchserlebnis» bieten.

Vorbereitet wurde die Sperrung in einem langwierigen Prozeß, bei dem alle relevanten Gruppen an einem Tisch versammelt wurden. Aufwendig, aber erfolgreich. Umgesetzt wurde der Entschluß dagegen mit relativ einfachen Mitteln. Einige Verbotsschilder und Informationstafeln an den Haupteinfallsstraßen zur Innenstadt sowie Informationskampagnen in den lokalen Medien genügten, um die Autofahrer von der Einfahrt in die Altstadt abzuhalten. Wie in Bologna gilt die Sperrung nicht für den gesamten Pkw-Verkehr; ausgenommen sind Anwohner, Behinderte und Hotelgäste sowie Mietwagen, Taxis und gewerblicher Lieferverkehr. Außerdem ist es möglich, mit dem Pkw eigene oder gemietete Garagen und Stellplätze zu erreichen. Von den in der Altstadt und am Altstadtrand verfügbaren etwa 11 000 öffentlichen und privaten Stellplätzen lassen sich auch während der Sperrung rund 5000 ansteuern. Trotz dieser Ausnahmeregelungen waren die Ergebnisse von Lübecks City-Sperrung beachtlich. Auf den Straßen in Lübecks Altstadt verringerten sich Verkehrslärm und Schadstoffe erheblich, beträchtlich mehr Fußgänger und Radfahrer waren unterwegs. Allerdings stiegen nur 12 Prozent der Autofahrer, die vorher regelmäßig in der Altstadt parkten, auf andere Verkehrsmittel um, circa 30 Prozent benutzten den P & R-Service und knapp 60 Prozent änderten ihr Verhalten nicht. Sie fuhren mit dem Pkw so weit wie möglich an die Innenstadt heran und gingen dann zu Fuß.

Diese Zahlen verweisen auf einen gravierenden Nachteil, der für die umliegenden Stadtteile entstehen kann, wenn die Innenstadt für den Autoverkehr gesperrt ist. Sind die Innenstadtbewohner und -besucher von den Belastungen des Automobilverkehrs befreit, so kann die Autowelt an den Rändern der Innenstädte um so brutaler zuschlagen. Belastungen durch Abgase und Lärm nehmen dort zu, die Erreichbarkeit der Innenstadt zu Fuß oder mit dem Fahrrad kann sich durch zugeparkte Straßen, Trottoirs und Radwege in den Randbezirken der Innenstadt verschlechtern. Negative Erfahrungen dieser Art wurden schon bei der Einrichtung erster Fußgängerzonen gemacht. Um den Autoverkehr so weit wie möglich in die Innenstadt zu ziehen, wurden an den Rändern der Fußgängerzonen überdimensionierte Autostraßen, Parkplätze und Parkhäuser errichtet. Wer zu Fuß aus anderen Stadtteilen die innerstädtische Fußgängerzone erreichen will, muß sich erst durch eine Lawine aus Blech quälen. Die Sperrung von Innenstädten verpflichtet deshalb gleichzeitig zur Schaffung von Zugangsmöglichkeiten. Bleibt die Reduzierung des Automobilverkehrs nur auf die Innenstädte beschränkt, wird die Stadt lediglich zu einem «Verschiebebahnhof vagabundierender Problemberge» (Monheim).

Der größte Widerstand gegen weitere Sperrungen städtischer Gebiete kommt vom Einzelhandel. Daß die Magnetwirkung des Innenstadthandels in den letzten Jahren abgenommen hat, schreibt der Einzelhandel hauptsächlich einer gegenüber dem Automobilverkehr restriktiven Politik zu. Rückläufige Besucherzahlen in den Innenstädten sind allerdings wohl kaum auf fehlende Parkplätze zurückzuführen, wie es der Einzelhandel gern glauben machen möchte. Dies zeigt sich allein daran, daß die Besucherzahlen an verkaufsoffenen Samstagen, im Gegensatz zu den übrigen Werktagen, nicht zurückgegangen sind (vgl. Topp 1989, 332). Die Ursachen liegen wohl eher in einem tiefgreifenden Strukturwandel des Einzelhandels. Vielfältige Gründe wie zum Beispiel die Suburbanisierung von Bevölkerung und Arbeitsplätzen, veränderte Einkaufsgewohnheiten, hohe Wachstumsraten von Verbrauchermärkten und Fachmärkten im Umland der Städte sind als die entscheidenden Ursachen für den Attraktivitätsverlust des Innenstadthandels anzusehen.

Parkraum: Knapp und teuer

Eines der größten Probleme in der Stadt ist der «ruhende» Autoverkehr. Da ein Pkw fast 95 Prozent seiner «Lebensdauer» unbenutzt herumsteht, ist im Zuge der Massenmotorisierung auch ein erheblicher Bedarf an Abstellmöglichkeiten entstanden. Gerade in Städten wirkt es sich aber als ziemlich verheerend aus, wenn immer mehr städtische Flächen dem parkenden Automobilverkehr zur Verfügung gestellt und anderen Funktionen entzogen werden. Daß mit Blech vollgestopfte Straßen, zugeparkte städtische Plätze und öde Parkhäuser kaum zum Charme einer Stadt beitragen, sei hier nur am Rande erwähnt.

Solange Autos verkauft werden, wird es ein «Parkproblem» geben. Alle Maßnahmen, mit denen dieses Problem «bewältigt» werden soll, zielen auf das (unter- oder oberirdische) Stapeln von Fahrzeugen und damit auf ein extrem kostenaufwendiges Verschwindenlassen der parkenden Automobile oder auf eine räumliche Verlagerung des Parkens aus den neuralgischen Zonen der Stadt. Die zweite Zielvariante ließe sich durch eine restriktive Parkraumpolitik realisieren. Sie erweist sich als geeignet für Gebiete, die einerseits eine hohe Attraktivität besitzen und die andererseits Alternativen zur automobilen Erreichbarkeit aufweisen. Insbesondere in den Stadtkernen und innenstadtnahen dichtbebauten Altbaugebieten der Städte ist eine Beschränkung und Verteuerung des öffentlichen Parkraums deshalb sinnvoll. Hier sind die Belastungen durch den Automobilverkehr besonders hoch und öffentliche Verkehrsmittel im ausreichenden Maß vorhanden. In Großstädten wie Hamburg und München begann man bereits Mitte der achtziger Jahre den Parkraum zu beschränken, was im übrigen der Attraktivität dieser Stadtzentren keinen Abbruch tat.

Zielgruppe einer restriktiven Parkraumpolitik sind auch hier wieder vor allem die Berufspendler, aber auch diejenigen, die in der Innenstadt mit dem Auto einkaufen wollen. Dem liegt die Vorstellung zu Grunde, daß gerade die Pendler, die etwa zu einem Drittel zum städtischen Berufsverkehr beitragen, am ehesten durch eine Verknappung und Bewirtschaftung von Parkplätzen zum Umstieg auf andere Verkehrsmittel zu motivieren sind. Bei den bisher praktizierten Parkraumbeschränkungen ist denn auch eine Sicherung des Parkraums der Anwohner in der Regel durch Sonderparkberechtigungen gewährleistet.

Wie sieht nun eine Parkraumpolitik, die etwas zur Verringerung des Autoverkehrs beitragen will, im einzelnen aus? Grundsätzlich stehen vier Bestandteile zur Verfügung, nämlich die Beschränkung des Parkraumangebotes, die Bewirtschaftung dieses Parkraumes, die konsequente Überwachung des ruhenden Verkehrs und schließlich der Bau von P & R-Anlagen (vgl. Gyukits 1989, 187).

Parkraum läßt sich beschränken, indem auf die Herstellung oder Erweiterung von öffentlichem Parkraum verzichtet wird. Einige Städte wie Nürnberg oder Stuttgart sind dazu übergegangen, in ihren Innenstadtbereichen und in den Bereichen der Hauptverkehrslinien des ÖPNV den Bau von Stellplätzen über die bauordnungsrechtliche Zahl hinaus zu untersagen (vgl. Fiebig 1988, 150). Die Politik, den Parkraum in den Städten zu beschränken, ist ein wirkungsvolles Instrument, Autofahrer zum Umstieg zu motivieren. Nach wissenschaftlichen Untersuchungen «reduziert jede Minute, die mehr benötigt wird, um einen Parkplatz im Kernbereich zu finden, den IV-Anteil (Anteil der mit motorisierten Individualverkehrsmitteln zurückgelegten Wege, d. Aut.) um 1,5 Prozent» (ebenda). Auch die Befragungen unserer Teilnehmer wiesen auf die hohe Bedeutung von Frustrationen bei der Parkplatzsuche für ihre Umstiegsmotive hin (vgl. Teil II dieses Buches).

Ein weiteres Instrument der Parkraumpolitik ist die Parkraumbewirtschaftung, die folgende Möglichkeiten beinhaltet: Begrenzung der Parkdauer, Erhebung einer Parkgebühr, Beschränkung des Nutzerkreises. Eine Parkraumbewirtschaftung richtet sich gegen die sogenannten Dauerparker. Indem deren Abstellmöglichkeiten beschnitten werden, soll sich das Angebot für Kurzparker erhöhen. So richtig es ist, Autofahrern den öffentlichen Straßenraum nicht kostenlos zur Verfügung zu stellen, so absehbar dürfte sein, daß die Zielsetzung, die Parkdauer zu beschränken, wiederum zu mehr Autoverkehr führen wird.

Ob Parkraumbewirtschaftung den Automobilverkehr erfolgreich reduziert, hängt auch davon ab, wie sie überwacht wird. Neben einer hohen Parkgebühr macht vor allem eine intensive Überwachung den Autofahrern deutlich, daß Parkraumbewirtschaftung eine ernstzunehmende Regelung im Interesse aller ist. Fast immer wird von den Autofahrern die Ahndung des Nichteinhaltens ordnungsgemäßen Parkens als bürokratische Schikane und willkürliche Beschneidung der eigenen Freiheit interpretiert. Eine «strenge» Überwachung des Parkens ist im übrigen wohl immer dann notwendig, wenn durch falsch abgestellte Fahrzeuge andere Verkehrsteilnehmer gefährdet oder behindert werden: Dies gilt beispielsweise für das Parken in unmittelbarer Nähe von Einmündungen und Kreuzungen, das anderen Verkehrsteilnehmern die Sicht auf die Straße nimmt, für das Parken auf Rad- und Fußwegen, wie für ein Parken, das Bussen und Bahnen den Weg versperrt.

Soweit der Parkraum sich im öffentlichen Besitz befindet, hat eine Kommune die Möglichkeit, diesen Raum zu verknappen und zu bewirtschaften. Die Stadt kann eine Parkraumpolitik betreiben, und sie kann sie so betreiben, daß der Automobilverkehr in der Stadt reduziert wird. Doch jede Parkraumpolitik ist nur dann mehr als eine technische Lösung der Kapazitätsfrage, wenn sie in eine Verkehrspolitik integriert ist, die grundsätzlich einen Zuwachs des «umweltfreundlichen» Verkehrs anstrebt.

Park and Ride: Kein Wundermittel

Eine spezielle Maßnahme zur Reduzierung des Autoverkehrs mittels Parkraumpolitik ist das Konzept des *Park and Ride* (P&R). P&R steht gemeinhin für die Kooperation zweier Verkehrssysteme: des motorisierten Individualverkehrs und des öffentlichen Personennahverkehrs. Auch P&R ist vor allem als ein Mittel zur Reduzierung des automobilen Pendlerverkehrs gedacht. So fahren beispielsweise in Frankfurt täglich fast 300 000 Berufs- und Ausbildungspendler aus dem Umland ein, davon 200 000 mit dem Auto. Mittels P&R-Anlagen könnten letztere schon im Umland, spätestens aber an den Stadträndern «abgefangen» und auf öffentliche Verkehrsmittel umgeleitet werden. Bislang sind die Kapazitäten dieser Anlagen noch relativ bescheiden. In Frankfurt stehen beispielsweise 7400 Stellplätze auf P&R-Anlagen zur Verfügung. Allerdings gibt es auch eine erhebliche Anzahl von Autofahrern, die ihr Fahrzeug auf nicht geordneten Anlagen abstellen. Man spricht vom «wilden» P&R.

Wenn von Park&Ride die Rede ist, wird häufig mit Schlagworten wie «kooperatives Verkehrsmanagement» oder «Verschmelzung» von Individual- und öffentlichem Verkehr der Eindruck erweckt, es handle sich um ein harmonisches Verkehrskonzept, welches die Vorteile der verschiedenen Verkehrssysteme optimal auszunutzen versteht: Die Flexibilität des Automobils soll in der ländlichen Region, wo keine öffentlichen Verkehrsmittel fahren, zur Geltung kommen; dort hingegen, wo ein leistungsfähiges öffentliches Verkehrssystem zur Verfügung steht, soll der Autofahrer dann auf das umweltfreundliche und stadtverträgliche Verkehrsmittel umsteigen. Die für den Pendler zu treffende Wahl zwischen dem Automobil und den ÖPNV, soll mittels Park&Ride in ein «Sowohl als auch» übergehen.

Der Bau und die Planung von P&R-Anlagen wird gegenwärtig, vor allem in den deutschen Großstädten, zügig vorangetrieben. Die Automobilindustrie und die Verbände der Autofahrer befürworten P&R, weil damit die Automobilbenutzung nicht grundsätzlich in Frage gestellt wird. Die öffentlichen Verkehrsbetriebe versprechen sich von den P&R-Anlagen einen Zuwachs ihrer Fahrgastzahlen. Außerdem winkt bei der Mitarbeit an «kooperativen» Verkehrsprojekten die Aussicht auf höhere städtische Investitionen in den öffentlichen Verkehr. Die Stadt sieht in Park&Ride-Anlagen eine Möglichkeit, die täglich aus dem Umland in sie einfließende Automobilflut einzudämmen und damit ihre Handlungsfähigkeit zu demonstrieren, ohne dabei in Konflikt mit den Interessenvertretern der verschiedenen Verkehrssysteme zu geraten.

Dennoch sind P&R-Anlagen in der öffentlichen Diskussion nicht unumstritten. Grundsätzlich hängt die Beurteilung von P&R davon ab, welche zukünftige Rolle dem öffentlichen Verkehr beigemessen wird. Sehen einige Wissenschaftler wie Frederic Vester (vgl. 1990, 432 ff. u. 439) die Zukunft des Verkehrssystems vor allem in den Verbundlösungen zwischen einem technisch modifizierten Individualverkehrsmittel und den öffentlichen Verkehrsmitteln, so befürchten andere Verkehrsexperten wie Heiner Monheim (vgl. 1990, 402), daß durch P & R der öffentliche Verkehr in der Fläche seine Zubringer- und Verteileraufgaben endgültig verliert. P & R-Anlagen tragen nach seiner Auffassung dazu bei, das öffentliche Verkehrssystem zum reinen Rumpf- und Korridorsystem zu reduzieren. Die Autofixierung bleibt erhalten, auf eine innovative Politik und Planung für Busse und Bahnen würde verzichtet.

In der Tat sind P & R-Anlagen wohl nicht das Wundermittel gegen den Automobilverkehr, als welches sie oft gepriesen werden. Ob das P & R-Konzept sinnvoll ist, hängt davon ab, in welchem Umfang auf der jeweiligen Anlage Parkplätze errichtet werden, wo sie sich befindet und welche Belastungen in ihrer unmittelbaren Umgebung durch den «Parkverkehr» hervorgerufen werden. P & R-Plätze in Innenstadtnähe oder in der Umgebung städtischer Wohngebiete beispielsweise vermindern den Autoverkehr in der Stadt nicht und führen zu weiteren Belastungen der Anwohner. P & R-Anlagen machen verkehrspolitisch also nur dann Sinn, wenn sie weit ab von den Städten liegen. Dies heißt aber, daß die P & R-Anlagen von den Umlandgemeinden an den Stationen der S-Bahnen und der Nahschnellverkehrszüge errichtet werden müssen – sofern es solche überhaupt gibt. Da dies bislang nur im geringen Umfang geschieht, sehen sich viele Städte veranlaßt, an ihren Stadträndern großräumige P & R-Anlagen zu konzipieren.

Bei diesen geplanten modernen Park & Ride-Anlagen handelt es sich vorwiegend um großflächige Parkterminals, die in der Nähe von Autobahnabfahrten errichtet werden sollen. So ist beispielsweise in München vorgesehen, zunächst vier riesige P & R-Terminals zu errichten, die die auf das Stadtgebiet zurollenden Pkw-Lawinen abfangen sollen. Mittels eines «kooperativen Verkehrsmanagements» sollen dem Autofahrer durch technische Leitsysteme, die ihn beispielsweise darüber informieren, wieviele Parkplätze es im Stadtgebiet gibt und wann er den nächsten Anschluß an ein öffentliches Verkehrsmittel von der Park & Ride-Anlage hat, die Entscheidung für P & R erleichtert werden. Außerdem sollen ihn verschiedene Serviceeinrichtungen, Einkaufs- und Vergnügungsmöglichkeiten auf dem P & R-Gelände oder in dessen unmittelbarer Umgebung anlocken (vgl. z. B. Süddeutsche Zeitung v. 10. 2. 1990).

Doch gerade solche überdimensionierten P & R-Anlagen lösen die städtischen Verkehrsprobleme nicht. Die Zielsetzung, den Automobilverkehr weitgehend von der Stadt fernzuhalten, erweist sich als illusorisch und würde schnell an ökonomische, ökologische und stadtpolitische Grenzen stoßen. Allein die Kosten für den Bau eines einzigen Stellplatzes, ohne Berechnung der Grundstückskosten, belaufen sich auf etwa 10000 DM (vgl. Becher 1990, 125). Um allzulange Fußwege zu den Haltestellen zu vermeiden, wird man mehrgeschossige Parkhäuser planen müssen, die den Preis pro Stellplatz noch einmal verdoppeln. Bedenkt man, daß täglich Hunderttausende von Pendlern in die Großstädte einfahren, wird die ungeheure Dimension der benötigten Finanzmittel deutlich. Wenn P & R-Anlagen im großen Stil gebaut werden, bedeutet dies darüber hinaus, daß die Flächenversiegelung zunimmt, die Stadtgestaltung in den suburbanen Regionen durch den Parkbedarf tausender Fahrzeuge noch trostloser wird und die Belastungen durch den Autoverkehr für umliegende Wohnsiedlungen anwachsen. Konflikte zwischen den vom Autoverkehr entlasteten Ortsteilen im innerstädtischen Kernbereich und den stärker belasteten Ortsteilen am Stadtrand sind vorprogrammiert.

Aber selbst, wenn die gigantomanischen Projekte trotz ökonomischer und ökologischer Bedenken Realität werden sollten, bleibt offen, ob es tatsächlich zu einer spürbaren Entlastung der Städte vom Autoverkehr kommt. Falls die Park & Ride-Anlagen von den Autofahrern in großem Umfang angenommen würden (die Belegung der bisherigen Anlagen weist nicht darauf hin), hätte das lediglich eine räumliche Verlagerung der durch den Autoverkehr verursachten Belastungen vom Stadtgebiet auf den Stadtrand zur Folge. Wenn weiterhin das bisherige Angebot an Parkplätzen in der Stadt bestehen bleibt, wird wohl auch im innerstädtischen Bereich eine Verminderung des Automobilverkehrs nicht erreicht werden. Jeder Neubau von Stellplätzen auf P & R-Anlagen muß deshalb mit dem Abbau von vorhandenen innerstädtischen Parkplätzen Hand in Hand gehen.

Schließlich ist zu bedenken, daß P & R immer weniger für die sich abzeichnenden zukünftigen Verkehrsstrukturen geeignet ist. P & R ist konzeptionell auf den strahlenförmig in die Stadt einlaufenden

Verkehr (Radialverkehr) ausgerichtet. Dieser Verkehr soll vom Automobil auf öffentliche Verkehrsmittel verlagert werden. In Zukunft gewinnt aber immer mehr ein anderer Verkehr an Bedeutung, dessen Ziele an der Peripherie der Großstädte liegen. Dieser Verkehr belastet zwar nicht unmittelbar die innerstädtischen Gebiete – sofern diese nicht selber die Quelle sind –, nimmt aber durchaus auch die städtischen Hauptverkehrs- und Umgehungsstraßen in Anspruch. Je weiter die Entfernung vom Zentrum, desto mehr nimmt die Erschließung durch das öffentliche Verkehrssystem ab, so daß schließlich eine Verlagerung auf die öffentlichen Verkehrsmittel immer unwahrscheinlicher wird. Um die Peripherien hinreichend durch den ÖPNV zu erschließen, müßte es ausreichende Querverbindungen (Tangentiallinien) zwischen den radialen öffentlichen Verkehrslinien geben. Langfristig gesehen, scheint es sinnvoller, das öffentliche Verkehrssystem in dieser Richtung auszubauen, statt seine zukünftigen Aufgaben nur auf den auf das Zentrum ausgerichteten Radialverkehr zu fokussieren. Wenn ein attraktives, flächendeckendes und gut getaktetes Angebot an öffentlichen Verkehrsmitteln die gesamte Stadt bis in die Region hinein überzieht, sind großräumige Parkterminals überflüssig. Die gewaltigen Summen, die in den Bau von P&R-Anlagen investiert werden sollen, könnten viel sinnvoller in den Ausbau dieses öffentlichen Verkehrssystems gesteckt werden.

Attraktivitätssteigerungen der öffentlichen Verkehrsmittel

Viele deutsche Städte haben bereits in den siebziger Jahren in ihren Verkehrsplänen festgeschrieben, daß das Angebot an öffentlichen Verkehrsmitteln verbessert werden soll. Leider ist es allzu oft bei Planungen und Vorsätzen geblieben. Im Gegensatz zum Automobilverkehr wurde der öffentliche Verkehr meist stiefmütterlich behandelt. Dies liegt nicht zuletzt daran, daß die Stadt keine rechtliche Verpflichtung hat – anders als für den Automobilverkehr –, eine vollständige Erschließung des Stadtgebietes durch öffentliche Verkehrsmittel zu sichern. Hinzu kommt, daß den Kommunen in der Regel für den Straßenbau mehr Finanzhilfen vom Bund zur Verfügung stehen als für die Verbesserung ihrer Verkehrsbetriebe.

Zudem haben die Städte zumeist eine widersprüchliche Politik betrieben, indem sie den möglichen Erfolg der Investitionen in den öffentlichen Verkehr durch gleichzeitige Unterstützung des Autoverkehrs von vornherein verhinderten. Diese städtische Verkehrspolitik firmierte unter dem Begriff «Parallelförderung». Wird beispielsweise eine neue Linie für den ÖV eingerichtet, so ist es ziemlich unsinnig, parallel dazu die gleiche Strecke durch Straßenumbau und -verbreiterung für den Autoverkehr attraktiver zu machen. Potentielle ÖV-Benutzer werden gleich wieder zur Automobilbenutzung verführt. Höhere Fahrgastzahlen und damit eine höhere Wirtschaftlichkeit der städtischen Verkehrsbetriebe lassen sich auf diese Weise natürlich nicht erreichen. Solange die städtischen Planer von dem Ideal beseelt sind, jedes Ziel im Stadtgebiet müsse schnell mit dem Automobil erreichbar sein, wird die Parallelförderung wenig am Attraktivitätsgefälle zwischen beiden Verkehrssystemen ändern. Um annähernd gleiche Ausgangsbedingungen zwischen beiden in Konkurrenz stehenden Verkehrssystemen herzustellen, muß dem motorisierten Individualverkehr dessen selbstverständliche Dominanz im Straßenverkehr genommen werden. Auch wenn eine Stadt mit öffentlichen Verkehrsmitteln und einem dichten, gut getakteten Strecken- und Haltestellennetz ausreichend ausgestattet ist, bewegt das noch nicht ohne weiteres viele Autofahrer zum Umstieg. Eine Vorrangpolitik für den ÖPNV kann nur Erfolg haben, wenn gleichzeitig die Benutzung des Automobils erschwert wird: verengte Fahrbahnen, Erschließung von Quartieren durch Einbahnstraßensysteme und ein knappes Parkplatzangebot. Verkehrswissenschaftliche Untersuchungen (vgl. Kirchhoff 1990, 39) haben nachgewiesen, daß für eine deutlich steigende Benutzung öffentlicher Verkehrsmittel beide Bedingungen erfüllt sein müssen: ein attraktiver ÖPNV und ein eingeschränkter Pkw-Verkehr. Wie folgendes Beispiel zeigt, kann eine Förderung des öffentlichen Verkehrs durchaus erfolgreich sein, wenn auf beides geachtet wird und die Fehler der Parallelförderung vermieden werden.

Zürich – ein Beispiel für eine erfolgreiche Förderung der öffentlichen Verkehrsmittel
Als vorbildlich für eine gelungene Verbesserung des öffentlichen Verkehrssystems gilt Zürich. Am Beispiel der Entwicklung der Züricher Verkehrspolitik lassen sich einige wesentliche Dimensionen

einer Strategie aufzeigen, die mit einer Förderung des ÖPNV ernst macht.

Zürich hatte bereits Anfang der achtziger Jahre, als in anderen europäischen Großstädten der ÖV immer mehr Kunden verlor, einen beachtlichen Anstieg der Fahrgastzahlen der öffentlichen Verkehrsbetriebe zu verzeichnen. Erreicht wurde diese positive Entwicklung vor allem durch eine Förderung der traditionsreichen Züricher Straßenbahn, der sogenannten «Züri-Linie». Nachdem in den siebziger Jahren ein geplanter U-Bahn-Bau von der Bevölkerung per Volksentscheid verworfen wurde, beschloß der Stadtrat konkrete Maßnahmen, die den Straßenbahnen und Bussen im Verkehrsgeschehen Vorrang einräumten. Dazu gehörte *erstens* die Einrichtung von Eigentrassen und separaten Busspuren, so daß die öffentlichen Verkehrsmittel nicht durch den Autoverkehr behindert werden; *zweitens* eine Bevorrechtigung der öffentlichen Verkehrsmittel an den Ampeln und *drittens* der Einsatz eines rechnergesteuerten Betriebsleitsystems, welches Fahrer und Betriebsleitungen schnell über Störungen informiert – und dadurch schnelle Abhilfe ermöglicht. Diese technisch-betrieblichen Maßnahmen wurden bis in die Gegenwart weiter ausgebaut und vervollständigt. Die «Grüne Welle» für den ÖV gilt nahezu im gesamten Stadtgebiet. Sogenannte Induktionsschleifen und Baken veranlassen ein Umspringen der Ampel, wenn sich eine Bahn oder ein Bus nähert. 80 Prozent aller Kreuzungen auf ÖV-Strecken sind inzwischen damit ausgerüstet.

Diese und andere technische Verbesserungen machten den ÖV in Zürich schneller und pünktlicher, ohne daß dabei auf ein dichtes Haltestellennetz verzichtet werden mußte. Die Züricher honorierten die verkehrspolitischen Anstrengungen durch häufigere Fahrten. 1988 legten sie 42 Prozent ihrer innerstädtischen Wege mit Bussen und Bahnen zurück. War ihr Ziel die Innenstadt, so erhöht sich der ÖPNV-Anteil auf bis zu 80 Prozent (zu den Zahlenangaben siehe Apel 1992, 112 u. Weber 1988, 308).

Doch die Züricher fühlten sich nicht nur von einem modernen High-Tech-Verkehrssystem angezogen, sondern auch von unkomplizierten, kostengünstigen Verkehrstarifen. Zürich übernahm das 1984 in Basel erfundene Umweltabonnement und stellte seinen Bürgern ein Jahr später mit einer riesigen Werbekampagne die sogenannte Regenbogenkarte vor. Diese Karte im Format einer Kreditkarte gilt für das ganze Stadtnetz, ist übertragbar und relativ kostengünstig (45,- Fr. pro Monat). Die Einführung dieser Umweltkarte war – ebenso wie ähnliche Angebote in den deutschen Städten Freiburg und Bremen – ein voller Erfolg. Die Fahrgastzahlen nahmen noch einmal beachtlich zu (bis zum Ende des Jahres um sechs Prozent).

Daneben wurde viel für das Image der öffentlichen Verkehrsbetriebe getan. Man setzte nicht nur auf moderne Technik, sondern auch auf ein modernes Marketing, um die Voraussetzungen für ein kundenfreundliches Dienstleistungsunternehmen zu schaffen. Dazu gehören Angebotsverbesserungen ebenso wie die Motivation und Förderung der Mitarbeiter zu kundenfreundlichem Handeln. Man hat in Zürich damit der Erkenntnis Rechnung getragen, daß viele Bürger keine öffentlichen Verkehrsmittel benutzen, wenn sie sich der Kundenferne und Starrheit eines bürokratisch-städtischen Monopolunternehmens ausgeliefert fühlen. Davon ist in Zürich nur noch wenig zu spüren. Vielmehr sind die öffentlichen Verkehrsmittel – vor allem die Züri-Linie – zu einem positiven Repräsentationsobjekt der Stadt und ihrer Bürger geworden. Die Bedeutung des ÖV in Zürich zeigt sich neben seinen hohen Fahrgastzahlen auch in Nebensächlichkeiten, wie der häufigen Abbildung der Züri-Linie auf Züricher Postkarten: Nach Aussagen von W. Hüsler, einem Züricher Stadtplaner, ist die Straßenbahn auf mehr als 60 Prozent aller Postkarten mit Züricher Stadtmotiven zu sehen.

Kernstück einer weiteren viel beachteten Angebotsverbesserung ist eine 1990 in Betrieb genommene S-Bahnlinie für die gesamte Region Zürich, die die Kapazität des öffentlichen Verkehrs verdoppelte und gleichzeitig kürzere, attraktivere Fahrzeiten anbot (vgl. Aeschbacher 1989, 104). Die ohnehin bereits gute Verbindung ins Umland wurde durch sechs große und 16 kleine zusätzliche S-Bahnhöfe verbessert. Damit weist der Raum Zürich eine doppelt so hohe Netzdichte auf wie selbst der für deutsche Verhältnisse gut ausgestattete Nahschnellverkehrsbereich des Großraums Hannover (vgl. Apel 1992, 102). Auf dem dichten Streckennetz fahren geräumige doppelstöckige Züge – denn auch in Verkehrsspitzenzeiten soll jeder Fahrgast einen Sitzplatz erhalten – in einer gut einprägsamen halbstündigen Taktfolge. Auf diesen Takt sind die anderen öffentlichen Verkehrsmittel, die Tram und die Busse, zeitlich abgestimmt, so daß für die Benutzer keine oder nur geringe Umsteigewartezeiten entstehen. Damit hat Zürich eine wichtige Voraussetzung für die Reduzierung der motorisierten Pendlerströme geschaffen.

Das vielleicht bedeutendste Kennzeichen der Züricher Verkehrspolitik ist die eindeutige Prioritätensetzung für den öffentlichen Verkehr. Über eigene Trassen, separate Busspuren und Ampelbevorrechtigung für Busse und Bahnen hinaus wurde in Zürich eine direkte Reduzierung des städtischen Automobilverkehrs in Angriff genommen. Da der Stadt keine rechtlichen Möglichkeiten zu finanziellen Restriktionen gegenüber dem Automobilverkehr gegeben waren, entschied man sich, die für den Straßenverkehr zur Verfügung stehende Fläche zu reduzieren. Die Straßenkapazität wurde vor allem auf den städtischen Hauptachsen vermindert. Die Anzahl der Parkplätze auf öffentlichem Grund wurde verringert, und die Parkplätze wurden zudem weitgehend den Anwohnern zur Verfügung gestellt. Zusätzlich ging die Stadt härter gegen illegale Parker vor. Schließlich wurde eine Verkehrsführung entwickelt, die ortsunkundige Autofahrer sehr schnell in ein Parkhaus treibt.

All diese Maßnahmen führten in Zürich zu beachtlichen Erfolgen. Dabei korrespondierte die gestiegene Nutzungshäufigkeit der öffentlichen Verkehrsmittel erfreulicherweise mit einer Verringerung des Automobilverkehrs. «Der Anteil des motorisierten Individualverkehrs an allen werktäglichen Wegen der Einwohner ist in Zürich mit unter 30 Prozent ein Viertel bis ein Drittel kleiner als in vergleichbaren westdeutschen Großstädten.» (Apel 1992, 112; siehe auch Abbildung 4)

Mehr Raum für das Fahrrad

Die Bedingungen für das Fahrradfahren sind in fast allen deutschen Städten nicht zufriedenstellend. Dies ergab eine Umfrage zum «Fahrradklima», die der Allgemeine Deutsche Fahrrad Club (ADFC) bei seinen Mitgliedern und den Lesern der Zeitung *Radfahren* (1/1992, 14ff) erhoben hatte. Gefragt wurde nach dem vorhandenen Radwegenetz (Streckenführung, Beschaffenheit, Breite), nach der städtischen Verkehrspolitik und nach der Bedeutung des Fahrrades als städtisches Verkehrsmittel. Außerdem wurden Fragen nach der Realisierung spezifischer Forderungen von Radfahrern gestellt, so zum Beispiel sinngemäß, ob die Einbahnstraßen in

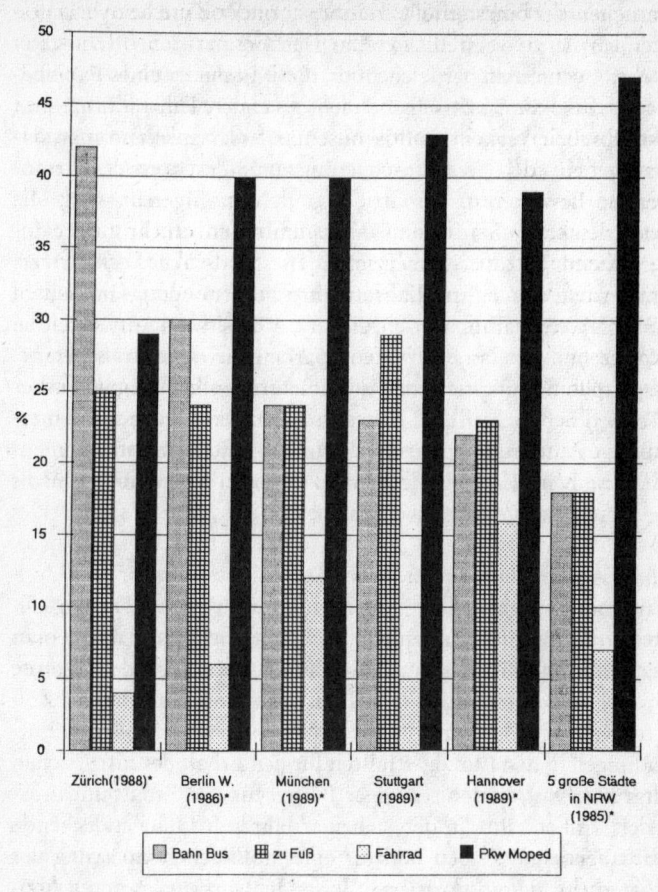

Verkehrsmittelnutzung im Städtevergleich, in %

Stadt	Bahn Bus	zu Fuß	Fahrrad	Pkw Moped
Zürich (1988)*	42	25	4	29
Berlin W. (1986)*	30	24	6	40
München (1989)*	24	24	12	40
Stuttgart (1989)*	23	29	5	43
Hannover (1989)*	22	23	16	39
5 große Städte in NRW (1985)*	18	18	7	47

* Erhebungsjahr

Abbildung 3

entgegengesetzter Richtung befahrbar sind, ob es Wegweiser und Abstellanlagen für Fahrradfahrer gibt, ob die Fahrradmitnahme in öffentlichen Verkehrsmitteln erlaubt ist, oder ob die Radwege von parkenden Autos verstellt werden. Das Gesamturteil fiel negativ aus. Auch wenn man berücksichtigt, daß Mitglieder eines Fahrradclubs sich besonders kritisch und mehr als andere Fahrradfahrer mit der städtischen Verkehrspolitik auseinandersetzen, kann man davon ausgehen, daß deren Einschätzung zumindest von der fahrradfahrenden Bevölkerung im Großen und Ganzen geteilt wird. Die meisten deutschen Städte sind fahrradunfreundlich. Trotz der dokumentierten Unzufriedenheit mit den städtischen Verkehrsverhältnissen ist den Fahrradfahrern ihre Fortbewegungsart jedoch nicht verleidet. Darauf weisen die relativ positiven Antworten zu der Frage hin, ob das Radfahren Spaß mache oder Streß bereite. Dieses Ergebnis entspricht den dokumentierten Erfahrungen unserer Teilnehmer (siehe Teil II dieses Buches). Das Fahrradfahren ermöglicht offenbar einige positive Erlebnis- und Erfahrungsdimensionen, die beim Fahren selbst unter widrigen Verhältnissen nicht ohne weiteres aufgehoben werden.

Freiburg – eine fahrradfreundliche Stadt
Freiburg im Breisgau gehört neben Münster, Erlangen, Dessau, Oldenburg und Bremen zu den wenigen deutschen Städten, die man als fahrradfreundlich bezeichnen könnte. Aber auch die gesamte städtische Verkehrspolitik ist in Freiburg schon seit längerer Zeit von umwelt- und stadtverträglichen Gesichtspunkten geleitet. Entscheidungen in den fünfziger Jahren für den Erhalt des historischen Stadtgrundrisses, in den sechziger Jahren für den Erhalt und Ausbau der Straßenbahn, in den siebziger Jahren für flächendeckende verkehrsberuhigte Zonen und für eine großflächige Sperrung der Innenstadt für den motorisierten Individualverkehr, in den achtziger Jahren für die Einführung der Umweltkarte und schließlich seit 1992 für die Einführung der «Regiokarte», einer Monatskarte, die die Benutzung aller öffentlichen Verkehrsmittel im Umland Freiburgs erlaubt, heben Freiburgs Verkehrspolitik positiv von der politischen Praxis in vergleichbaren Städten ab.

Auch für den Radfahrer wurde in Freiburg verhältnismäßig viel geleistet. Von zentraler Bedeutung ist dabei die Entwicklung und der Ausbau eines Radverkehrsnetzes seit 1972 (vgl. Göbel

bel 1988, 102). In den letzten zwanzig Jahren wurde das Radwegenetz von 29 auf rund 400 Kilometer erweitert (vgl. Apel 1992, 169). Ein Großteil dieser Fahrradwege verläuft durch verkehrsberuhigte Bereiche oder durch Straßen mit geringer Kfz-Belastung. Immerhin 40 km vom Radwegenetz sind selbständig geführte Wege, auf denen das Radfahren wohl ebenso unbehindert möglich ist wie auf den über hundert Kilometer langen Wald- und Wirtschaftswegen. Das Radwegesystem ist durch Hauptachsen und Nebenrouten engmaschig vernetzt, eine gut erkennbare Wegweisung installiert. Für die Radweggestaltung und Radwegverbesserung hat man sehr auf – andernorts oft vernachlässigte – Details (vgl. Radfahren 2/1990, 27ff) geachtet. So wurden zum Beispiel die hohen Randsteine der Fahrradwege eingeebnet, so daß ein erschütterungsfreies Überqueren von Kreuzungen möglich ist. Ein weiteres Beispiel ist der Einsatz von durchlöcherten, nur an den Querseiten einbetonierten Platten für Radwege. Diese sogenannten «Baumscheiben» schonen wegen ihrer Durchlässigkeit für Wasser und Luft das Wurzelwerk von Alleebäumen, vermindern die Bodenversiegelung und sind trotz der Löcher gut befahrbar.

Als positiv werden es Freiburgs Radfahrer bewerten, daß zahlreiche Einbahnstraßen von ihnen in entgegengesetzter Richtung durchfahren werden dürfen, wodurch viele Umwege vermieden werden. Freiburg kann zudem eine beträchtliche Anzahl von Abstellplätzen für Fahrräder aufweisen (3000 Stück). Allerdings sind hier noch Verbesserungen möglich. So gibt es die Stellplätze nur mit sogenannten Klammern, in die das Vorderrad hineingeschoben und befestigt wird. Dies hat den Nachteil, daß die Felgen zu sehr beansprucht werden und leicht verbiegen. Außerdem gibt es in Freiburg keine überdachten Abstellplätze, und es fehlt eine Fahrradstation am Hauptbahnhof, an der Fahrräder ausgeliehen, repariert und abgestellt werden können. Gegenwärtig ist es auch in Freiburg, wie in den meisten deutschen Städten, nicht möglich, das Fahrrad in öffentlichen Verkehrsmitteln mitzunehmen. Diesen Service bieten nach den Untersuchungen des ADFC (vgl. Radfahren 1/1992) in zufriedenstellender Weise nur Verkehrsbetriebe in Berlin und Tübingen an. Weiter ließe sich bemängeln, daß in der innerstädtischen Fußgängerzone das Radfahren verboten ist. Kompromisse zwischen Fußgängern und Radfahrern in Fußgängerzonen sind andernorts gefunden worden. Zumindest eine schnelle Durchquerung der

Innenstadt mit dem Fahrrad sollte möglich sein. Insgesamt stellt sich die Situation für Fahrradfahrer in Freiburg jedoch vergleichsweise positiv dar: 120000 Radfahrten täglich – das entspricht einem Anteil am Verkehrsaufkommen von 27 Prozent (vgl. Göbel 1988, berücksichtigt allerdings nicht die Fußgänger) – belegen Freiburgs überdurchschnittliche Attraktivität für Radfahrer.

Die Erfolge der Freiburger Verkehrspolitik beruhen zu einem wesentlichen Teil auf der Einrichtung einer kommunalen Kommission für Radwegeplanungen. Bereits 1980 wurde unter Einbeziehung von Vertretern aus der Bürgerschaft, der Radfahrinitiative, des ADFC, des BUND und des Elternbeirates die gemeinderätliche «Radwegekommission» (vgl. Göbel 1988, 110) gebildet. Ein zentrales Moment der Arbeit dieser Kommission war eine aktive Beteiligung der Bürger an den Planungen. Für deren Umsetzung wurde der Kommission ein festes jährliches Budget aus städtischen Mitteln zur Verfügung gestellt (Radwegepauschale). Darüber hinaus bemühte man sich intensiv um die Akquirierung von weiteren Bundes- und Landesmitteln.

Leider muß man feststellen, daß das Bereitstellen und Ausschöpfen von Finanzmitteln in vielen anderen deutschen Städten nicht die Regel ist. Häufig werden Radverkehrsanlagen nur als «Anhängsel» der Straßen gesehen, ohne ihnen eine eigenständige Bedeutung beizumessen. Der Bau eines Radverkehrsnetzes müßte in jeder Gemeinde zur Pflichtaufgabe werden (vgl. Monheim 1991, 340). Dabei ist es, wie auch das Beispiel Freiburg zeigt, nicht immer nötig, den Radverkehr auf eigenständigen Trassen zu führen. Oft ist das Benutzen der Straßen gemeinsam mit den anderen Verkehrsteilnehmern der bessere Weg. Schmale Straßen, Tempo-30-Zonen und verkehrsberuhigte Zonen gewährleisten für den Radfahrer ein sicheres Vorankommen, ohne dabei durch eine strikte und oft auch überreglementierte Trennung der Verkehrsarten behindert zu werden. Langfristiges Ziel städtischer Verkehrspolitik könnte in den Bereichen, die nicht ganz vom Automobil befreit werden, die friedliche Koexistenz von Rad und Auto auf der Fahrbahn sein. Die damit verbundene gegenseitige Rücksichtnahme kann beträchtlich die Sicherheit aller Verkehrsteilnehmer erhöhen und den oft allgegenwärtigen Verkehrsstreß vermindern.

Den Fußgängern Geltung verschaffen

«Den Fußgängern geht es wie den Indianern. Ihre Reservate wurden immer kleiner.» (Bode 1986, 79) Wer sich in unseren Städten zu Fuß bewegen möchte, muß heutzutage fast überall und jederzeit mit Behinderungen und Belästigungen durch den Automobilverkehr rechnen. Es gibt nur noch wenige städtische Refugien, in denen der Fußgänger nicht vom Automobilverkehr gestört wird. An stark befahrenen Straßen sind nur noch selten Fußgänger zu sehen. Wegen des Lärms, der Abgase und der ausschließlich nach Automaßstäben gestalteten Straßen halten sich dort Fußgänger nur auf, wenn «kein Weg daran vorbei führt». Die Straßengestaltung in unseren Städten hat den Fußgänger buchstäblich an den Rand gedrückt. Der ihm zur Verfügung stehende Straßenraum ist ziemlich klein. Die Gehwege sind zu schmal und dann oft noch mit Autos zugeparkt. Oft kann man nicht einmal zu zweit nebeneinander gehen oder einen Kinderwagen schieben, ohne dem geparkten Blech ausweichen zu müssen. Die alltäglichste und natürlichste Art der Fortbewegung ist durch straßenbauliche und rechtliche Behinderungen empfindlich eingeschränkt. Nur einen geringen Teil der öffentlichen Straßenfläche darf der Fußgänger überhaupt betreten. Wenn er die Straße überqueren will, muß er das schnell und geradlinig tun, um nicht den Autoverkehr zu behindern. Der Fußgänger kann an städtischen Hauptstraßen nur an bestimmten Stellen auf die andere Straßenseite gelangen. Beträchtliche Umwege werden ihm dabei zugemutet. Hat er diese dann hinter sich, muß er häufig auch noch beträchtliche Zeit an einer Fußgängerampel warten oder seinen Weg über die ihm von den Planern zugedachten Fußgängertunnel oder -brücken fortsetzen. Die bauliche und regelgeleitete Bevorrechtigung des Autoverkehrs spürt der Fußgänger von allen Verkehrsteilnehmern vielleicht am deutlichsten. Da zumeist in der Nähe der eigenen Wohnung zu Fuß gegangen wird, werden diese Behinderungen und Benachteiligungen noch deutlicher wahrgenommen: Der heimatliche Nahraum wird durch die Bevorrechtigung des – oft noch «ortsfremden» – Autoverkehrs spürbar entwertet. Man kann sich des Eindrucks nicht erwehren, daß Fußgänger in den Augen der Stadtplaner bis in die achtziger Jahre hinein nicht Menschen, nicht Fußgänger, sondern wegzurationalisierende Störfaktoren waren.

Die strukturellen Deformierungen durch den ungezügelten städtischen Automobilverkehr sind fast überall gegenwärtig. Keine deutsche Stadt, die sich noch fußgängerfreundlich nennen könnte. Obwohl Stadt- und Verkehrsplaner bis in die Gegenwart hinein die Bedürfnisse von Fußgängern weitgehend unberücksichtigt ließen – in der Verkehrswissenschaft wurde der Fußgänger als Verkehrsteilnehmer erst Mitte der achtziger Jahre überhaupt zur Kenntnis genommen –, wird in unseren Städten trotz allem verhältnismäßig viel zu Fuß gegangen. Neben dem unmittelbaren Wohnumfeld sind Fußgängerzonen, Einkaufsstraßen und verkehrsberuhigte Bereiche die Reservate des Fußgängers. Hinzu kommen die verschiedenen Grünzonen einer Stadt: Parkanlagen, Kleingartengebiete, Friedhöfe und Uferpromenaden. Alles in allem sind es aber nur kleine Inseln im Stadtgebiet, auf denen der Fußgänger sich nicht von vornherein dem Automobilverkehr unterordnen muß oder wo er trotz aller Belastungen nicht auf seine alltägliche Fortbewegung verzichtet.

Ein wesentlicher Bestandteil von Fußgängerpolitik, soweit sie von den Städten überhaupt betrieben wird, besteht denn auch darin, diese verschiedenen Inseln durch sogenannte Fußwegenetze miteinander zu verbinden. In Hannover sind beispielsweise schon einige Hauptfußwegeachsen, die die Innenstadt an die Nebenzentren (beispielsweise List und Linden) anschließen, geschaffen worden. Ohne den Belastungen des Automobilverkehrs ausgeliefert zu sein, kann sich hier der Fußgänger durch ein weiträumiges Stadtgebiet bewegen. Ein weiteres positives Beispiel für fußgängerfreundliche Verkehrspolitik stammt aus Erlangen. Hier fielen die vorhandenen Grünverbindungen nicht wie in den meisten anderen Städten dem Zugriff des Automobilverkehrs zum Opfer. Die Stadt legte sogar noch zusätzliche «grüne» Fußwege an (vgl. Monheim 1990, 230ff).

In der Praxis bedeutet eine fußgängerfreundliche Politik die Schaffung von verkehrsberuhigten Bereichen, die Verbreiterung von Gehwegen, die Sicherung der Gehwege vor parkenden Autos sowie vor allem die generelle Einführung von Tempo 30 in der gesamten Stadt. Davon sind wir allerdings noch meilenweit entfernt.

Verkehrsberuhigte Zonen kommen nach Heiner Monheim vor allem für Straßen in Frage, auf denen sich der Automobilverkehr hauptsächlich auf Anliegerverkehr beschränkt. Hier ist es Autofahrern durchaus zuzumuten – wie es die Straßenverkehrsordnung für diese Bereiche vorschreibt –, ihr Gefährt lediglich in Schrittgeschwindigkeit zu bewegen und sich die Fahrbahn mit Fußgängern, die dort gehen, stehen und spielen dürfen, zu teilen. Leider scheitert die Einrichtung von verkehrsberuhigten Bereichen oft aus finanziellen Gründen. Die Rechtslage schreibt einen weitgehenden Straßenumbau vor, zu dessen Finanzierung auch die Anlieger zur Kasse gebeten werden. Verkehrsexperten wie Monheim fordern denn auch, endlich die Einrichtung von verkehrsberuhigten Bereichen zu einer «kommunalen Pflicht» zu erheben und diese «mit einer sachgerechten, ausreichenden Regelfinanzierung» (Monheim 1990, 258) auszustatten.

Neue Trends in der Verkehrsmittelwahl: Vom überzeugten Autofahrer zum überzeugten Autolosen

Städte oder Gemeinden, die entschlossen eine Politik der Förderung umweltfreundlicher Verkehrsmittel und der Einschränkung des Automobilverkehrs verfolgen, können bereits erste Erfolge vermelden. Stadt- und Verkehrsplaner, die den Wandel zu einer menschen- und umweltfreundlichen Verkehrspolitik vollzogen haben, werden dabei von der Mehrheit der städtischen Bevölkerung unterstützt. Untersuchungen zeigen, daß die Akzeptanz restriktiver Maßnahmen gegen den Automobilverkehr beträchtlich ist. Nach repräsentativen Befragungen ist die Mehrheit der Bürger dafür, den Autoverkehr in den Stadtzentren – auch durch Parkrestriktionen – einzuschränken und mehr Fußgängerzonen einzurichten (vgl. Socialdata 1992, 12 ff).

Leider wird dieser Wunsch nach einer Eindämmung des Automobilverkehrs und einer menschengerechten Stadt von den meisten Planern und Politikern nur unzureichend wahrgenommen. Diese haben immer noch ein reduziertes Bild von den Vorstellungen der Bürger und betreiben ihre autofreundliche Politik gegen die Mehrheit der Stadtbewohner. Man kann dies damit erklären, daß die Planer und Macher zu denen gehören, die das Auto als Verkehrsmittel selber bevorzugen. Sie sind meist männlich, mittleren Alters und relativ gut situiert. Damit gehören sie der sozialen Gruppierung an, die am häufigsten das Auto benutzt. Sie projizieren ihre eigenen Wünsche und Bedürfnisse auf die übrigen Stadtbewohner. Sie vergessen oder verdrängen, daß Kinder und alte Menschen nicht Auto fahren können und daß viele Frauen keinen Führerschein besitzen oder nicht über ein Auto verfügen. Sie glauben, für alle zu handeln, und tun dies doch nur für einen eingeschränkten Personenkreis, der darüber hinaus keineswegs so autoversessen ist, wie es die herkömmliche Verkehrspolitik unterstellt – ein folgenreicher Irrtum.

Vielleicht mag auch noch ein weiterer Umstand solche Fehleinschätzungen erklären: In fast allen Städten wachsen die Zulassungszahlen für Automobile. Diese «Abstimmung mit den Rädern» werten viele Politiker als Aufforderung, ihre autofreundliche Politik trotz aller daraus folgenden Schäden fortzusetzen. In der Tat tut sich hier ein gewisser Widerspruch auf: Die Mehrheit der Städter wünscht sich weniger Autos in der Stadt, und dennoch werden es immer mehr. Die vielfach geäußerte Kritik am Automobil ist offenbar nur schwer in persönliches Handeln umzusetzen. Ein Pkw-Besitzer wird seine Automobilbenutzung vielleicht damit begründen, daß er gerne Auto fährt oder daß er auf sein Auto angewiesen ist, daß die öffentlichen Verkehrsmittel für ihn keine Alternative sind oder daß ein Großteil der städtischen Probleme durch den von auswärts einströmenden Pendlerverkehr verursacht wird. Und schließlich: Wenn er auf das Auto verzichtet, würde sich das für ihn nur nachteilig auswirken und den anderen das Autofahren nur erleichtern (vgl. dazu Teil III dieses Buches). Dieser Typus des «überzeugten» Autofahrers wird sein hauptsächlich genutztes Verkehrsmittel kaum in Frage stellen. Auch für die kurzen Autofahrten im Entfernungsbereich von 0 bis 2 Kilometern werden sich ihm keine Alternativen stellen. Vielleicht wird ihm Autofahren derart viel bedeuten, daß er manche Fahrt nur deshalb unternimmt, um wieder einmal das berauschende Fahrgefühl zu erleben.

Autofahren wird deshalb gelegentlich als eine Sucht bezeichnet. In der Tat ist manche Autofahrt dem Rausch einer Droge vergleichbar: Die motorisierte Flucht aus dem Alltäglichen und erhöhende Fahrgefühle bei gemächlicher Überlandfahrt oder auf schnellen Pisten vermitteln das Erlebnis von einer anderen Realität. Und selbst wenn sich dieses Erlebnis nicht mehr einstellen mag, wird es doch – wie beim Drogenkonsum – immer wieder gesucht.

Ein solcher Erklärungsansatz ist jedoch unzureichend. Das Automobil ist keine Droge, nach der der Autofahrer süchtig ist. Wenn Menschen sich häufiger in ihr Automobil setzen, als sie es «eigentlich» müßten oder selber wollen, ist dieses Verhalten am treffendsten als eine Gewohnheit zu bezeichnen. Wir können davon ausgehen, das die Gewöhnung ans Automobil sehr verfestigt ist. Gewohnheiten zeichnen sich dadurch aus, daß sie unser Handeln vereinfachen und daß sie weitgehend resistent gegen widersprechende Erfahrungen sind. Wer ein Auto hat, dem ist die Benutzung schnell zu einer Selbstverständlichkeit geworden. Es ist in seinem Alltagsleben fest integriert. Bei den Planungen über die Tagesabläufe wird die Automobilbenutzung häufig unbewußt miteinbezogen. Auch wenn der Autofahrer dann die Erfahrung macht, in verstopften Städten mit dem Automobil nur noch langsam voranzukommen, wird er doch weiterhin an seiner Gewohnheit festhalten und sich kaum Gedanken über die Benutzung anderer Verkehrsmittel machen.

Und dennoch brechen diese Gewöhnungen ans Automobil langsam auf. Der überzeugte Autofahrer wird in seinem Selbstverständnis zunehmend irritiert. Viele Autofahrer haben mittlerweile nicht nur eine kritische Einstellung zum Automobil, sondern auch zur eigenen Automobilbenutzung entwickelt. Zwar wollen die meisten Haushalte immer noch ein Automobil haben, die Benutzung soll aber überlegter erfolgen. Und das heißt: weniger Autofahren. Für diese Autofahrer sind die Zeiten unwiederbringlich vorbei, in denen man voller Stolz auf die sechsstelligen Zahlen auf dem Kilometerzähler hinwies. Man benutzt das Auto zwar immer noch, doch bei schönem Wetter steigt man auch mal auf das Fahrrad oder benutzt den Bus, wenn man in der Innenstadt einkaufen will.

Der Trend zu einer «veränderten Verkehrsmittelwahl» vieler Autofahrer läßt sich statistisch nachweisen. Bereits seit Anfang der achtziger Jahre hat sich trotz zunehmender Pkw-Verfügbarkeit die Zahl der mit dem Auto zurückgelegten Wege nicht mehr erhöht. Legte 1976 ein Autofahrer noch 73 Prozent seiner Wege mit dem Auto zurück, so verringerte sich der Anteil bis 1982 auf 68 Prozent (vgl. Brög 1985, 21). Die seltenere Benutzung des Automobils ist um so bemerkenswerter, als im gleichen Zeitraum die zurückzulegenden Wege – wegen der fortschreitenden Suburbanisierung – länger geworden sind.

Ein weiteres Indiz für einen Trendumbruch in der Verkehrsmittelwahl ist die Renaissance des Fahrrads seit Anfang der achtziger Jahre. Der Anteil der mit dem Fahrrad zurückgelegten Wege stieg von 1976 bis 1982 um ein Drittel an. Dieser Trend zu einer häufigeren Fahrradnutzung setzt sich weiter fort. In der gesamten (alten) Bundesrepublik wurden 1986 immerhin 10,4 Prozent aller außer Haus anfallenden Wege mit dem Fahrrad zurückgelegt; 1976 waren es nur 8,6 Prozent gewesen (Verkehr in Zahlen 1984, 180 und 1989, 195). Die Zunahme des Fahrradverkehrs ist in den Städten noch beträchtlicher. Dies, obgleich eine Infrastruktur für den Fahrradverkehr in einigen Kommunen gar nicht oder nur in einem miserablen Zustand vorhanden ist. In Städten mit einer fahrradfreundlichen Politik erreicht der Anteil des Fahrradverkehrs an allen zurückgelegten Wegen sogar Werte um die 20 Prozent. Daran zeigt sich, wie ein Einstellungswandel in der Bevölkerung und eine umweltverträgliche Verkehrspolitik sich wechselseitig verstärken können. Erfolgreich ist eine umweltfreundliche Verkehrspolitik immer dann, wenn die Trendumbrüche in der Bevölkerung von den Planern und Politikern erkannt und durch entsprechende Maßnahmen verstärkt werden.

Bei den öffentlichen Verkehrsmitteln ist ein freiwilliger Umstieg schwerer auszumachen. In den meisten deutschen Städten herrscht noch immer der «*captive rider*» (Brög) vor, der die öffentlichen Verkehrsmittel nur benutzt, weil er wegen mangelnder Autoverfügbarkeit oder aus anderen Gründen keine Alternative hat. Mehr als beim Fahrradverkehr sind beim öffentlichen Verkehrssystem Angebotsverbesserungen notwendig, um neue Fahrgäste zu gewinnen. Solche Verbesserungen haben aber keineswegs eine Erfolgsgarantie. Von außerordentlicher Bedeutung ist eine wirksame Öffentlichkeitsarbeit, die nicht nur «produktorientiert» für die öffentlichen Verkehrsmittel wirbt, sondern auch Informationsmängel beseitigt und versucht, die negativen Einschätzungen vieler Bürger zum öffentlichen Verkehrssystem zu revidieren (vgl. Brög 1989, 4). Städte aus der Schweiz, aus den Niederlanden, aus Skandinavien und aus Italien haben uns vorgemacht, wieviele Autofahrer zum Umstieg bewegt werden können, wenn für sie ein attraktives, in seinem Leistungsvermögen bekanntes, öffentliches Verkehrssystem zur Verfügung steht. Doch auch in den deutschen Städten, insbesondere in den Großstädten, konnten die öffentlichen Verkehrsbetriebe beachtliche Zuwächse erreichen. So erhöhte sich beispielsweise in München die Zahl der von öffentlichen Verkehrsmitteln beförderten Personen von 417 Millionen (1976) auf 487 Millionen (1986).

Die Gründe für eine veränderte Einstellung zum Automobil sind vielfältig. Je mehr Automobile es in der Stadt gibt, desto mehr verliert das Autofahren seinen Reiz. Die souveräne Fortbewegung in der motorisierten Maschine verliert auf überfüllten und zugeparkten Straßen erheblich an Lustqualitäten. Ohnmacht, Frustrationen und Aggressionen sind häufig die Folge, wenn der stop and go-Verkehr die strotzenden Pferdestärken an die Leine legt.

Für viele «kritische» Automobilbenutzer spielt wohl auch ihre Erfahrung außerhalb des eigenen Automobils eine Rolle. Sie sind ja selbst ebenso Stadtbewohner, Fußgänger, Fahrradfahrer oder ÖPNV-Benutzer, die in den entsprechenden Situationen die Belastungen durch den Automobilverkehr hautnah erfahren. Wenn man dann noch Sorge um die eigenen Kinder trägt, die neben den älteren Menschen am stärksten den Unfallgefahren und Emissionen des Automobilverkehrs ausgesetzt sind, wird aus dieser Verantwortung heraus auch die eigene Automobilbenutzung zunehmend in Frage gestellt werden.

Den Autofahrer mag darüber hinaus auch ein wenig sein Gewissen plagen. Die ökologischen Schäden, die durch den Automobilverkehr verursacht werden, sind in den letzten Jahren stärker ins öffentliche Bewußtsein getreten. In den Medien hat sich das Bild vom Autofahren gewandelt. Der Autofahrer ist sich schon längst nicht mehr der neidvollen Blicke auf sein chromblitzendes Gefährt sicher. Allenthalben ist Kritik an der Automobilbenutzung laut geworden. Mehr und mehr gerät er in die Rolle eines Verkehrsteilnehmers, der sich selbst und anderen Menschen Schaden zufügt oder Gefahren aussetzt.

Viele Bürger sind nicht mehr bereit, die zugemuteten Einschränkungen, Belästigungen und Gefährdungen durch den Automobilverkehr einfach hinzunehmen. Überall im Lande haben sich Verkehrsinitiativen gebildet, die für sichere und ruhigere Straßen kämpfen. Gefordert werden Verkehrsberuhigungen, Tempolimits und Lkw-Fahrverbote. Kaum eine deutsche Stadt, in der der Bau neuer Parkhäuser oder neuer Autostraßen nicht auf organisierten Widerstand aus der Bevölkerung träfe. Der Berliner Arbeitskreis «Umkehr», der die verschiedenen Verkehrsinitiativen koordiniert, konnte für das Jahr 1991 einen Zuwachs von 1000 neuen Bürgergruppen feststellen (vgl. *Der Spiegel* 45/1991, 180). Am bekanntesten ist der Kampf der Anwohner aus der Hamburger Stresemannstraße geworden. Binnen eines halben Jahres wurden hier zwei Kinder durch Lkw tödlich verletzt. In einer spontanen Aktion wurde daraufhin die Straße von Anwohnern gesperrt. Die Staatsgewalt sah sich außerstande, gegen diesen berechtigten Bürgerprotest vorzugehen und mußte die Forderung nach Tempo 30 auf dieser Hauptverkehrsstraße erfüllen.

Neben dem überzeugten und dem kritischen Autofahrer gibt es noch einen weiteren Typus. Dieser ist eigentlich kein Autofahrer mehr, denn er hat, falls er je eins besaß, das Auto abgeschafft und benutzt das vierrädrige Gefährt nur in Ausnahmesituationen. Wir wollen ihn nicht den Autoverzichtler, sondern den überzeugten Autolosen nennen. Es hat wohl in diesem Jahrhundert neben der großen Zahl derjenigen, die sich ein Auto wünschten, immer auch Menschen gegeben, die aus Überzeugung kein Auto besaßen. Doch die Autolosen stellten immer nur die Ausnahme von der gesellschaftlichen Normvorstellung dar: Wer einmal das notwendige Einkommen zur Verfügung hat, wird sich alsbald auch einen Pkw zulegen. Dies gilt wohl heute genauso, wie es vor 30 oder 40 Jahren zutraf. Und dennoch hat sich die Situation verändert.

Der vielleicht wichtigste Unterschied zur Vergangenheit ist, daß sich heute bereits viele Menschen, die ein Auto besitzen, mit dem Gedanken tragen, das Auto wieder abzuschaffen. Dieser Abkehr vom Automobil ist gegenwärtig weitaus rationaler zu begründen und als «richtiges» Handeln vorzeigbar als in vergangenen Zeiten. Dem Automobilverzicht, der früher vielleicht noch als fortschritts- und technikfeindliche Marotte galt, ist heute eine Rationalität nicht mehr abzustreiten. Wer heute kein Auto mehr fährt und sich damit «ökologisch bewußt» verhält, kann sich einer gewissen Akzeptanz in der Gesellschaft relativ sicher sein. In Zeiten zunehmender «automobiler Immobilität» (Vester) ist Autolosigkeit immer weniger ein persönlicher Verzicht. Für viele, die heute überzeugt ohne Auto leben, erfolgte der Abschied vom Automobil auch aus der Erfahrung, daß die automobile Fortbewegung immer mehr Nachteile als Vorteile mit sich bringt. Mit dem Auto lassen sich zwar manche Ziele einfacher als mit anderen Verkehrsmitteln erreichen, doch werden diese Vorteile oft überschätzt. Für immer mehr Menschen wiegen sie die alltäglichen negativen Streßerfahrungen im automobilen Verkehrssystem nicht mehr auf.

Für die meisten Autofahrer wird dennoch der Wechsel vom Automobilbesitzer oder Mitbenutzer zum autolosen Fußgänger, Fahrradfahrer, Bus- und Bahnbenutzer zu radikal sein. Ganz ohne Auto leben will so schnell niemand, der sich an die Benutzung dieses Verkehrsmittels gewöhnt hat. Dazu bedarf es einer Vorbereitung, einer gewissen «Probezeit» und der Rückgriffsmöglichkeit in Ausnahmesituationen auf nichteigene Pkw wie Taxis, Leih- und Genossenschaftswagen. Wir werden in den beiden folgenden Teilen dieses Buches darüber berichten, welche Erfahrungen sechs Bremer Familien mit einem probeweisen Verzicht aufs Automobil gemacht haben und welche «Tips» sich daraus für andere «Umstiegsbereite» ergeben.

Leben ohne Auto

Der Traum der Mobilität

Die immobile Politik

Es ist keineswegs so, daß sich in der Politik nichts bewegt. Aber es bewegt sich langsam. Die Maßnahmen, die von der kommunalen Politik für die Verbesserung der städtischen Lebensbedingungen auf dem Verkehrssektor ergriffen werden, sind zumeist halbherzig, schwerfällig und hinken der Entwicklung der Automobilisierung hinterher. Das ist aber nicht das einzige «politische» Problem. Hinter den Verkehrsmodellen verbergen sich Gesellschaftsmodelle, und für diese sind mehr Politikbereiche als nur die Verkehrspolitik verantwortlich: Wirtschafts-, Finanz- und Arbeitsmarktpolitik regulieren auf nationaler und – zunehmend – auf internationaler Ebene unsere Gesellschaftsvorstellungen. Auf kommunaler Ebene gibt es zwar Spielräume, sie müssen aber – wie wir an den Beispielstädten für eine neue Verkehrspolitik gesehen haben – mühsam erkämpft werden. Zudem greifen kommunale Boden-, Gewerbe- und Gewerbeförderungspolitik, Siedlungs- und Wohnungsbaupolitik und viele andere Politikbereiche so ineinander, daß permanente Wechselwirkungen entstehen. Jede konkrete Entscheidung hat Folgen, ob dies nun die Förderung der Innenstadt, der Bau eines Einkaufszentrums im städtischen Umland oder die Standortentscheidung für ein neues Güterverkehrszentrum ist. Neue Gewerbeflächen müssen ebenso an das Verkehrssystem angeschlossen werden wie neue Wohnsiedlungen. Und da jede Wohnsiedlung, jedes Gewerbegebiet am einfachsten, schnellsten und kostengünstigsten durch eine Erweiterung des bestehenden Gesamtsystems in die Stadtstruktur einzubinden ist, bleiben die Struktur und der Charakter des Verkehrssystems stets unangetastet.

Wir korrigieren und modernisieren Straßen und Trassen, wir investieren in Busse und Bahnen, wir klatschen Fahrradwege auf die Trottoirs, wir verringern die Autogeschwindigkeit in Wohnvierteln, aber wir bauen weiterhin Wohnsiedlungen am Stadtrand,

Großmärkte im Umland, Trabantenstädte, Parkhäuser und Parkplätze; wir verbessern das Wohnumfeld, sanieren alte städtische Quartiere, aber vor allem bauen wir Straßen und verlagern den Verkehr; wir bündeln und entflechten und wundern uns nach jeder Entscheidung darüber, daß die gleichen Probleme an anderer Stelle sogar verschärft wieder auftreten. Daraus ziehen Politik und Wissenschaft eine Schlußfolgerung: Da alle Einzelentscheidungen offenbar Auswirkungen auf das Gesamtsystem haben, muß das Systemdenken verbessert werden. Integrierte Verkehrsplanung, computergesteuerte Individualverkehrssysteme, Parkleitsysteme usw. sind die neuen Zauberformeln der Verkehrspolitik.

Was aber nützen solche Konzepte, wenn sie nichts anderes als der Versuch sein können, eine Minimierung der systematisch produzierten Probleme, eine Optimierung und Effektivierung des bestehenden Verkehrssystems in einer Stadtstruktur zu erreichen, in der sich die Gesellschaftsvorstellungen und Stadtbilder der Industriegesellschaft manifestieren? Darin nämlich scheint das Hauptproblem der verkehrsrelevanten Politiken zu liegen: Wir optimieren und effektivieren ein Stadtsystem, das im 19. Jahrhundert entstanden und bis in die sechziger Jahre des 20. Jahrhunderts vervollständigt worden ist. Das Ergebnis war eine nach Funktionen getrennte und autogerechte Stadt. Inzwischen hat die Gesellschaft sich aber so verändert, daß die Stadt der industriellen Epoche in ihren Strukturen rettungslos veraltet ist. Der Verlust industrieller Arbeitsplätze, die Tertiärisierung der Produktion, die räumliche Verlagerung der Produktionsstätten, der Wandel der Familienstrukturen und die daraus resultierenden veränderten Anforderungen an Wohnung und Wohnstandort erfordern eine Stadtstruktur, die innerhalb der in Stein gegossenen Stadtstrukturen der alten Industriegesellschaft kaum zu realisieren sein dürfte. Es wird daher zunehmend darauf ankommen, daß die Stadtbewohner selbst ihr Bild von der Stadt entwerfen und dessen Umsetzung einfordern.

Die Widersprüchlichkeit der Entwicklungstendenzen zeigt sich im Stadtverkehr besonders deutlich: Einerseits wissen alle um die Notwendigkeit einer Reduzierung des Autoverkehrs, andererseits verfolgen wir unsere Hobbys und andere Tätigkeiten in immer größerer Entfernung von der Wohnung. Vielleicht tun wir andere Dinge als früher, aber wir machen nicht mehr. Wir fahren dafür lediglich weiter weg.

Darüber hinaus ist es der Industrie bis heute gelungen, immer neue Käuferschichten für das Automobil zu gewinnen. In den letzten Jahren ist vor allem der Anteil der Frauen am städtischen Automobilverkehr gewachsen. Seit den sechziger und siebziger Jahren und mit zunehmender weiblicher Berufstätigkeit, mit zunehmender beruflicher und persönlicher Selbständigkeit, mit der Auflösung des familiären Lebensmodells und der damit einhergehenden Zunahme von Einpersonenhaushalten wollen und können immer mehr Frauen über ein Auto verfügen. Hier gewinnt der Slogan «Frauen kommen langsam, aber gewaltig», eine andere, schillernde Wahrheit: Die Zukunft der Autolawine wird weiblich sein. Die wachsende Abhängigkeit der Frauen vom Automobil ist auch eine Folge der bereits von Alexander Mitscherlich beklagten «Unwirtlichkeit der Städte». Die relative – oder vielleicht auch nur scheinbare – Sicherheit, die das Auto der Frau im öffentlichen Raum, vor allem nachts, bietet, ist ein nicht zu unterschätzendes Moment der automobilen Marktexpansion.

Das Beispiel zeigt deutlich, daß es nicht nur um eine Modernisierung der Städte geht, sondern um die Entwicklung neuer Strukturen. Und genau hierin steckt eine eigentümliche Dialektik: Solange diese neuen Stadtstrukturen nicht entwickelt sind, sind wir genötigt, uns in den alten Strukturen einzurichten. Solange aber die Stadtbewohner sich in den alten Strukturen einrichten, gibt es zu wenig Impulse für einen Strukturwandel. Erst wenn genügend Menschen deutlich machen, daß sie anders leben wollen, daß mit einem anderen Leben bereits in den alten Strukturen begonnen werden kann, erst wenn sich aus dieser Praxis die Strukturen für eine neue städtische Gesellschaft herausschälen, wird die Politik sich in Bewegung setzen. Wir brauchen sie also, die Menschen, die etwas «vorleben», die experimentieren, die das Modell einer anderen Lebenspraxis erproben.

Die Geburt eines Experiments

Wie bei wissenschaftlichen Untersuchungen üblich, war auch bei unserem Vorhaben der Ausgangspunkt ein Problem. Warum – so fragten wir uns – äußern sich sehr viele Menschen kritisch zum Autoverkehr und nehmen trotzdem daran teil? Einstellung und Verhalten klaffen bei der Frage der Automobilbenutzung weit auseinander. Es gibt offenbar Abhängigkeiten vom Automobil, die einen Verzicht auf dieses Verkehrsmittel auch bei denen verhindern, die eigentlich gern darauf verzichten würden. Worin – so formulierten wir das Problem – bestehen also solche Zwänge zur Automobilbenutzung? Und wie kann man sie feststellen? Die Autofahrer einfach zu fragen, was sie an das Automobil bindet, schien uns wenig erfolgversprechend. Auf diese Weise hätten wir wohl nur die üblichen Rechtfertigungen für eine Automobilbenutzung zu hören bekommen. Sinnvoller schien es uns zu sein, «kritische» Autofahrer wirklich einmal mit der Situation der Autolosigkeit zu konfrontieren. Die realen oder vermeintlichen Abhängigkeiten vom Automobil – so unsere These – würden sich erst dann herausschälen, wenn diese Autofahrer tatsächlich einmal für eine gewisse Zeit auf ihr Auto verzichten müßten. So entstand bei uns die Idee eines Experiments. Vielleicht – so dachten wir – gibt es ja wirklich ein paar Menschen, die sich darauf einlassen, ihr Auto für eine gewisse Zeit nicht zu benutzen und uns dann über ihre Erfahrungen zu berichten. Würden wir eine solche künstliche Alltagssituation, ein solches Feldexperiment herstellen können? Und wenn ja, wie sollten wir die Erfahrungen dieser Menschen dokumentieren?

Als wir mit unserer Untersuchung begannen, waren auch wir beispielsweise der Meinung, daß eine Familie mit Kindern ihren Alltag ohne Auto gar nicht würde organisieren können. Zwar waren wir davon überzeugt, daß es im familiären Tagesablauf viele überflüssige Autofahrten gibt, daß viele Fahrten mit dem Auto durch andere Verkehrsmittel ersetzbar sind, aber ein Leben ohne Auto hatte auch in unseren Augen etwas von einem Makel. Ohne Auto zu leben, schien ein Verzicht zu sein, eine kleine Amputation, die Einschränkung eines Möglichkeitsraumes. Die ersten Entwürfe zu unserer Untersuchung waren deshalb darauf angelegt, zu erkennen, woran ein Leben ohne Automobil zwangsläufig würde scheitern müssen. Aber auch äußere Zwänge müssen erst subjektiv als solche wahrgenommen werden, bevor sie ihre Wirkung vollständig entfalten können. Deshalb wollten wir von Anfang an wissen, was von den autofahrenden Familien als Zwang wahrgenommen wird.

Natürlich wußten wir, daß es viele Menschen und Familien gibt, die ohne Auto leben. Meistens aber ist dies aus der Not geboren. Das Lebensmodell, daß die bundesrepublikanische Gesellschaft als

Leitbild entworfen hatte, konnte und kann keineswegs von allen realisiert werden. Zwar sah es in den Zeiten der Vollbeschäftigung danach aus, als könnte bald jede Familie ein Häuschen mit Garten, eine Garage und ein Automobil ihr eigen nennen, doch mit der ökonomischen Krise Ende der sechziger Jahre schwand diese Hoffnung wieder. Die Ziele, um derentwillen Leistung sich lohnen sollte, können heute zwar immer noch von einer gesellschaftlichen Mehrheit erreicht werden, eine wachsende Minderheit ist aber davon ausgeschlossen. Das Schlagwort der Zwei-Drittel-Gesellschaft bringt diesen Sachverhalt metaphorisch zum Ausdruck.

Während wir uns im Vorfeld des Experiments mit Analysen der Mobilität und den historisch gewachsenen Modellen der Verkehrsmittelwahl beschäftigten, entstand die Idee, Verkehrstagebücher als Untersuchungsinstrumente einzusetzen. Wir dachten zunächst an ein Tagebuch, in dem jeden Tag alle Wege außer Haus aufgeführt werden sollten mit der dafür benötigten Zeit, der ungefähren Entfernung, dem gewählten Verkehrsmittel sowie einer Begründung der Verkehrsmittelwahl.

Um das Tagebuchkonzept auszuarbeiten und damit Erfahrungen zu sammeln, entschlossen wir uns, selber ungefähr einen Monat lang ein Verkehrstagebuch zu führen. Dabei erwies es sich als glücklicher Zufall, daß die drei Projektbearbeiter unterschiedliche Ausgangsbedingungen hatten. Ein Mitarbeiter besaß kein Automobil und benutzte überwiegend ein Fahrrad. Die Mitarbeiterin besaß zwar ein Automobil, benutzte es aber ungern und war deshalb auch kaum mit dem Auto unterwegs. Für ihre Wege benutzte sie mehr den ÖPNV als das Fahrrad. Der dritte Mitarbeiter besaß ebenfalls ein Automobil und benutzte dieses zwar nicht für alle Fahrten, aber doch häufig. Das Fahrrad war für ihn eher ein Schön-Wetter-Fahrzeug. Straßenbahnen und Busse benutzte er nur gelegentlich und nur für Fahrten in die Innenstadt.

Entgegen allen Erwartungen waren unsere eigenen Tagebücher für uns eine Fundgrube und ein Abenteuer zugleich. Gewissermaßen im Selbstversuch fanden wir heraus, daß die Wahl eines bestimmten Verkehrsmittels oder einer bestimmten Forbewegungsart keineswegs nur «rational» zustande kommt, also durch funktionale Gründe und äußere Bedingungen wie etwa das Wetter bestimmt wird. Sie war weder eine rationale noch überhaupt eine Wahl; wir entschieden uns habituell, nach schlichter Gewohnheit.

Zwar stellten wir fest, daß «Stimmungen» und andere situative und subjektive Momente eine Rolle spielten, der Ablauf unserer Entscheidung aber war Routine: Es regnet, ich bin etwas zu spät, ich fühle mich müde – also fahre ich mit dem Auto. Oder in anderen Fällen: Die Sonne scheint, etwas ist mir gut gelungen – also fahre ich mit dem Rad. Solche eher unbewußten Reaktionen auf bestimmte Reize sind Teil eines habituellen Schemas.

Bei uns als den Bearbeitern eines Projektes über Verkehrsverhalten hatten wir eine derart starke habituelle Prägung unseres Verhaltens nicht erwartet. Das Verkehrstagebuch hat uns auch über uns selbst die Augen geöffnet. Wir waren über das Ausmaß der Bedeutung von durch Stimmungen, Wohlbefinden und ähnlichen subjektiven Momenten geprägten Gewohnheiten hinsichtlich der Verkehrsmittel«wahl» sehr überrascht.

Ein zweites Ergebnis war für uns noch überraschender. Es bestand in der Erkenntnis, daß ein Verkehrstagebuch mehr ist als nur eine Datensammlung über Fahrtdauer, Streckenlänge, Fahrtzeiten, Zweck der Fortbewegung usw.; es ist eine Art «intimer» Offenlegung dessen, was man täglich tut. Wege sind Teil des Alltagslebens, Teil unserer Lebensentwürfe, unserer Freuden und Leiden. Die Informationen, die ein Verkehrstagebuch sammelt, sind Nachrichten aus unserem Leben: Was wir tun, wo wir es tun und wie wir dorthin kommen. Ein Verkehrstagebuch erzählt über unsere Vorlieben und Handlungen sehr viel mehr, als uns manchmal lieb sein dürfte.

Die Wege der einzelnen Haushaltsmitglieder sind also ein sehr viel sensiblerer Bereich, als wir das ursprünglich erwartet hatten. Natürlich bedeutet dies, daß man auch mit Verfälschungen rechnen muß, die auf verschiedene Weise zustande kommen können: Entweder werden Wege, deren Veröffentlichung einem unangenehm ist, nicht im Tagebuch aufgeführt. Das gleiche gilt auch für die Wahl des Verkehrsmittels, wenn die in der eigenen Befindlichkeit liegenden tatsächlichen Gründe für diese Wahl nicht genannt, sondern durch «rationale» Gründe ersetzt werden. Oder aber es wird für die Dauer des Experimentes auf die Durchführung bestimmter Aktivitäten ganz oder teilweise verzichtet. Die Anlässe für solche Unterlassungen hängen dabei von den individuell sehr unterschiedlichen Peinlichkeitsschwellen ab. So stellt ein Kneipenbesuch für sich allein sicher kein Problem dar. Ein Kneipenbesuch mit dem Auto könnte wegen der 0,8 Promille-Grenze schon problematischer sein.

Und zu offenbaren – auch sich selbst gegenüber – daß man jeden Abend in der Kneipe verbringt, kann subjektiv bereits zu einem erheblichen Problem werden. Dieses vergleichsweise triviale Beispiel mag genügen, um auf die Problematik der Tagebuchführung aufmerksam zu machen. Auf jeden Fall ist ein Verkehrstagebuch viel «intimer», als es auf den ersten Blick erscheinen mag. Es enthält ein Stück Leben. Und die Verkehrsmittel, die wir benutzen, sind Teil dieses Lebens, sind in die täglichen Abläufe integriert.

Daraus resultiert auch eine dritte Erkenntnis, die wir aus unseren eigenen Tagebüchern gewonnen haben: die Erkenntnis, daß Mobilität subjektiv für uns viel höher besetzt ist, als wir es vermutet hätten. Mit einem Verkehrstagebuch ist unweigerlich die Wahrnehmung der eigenen Mobilität und ihrer Bedeutung verknüpft. Dabei wird die Sensibilität nicht nur für das geweckt, was man tut und was man unterläßt, sondern auch für die Möglichkeitsräume, über die man verfügt und die mit den verwendeten Verkehrsmitteln zu tun haben. Wie diese Möglichkeitsräume genutzt werden, hängt wiederum von den Lebensstilen der Personen und Haushalte ab. Solche Möglichkeitsräume sind dem realen Leben nicht äußerlich. Sie sind ebenfalls Teil des täglichen Lebensprozesses.

Unsere eigenen Tagebücher bestätigten uns, daß eine auf Tagebüchern aufbauende Untersuchung sehr spannende Erkenntnisse zutage fördern würde. Wir würden erfahren, was Leute tun, wie sie leben und vor allem wie sie reagieren, wenn sie für einige Zeit auf die Verwendung ihres Automobils verzichten. Kann man in einer Großstadt ohne Auto leben, und unter welchen Bedingungen ist dies möglich? Handelt es sich dabei um «objektive» oder um «subjektive» Bedingungen? Und sollte es sich herausstellen, daß es nicht geht, dann wollten wir wenigstens genau wissen, warum es nicht möglich ist. Darüber hinaus war uns deutlich geworden, daß diese Fragen nicht abstrakt und handlungsfern etwa durch einen Fragebogen oder Interviews zu klären waren. Wir waren angewiesen auf Menschen, die bereit sein würden, Erfahrungen zu machen. So begaben wir uns also auf die Suche nach Haushalten, die sich an unserem Experiment beteiligen wollten.

Die Freiwilligen

Angesichts des experimentellen Charakters unserer Studie entschieden wir uns für ein pragmatisches Vorgehen. Im Rahmen eines Interviews mit der *Tageszeitung* (TAZ) in Bremen, die sich für unser Projekt interessierte, riefen wir die Leser zur Mitarbeit auf. Tatsächlich meldeten sich daraufhin sieben Familien und erklärten ihre Bereitschaft zur Teilnahme.

Was waren das für Familien? Es beteiligten sich hauptsächlich Familien mit Kindern an unserem Experiment. Dies war die erste einer ganzen Serie von Überraschungen. Gerade den Familien mit Kindern würde ein Verzicht auf die Automobilnutzung – so hatten wir vermutet – besonders schwer fallen. Für unser Untersuchungsziel war diese Zusammensetzung jedoch besonders positiv, da wir so besser dem Einfluß nachgehen konnten, den bestimmte Haushaltsfaktoren (wie zum Beispiel Anzahl und Alter der Kinder) auf die Notwendigkeit der Verwendung des Automobils für die Organisation des Haushaltes haben.

Die zweite Überraschung lag in den über die ganze Stadt verteilten Wohnorten. Schließlich lag die Vermutung nahe, daß sich nur solche Personen an unserem Experiment beteiligen würden, die zentral wohnen und die einen Arbeitsplatz in der Nähe der Wohnung haben. Dies war nun keineswegs der Fall. In zwei Familien waren die Arbeitswege mit 15 oder gar 25 Kilometer sogar besonders lang. Außerdem beteiligten sich Haushalte am Experiment, denen in der Nähe ihrer Wohnung nur wenig Einzelhandelsgeschäfte zur Verfügung standen.

Wir haben bei allen Familien, die am Experiment teilnahmen, die soziodemographischen Daten erfragt, von denen wir aus der Literatur wußten oder von denen wir vermuteten, daß sie einen Einfluß auf das Verkehrsverhalten haben. Diese Daten waren zunächst die Haushaltsgröße, das Alter (auch der Kinder), der Arbeitsweg, der Wohnstandort und die Anbindung der Wohnung an Busse und Straßenbahnen.

Der Haushalt Nr. 3 konnte nicht in die Interpretation einbezogen werden, da wir von diesem Haushalt weder die Tagebücher noch einen Termin für das abschließende Interview erhielten. In unsere Interpretation gingen somit sechs Haushalte ein.

Bei den weiteren sozialstrukturellen Merkmalen der an unserem

Soziodemographische Merkmale der Haushalte

1. Ehepaar, 2 Kinder, 4 und 7 Jahre alt
   Stadtteil: Findorff (Innenstadtrandgebiet, verdichteter Einzelhandel)
   Entfernung zum Arbeitsplatz: Frau 2 km   Mann 15 km
   Verkehrsmittel zur Arbeit: Fahrrad   Auto
   Arbeitszeit: feststehend   feststehend

   Entfernung zur Haltestelle: 2–3 Min.

2. Ehepaar, 3 Kinder, 11, 5 und 2 Jahre alt
   Stadtteil: Gete (innenstadtnah, kaum Einzelhandel in der Nähe
              der Wohnung)
   Entfernung zum Arbeitsplatz: Frau 7 Min.   Mann 7 km
   Verkehrsmittel zur Arbeit: Fahrrad   Fahrrad
   Arbeitszeit: feststehend   flexibel

   Entfernung zur Haltestelle: 2 Min.

3. Ehepaar, 1 Kind, 11 Jahre alt
   Stadtteil: Arsten (äußeres Stadtgebiet, kaum Einzelhandel)
   Entfernung zum Arbeitsplatz: Frau 25 km   Mann 5 oder 25 km
   Verkehrsmittel zur Arbeit: Auto   Auto
   Arbeitszeit: feststehend   feststehend

   Entfernung zur Haltestelle: 10 Min.

4. Ehepaar, kein Kind
   Stadtteil: Peterswerder (innenstadtnah, Supermarkt in der Nähe
              der Wohnung)
   Entfernung zum Arbeitsplatz: Frau 5 Min.   Mann z. Z.
                                                     erwerbslos
   Verkehrsmittel zur Arbeit: Auto
   Arbeitszeit: feststehend

   Entfernung zur Haltestelle: 2 Min.

5. Ehepaar, 2 Kinder, 1 und 3 Jahre alt
   Stadtteil: HB-Lesum (Vorort, kaum Einzelhandel in der Nähe
              der Wohnung)
   Entfernung zum Arbeitsplatz: Frau erwerbslos   Mann 20 km
   Verkehrsmittel zur Arbeit: –   Auto
   Arbeitszeit: –   flexibel
   Entfernung zur Haltestelle   10 Min.
   (Bf Lesum):

6. Vater, 1 Kind, 8 Jahre alt
   Stadtteil: Horn (äußeres Stadtgebiet, Einzelhandel vorhanden)
   Entfernung zum Arbeitsplatz: 3 km
   Verkehrsmittel zur Arbeit: Fahrrad
   Arbeitszeit: flexibel
   Entfernung zur Haltestelle: 5–10 Min.

7. Ehepaar, 1 Kind, 15 Jahre alt
   Stadtteil: Ostertor (Innenstadtrandgebiet, verdichteter Einzelhandel)
   Entfernung zum Arbeitsplatz: Frau 15 Min.   Mann 10 Min.
   Verkehrsmittel zur Arbeit: Fahrrad   zu Fuß
   Arbeitszeit: flexibel   flexibel
   Entfernung zur Haltestelle: 3–4 Min.

Tabelle 5

Experiment teilnehmenden Familien gab es einige Besonderheiten. Vor allem war die Gruppe weitgehend homogen. Bis auf zwei Ausnahmen waren die erwachsenen Personen zwischen 30 und 40 Jahre alt. Dies ist deshalb bemerkenswert, weil es gerade diese Altersgruppe ist, die das Auto am intensivsten nutzt. Auffällig war weiterhin, daß sich unsere Gruppe ausschließlich aus Hochschulabsolventen zusammensetzte. Und schließlich war auch das Einkommen unserer Teilnehmer überdurchschnittlich: Keiner der beteiligten Haushalte dürfte aus finanziellen Gründen genötigt gewesen sein, auf ein Auto zu verzichten.

Mit diesen Haushalten führten wir zunächst ein Einführungsinterview auf der Grundlage eines Interviewleitfadens. Wir händigten ihnen die von uns vorbereiteten Tagebuchformulare aus und baten sie, zunächst eine Woche unter normalen Bedingungen und dann vier Wochen unter der Bedingung der Autolosigkeit dieses Tagebuch so ausführlich wie möglich zu führen. Nach Ablauf der insgesamt fünf Experimentwochen führten wir mit allen Haushalten ein abschließendes Gespräch über ihre Erfahrungen.

Zur Ausgangslage:
«Das Auto ist eh angemeldet»

In den Einführungsinterviews wollten wir soviel wie möglich über das Verkehrsverhalten der Familien erfahren und nicht zuletzt wissen, aus welchen Gründen und mit welchen Motiven sie sich zur Teilnahme an dem Projekt entschlossen hatten. Aus diesen Interviews ergibt sich die «Ausgangslage» der Familien vor Projektbeginn. Diese Ausgangslage ist – was nicht anders zu erwarten war – durch beträchtliche Widersprüche charakterisiert.

Die Familien, die sich für die Teilnahme an unserem Projekt interessierten, sind durch einen hohen Bildungsgrad, ein hohes Einkommen und durch die Altersgruppe charakterisiert. Hier macht der Begriff der «Verzichtselite» wirklich Sinn: Bildungsgrad und Einkommen qualifizieren sie ohnehin als gesellschaftliche Elite, und der «Verzicht» resultiert zumindest daraus, daß diese Altersgruppe (wenigstens ihr männlicher Teil) zu den Hauptnutzern des Automobils gehört.

Ist diese Zuordnung noch einfach, erweist sich die Suche nach den Motiven eines Verzichts als etwas schwieriger, da solche Motive vielfältig und nicht einheitlich verteilt sind. Ein Motiv allerdings war durchgängig bei allen Familien zu finden: ein so oder so geartetes ökologisches Motiv. Während die einen wegen der Umweltbelastung des Automobils ein schlechtes Gewissen hatten, dominierte bei anderen der Wunsch, für die Verbesserung der Lebenssituation in den Städten selbst etwas zu tun. Dies ist vermutlich der eigentliche Sinn des Begriffs «Verzichtselite»: Durch individuellen Verzicht etwas für die Allgemeinheit erreichen.

Trotz des bei allen vorhandenen ökologischen Motivs benutzten alle Familien das Auto, die einen mehr, die anderen weniger. Denn – wie ein Familienvater es ausdrückte: «Die Überzeugung, daß das Auto schlecht ist, darf nicht dazu führen, daß die Lebensmitteleinkäufe nicht mehr geregelt werden können.» Das ökologische Bewußtsein findet offenbar in der Vorstellung, daß man das Auto zur Bewältigung des Alltages braucht – gelegentlich brauchen muß –, seine Grenze. Daß die Familien damit ihre Schwierigkeiten hatten, daß ihnen durchaus bewußt war, daß auch die Notwendigkeit des Autofahrens eine Frage der subjektiven Interpretation ist, zeigt die Tatsache, daß sie auf unseren Aufruf hin an dem Experiment teilnehmen wollten: «Ich will ausprobieren, ob ich es selber kann. Was die anderen machen, ist deren Problem.» Aber wir hörten auch den Gegensatz hierzu: «Praktisch ist es eben immer das Problem, man verweist auf andere Leute, darauf, daß alle anfangen sollen. Und was hat man davon, wenn man selber dumm da steht?» Wie hatte doch Wolfgang Sachs (1984, 241) schon so treffend geschrieben: «...der Verzichtler hat nichts bewirkt außer seiner Deklassierung!» Vielleicht ist dies der psychisch tiefste Grund für die Beibehaltung des Automobils, die Angst, ein vielleicht doch reales Privileg aufzugeben.

Implizit war allen die Verbindung von Autobesitz und Autonutzung klar: «Wenn das Auto zur Verfügung steht, wird es viel benutzt.» Oder: «Das Auto ist eh' angemeldet.» Wenn man also ein Auto hat, kann man noch so ökologisch denken, man wird es immer wieder benutzen. Und zwar auch dann, wenn man die eigenen Wege anders zurücklegen könnte. Dies vor allem deshalb, weil – wie es von einer Familie formuliert wurde – «die Alltagsorganisation auf das Auto abgestellt und mit dem Auto unter der Bedingung des Zeitdrucks die Koordination von familiären Terminen leichter ist.» Und nebenbei spielt natürlich auch die Bequemlichkeit immer wieder eine Rolle: beim Einkaufen, weil man eine halbe Stunde länger schlafen kann, wegen des schlechten Wetters oder wegen der Entfernung.

Gerade weil unsere Familien ahnten, daß sie ihr Auto in vielen Fällen aus Bequemlichkeit nutzten, ohne es in vielen Situationen wirklich zu benötigen, ergriffen sie die Gelegenheit, sich in unserem Experiment für einen «Autoverzicht auf Probe» zu entscheiden. Anders ausgedrückt: In den subjektiven Wahrnehmungen, Gewohnheiten, Unsicherheiten und Bequemlichkeiten liegen für viele Menschen die Hinderungsgründe, einen Trennungsschritt zu vollziehen. Es ist die Angst vor einer ungewissen Zukunft, die uns lähmt, die Unsicherheit darüber, ob man ohne Automobil überhaupt bewegungsfähig ist. Selbstverständlich spielen auch die Lust am Auto, die Freude am Fahren eine Rolle. Eine Lust allerdings, an die man sich eher erinnert, als daß man sie aktuell verspürt. Gewiß, es ist schon «ein irres Gefühl über Land zu fahren mit 70 km/h»; solche Äußerungen gab es in den Einführungsinterviews ebenso wie das Eingeständnis: «Es macht mir halt schon Spaß, ins Auto zu steigen und dann halt richtig loszubrettern.» Aber die Stimmung ist eher nostalgisch. Ja, früher. Am genauesten faßte eine Frau diese Stimmung in Worte: «Autofahren ist schon ein Genuß, bei freier Straße und Sonnenschein. Aber wo findet man das heute noch?» Und so hat sie heute beim Autofahren «nur noch kurze Genußmomente», empfindet das Fahren auf der Autobahn als «Kampf ums

Überleben». Ähnlich ging es auch anderen: «Wenn ich zum Beispiel zu meinen Eltern (aufs Land) fahre, dann kommen auch wieder alte Gefühle hoch.» Und die Folge? «Früher habe ich meine Enten geliebt», gibt ein Mann zu Protokoll, «heute liebe ich mein Auto nicht mehr.»

Hier deutet sich bereits an, daß es neben den ökologischen Motiven noch andere Ursachen für die Distanz zum Autofahren bei unseren Familien gab. Sie fuhren einfach nicht mehr gern Auto. Der Verkehr hat – nicht nur in ihren Augen – so zugenommen, daß beim Autofahren die Anstrengung überwiegt. Die hohe Konzentration, die permanente Unfallgefahr, die Frustrationen im ewig drohenden Stau und bei der zeit- und nervenraubenden Parkplatzsuche, der Ärger über andere Verkehrsteilnehmer, der dauernde Halt an den Ampeln, all dies zusammen hat die Unlust wachsen lassen. Hinzu kommen die «Horrorvorstellung, acht Stunden im Büro zu arbeiten und da auch noch mit dem Auto hinzufahren», die eigene Bewegungslosigkeit, «wenn ich in dem Ding sitze», die auf längeren Fahrten schnell unruhig werdenden Kinder – wo soll da noch Platz für die Lust sein, für die Freude an der Beherrschung des Automobils, den Rausch der Geschwindigkeit, die Wärme der Bewegung in einer sonnendurchfluteten Landschaft? All dies scheint eher ein Stück Vergangenheit zu sein, eine Reminiszenz, angesichts des dauernden Ärgers, der permanenten Frustrationen und der immer deutlicher ins Bewußtsein tretenden Umweltbelastungen. Dennoch – und das ist das eigentlich Faszinierende an dieser Situation – besaßen unsere Familien ein Auto und benutzten es auch: «Augen zu und durch» kommentierte dies eine Teilnehmerin.

Radfahren hingegen bereitete allen Teilnehmern Vergnügen – nach ihren Aussagen war das Rad das beliebteste Verkehrsmittel. Allerdings verweist die häufig genannte Wetterabhängigkeit des Fahrrades auf eine Einschränkung: Das Rad ist zwar das beliebteste Verkehrsmittel, aber gern benutzt wird es nur, solange das Wetter mitspielt. Bei schlechtem Wetter erhält das ungeliebte Auto stets wieder den Vorzug. Der autobesitzende Radfahrer ist – so kann man die Ausgangslage unserer Familien zusammenfassen – ein Schönwetterradler. Hier müssen wir allerdings ergänzen: Die Frauen sind nicht so auf das Auto fixiert, für sie ist das Fahrrad das hauptsächliche Fortbewegungsmittel – auch bei Regen. Selbst in unserer kleinen Gruppe von Haushalten spiegelte sich der gesellschaftliche Sachverhalt, daß der Mann der Hauptnutzer des Automobils ist.

Der öffentliche Personennahverkehr stand bei allen Teilnehmern an letzter Stelle. Es ist nicht so, daß sie Busse und Straßenbahnen nie benutzt hätten. Gelegentlich tun dies alle, und so taten es auch unsere Familien. Da sie aber auf die Benutzung der Busse und Bahnen nicht eingerichtet waren, verbuchten sie ihre gelegentlichen Versuche eher als Mißerfolge. Unsere Familien besaßen weder vom Liniennetz noch vom Tarifsystem zureichende Kenntnisse. Von den Fahrplänen ganz zu schweigen. Es ist regelrecht frappierend zu beobachten, wie selten selbst diejenigen, die kein Auto besitzen, einen Fahrplan der öffentlichen Verkehrsbetriebe zuhause haben. Und so häufen sich Äußerungen, man müsse «zu lange auf die Straßenbahn warten», oder die Fahrthäufigkeit sei zu niedrig. Erstaunlicherweise erinnerte sich jemand an seine letzte Straßenbahnfahrt vor zwei Jahren, als die Straßenbahn im Schnee stecken blieb. Wir haben nicht nachgefragt, wie oft derjenige mit seinem Auto irgendwo stehen geblieben ist, aber natürlich weiß jeder aus seiner Erfahrung, daß dies durchaus vorkommt. Die Pannenstatistiken des ADAC sprechen da eine deutliche Sprache. Warum also diese Haltung?

Nehmen wir das Beispiel mit den Fahrplänen. Kaum jemand käme auf die Idee, unvorbereitet zum Hauptbahnhof zu fahren, um dort den nächsten Zug in eine beispielsweise 300 km entfernte Großstadt zu nehmen. Man erkundigt sich vielmehr nach den Abfahrtszeiten und richtet sich darauf ein, so am Bahnhof zu sein, daß man noch die Fahrkarte kaufen kann und dann weiter keine Wartezeit hat. Warum aber geht man einfach zur Haltestelle und wartet – sich grün und blau ärgernd – 20 Minuten auf die Straßenbahn, wo doch ein Blick in den Fahrplan die Wartezeit zu vermeiden helfen würde? Fast drängt sich die Vermutung auf, man wolle gar kein Erfolgserlebnis bei der Benutzung des öffentlichen Verkehrs haben. Tatsächlich steht aber wohl ein ganz anderer, ganz widersprüchlicher Sachverhalt hinter diesem Verhalten. Führen Busse und Straßenbahnen nur etwa alle anderthalb Stunden, hätten alle diejenigen, die auf ihre tägliche Benutzung angewiesen sind, die wenigen Abfahrtszeiten im Kopf oder trügen sie per Faltblatt in der Brieftasche. Sie fahren aber nicht alle anderthalb Stunden, sondern sehr viel häufiger, in Spitzenzeiten alle vier, fünf, sechs Minuten. Angesichts dieser Häufigkeiten scheint es der Mühe nicht wert zu sein, sich über die Fahrtzeiten zu informieren. Es wird schon eine Bahn kommen, und von den öffentlichen Verkehrsmitteln erwarten wir ohnehin, daß sie ungefähr so verfügbar sind, wie es unser Auto wäre. Da dies aber nicht so ist – und unter den derzeitigen Bedingungen auch so gar nicht sein kann –, entstehen Enttäuschung und Mißmut. Ein oder zwei negative Erfahrungen laden das ohnehin vorhandene negative Vorurteil gegenüber dem öffentlichen Verkehr so auf, daß auch Autogegner eher noch auf ihr Auto zurückgreifen als auf Busse und Straßenbahnen. Würden wir daraus den Schluß ziehen, daß Busse und Straßenbahnen viel zu häufig fahren, lägen wir wahrscheinlich richtig und hätten trotzdem nur eine Provokation formuliert. Denn natürlich geht es einerseits darum, Straßenbahnen und Busse als öffentliche Dienstleistungen zu begreifen und diese Dienstleistung so gut wie möglich zu gestalten. Andererseits werden aber die öffentlichen Verkehrsbetriebe ohne ein Umdenken der (potentiellen) Nutzer gar keinen Erfolg haben können. Man muß aufeinander zugehen. Wie schwierig das ist, zeigen unsere Familien. Sie leben immerhin in einer Stadt, in der der öffentliche Verkehr einen vergleichsweise hohen Anteil an den Verkehrsleistungen hat und in der die Verwendung eines Fahrplanes eine durchaus funktional befriedigende Nutzung des öffentlichen Verkehrs ermöglichen würde.

Die für uns spannende Frage war deshalb weniger, ob unsere Familien während des Experiments häufiger mit den öffentlichen Verkehrsmitteln fahren würden. Das dürfte sich ohne Auto vermutlich irgendwie von selbst ergeben. Wirklich spannend war statt dessen die Frage, ob sich die Einstellung zum öffentlichen Nahverkehr ändern würde und ob die Familien es «lernen» würden (so muß man es wohl ausdrücken), mit Fahrplänen, Liniennetzen, Umsteigebeziehungen und Tarifen wie selbstverständlich umzugehen. Um dies zu erleichtern, hatten wir die Bremer Straßenbahn AG (BSAG) mit Erfolg darum gebeten, uns für jeden Haushalt für die vier Wochen eine Bremer Karte (innerstädtische übertragbare Netzmonatskarte zum damaligen Preis von 40,- DM) zur Verfügung zu stellen. Dazu erhielt jeder Haushalt einen Fahrplan, die Fahrplanauszüge der nächstgelegenen Haltestellen, einen Liniennetzplan sowie weiteres Informationsmaterial. Der Ausstieg sollte zumindest mit einer Einstiegsmöglichkeit belohnt werden.

Von alter Gewohnheit zu neuen Routinen

Das Einkaufen

Städtisches Leben bedeutete schon immer, für den Erwerb von «Lebensmitteln» in einem sehr weiten Sinne auf einen Markt angewiesen zu sein. Ein historischer Rückblick zeigt allerdings, daß viele Haushalte auch noch in der Frühphase der Industrialisierung ihre eigenen Lebensmittel in der Stadt produzierten (vgl. Ipsen 1991). Erst die vollständige Durchsetzung der Industriegesellschaft mit ihrer Arbeitsteilung und der damit einhergehenden Urbanisierung verbannte die Lebensmittelproduktion aus dem einzelnen Haushalt. Seither ist die private Versorgung notwendig mit Verkehr verbunden. Selbst die Relikte der Haushaltsproduktion in den Schrebergartenkolonien am Stadtrand erzeugen Verkehr.

Der Einkauf ist zum täglichen Weg geworden, auch wenn viele Haushalte ihre Einkäufe auf einen bestimmten Wochentag zusammenziehen und sich durch einen Großeinkauf und durch Vorratshaltung von der täglichen Last befreien. Der Anteil der Einkaufs- und Versorgungswege an der werktäglichen Gesamtzahl der Wege aller Einwohner beträgt 28 Prozent; mehr als ein Viertel aller werktags zurückgelegten Wege dienen also der Versorgung des Haushaltes. Daß sich bei bestimmten Gruppen die Versorgungswegeanteile unterscheiden, versteht sich von selbst. Bei den Hausfrauen sind 62 Prozent ihrer Wege Versorgungswege, bei Rentnern und Arbeitslosen immerhin noch 49 Prozent.

Nun ist die Notwendigkeit des täglichen Einkaufens an sich noch kein Problem. Denn vor der in den fünfziger Jahren einsetzenden Motorisierungswelle und den damit einhergehenden Veränderungen der Siedlungsstruktur konnte man allenthalben zu Fuß in der Nachbarschaft einkaufen, jedenfalls die Lebensmittel für den täglichen Bedarf. Dann aber setzt ein Prozeß ein, der im Fachjargon als «Suburbanisierung» bezeichnet wird: Neue Siedlungsgebiete an der städtischen Peripherie werden erschlossen, es entstehen weitläufige Einfamilienhaussiedlungen ebenso wie größere Siedlungen im sozialen Mietwohnungsbau; in vielen dieser Siedlungen mangelte es an Einkaufsmöglichkeiten.

Die Menschen, die es sich leisten können, ziehen aus der Innenstadt und den Innenstadtrandgebieten aus, andere werden durch Sanierungsprozesse verdrängt. Die Folge: Die in der Stadt situierten Einzelhandelsgeschäfte mit den täglichen Gebrauchsgütern sind nicht mehr profitabel und fallen einem Verdrängungswettbewerb zum Opfer. Es setzt ein Konzentrationsprozeß ein: Zunächst hatten die großen Kaufhäuser nur innerstädtische Standorte; wegen ihres Flächen- und Parkraumbedarfs verlagerten sie sich aber zunehmend ins städtische Umland. Die Chancen, sich in den städtischen Wohnquartieren mit Lebensmitteln zu versorgen, wurden immer schlechter. Für das Einkaufen sind wir daher – so glauben wir es, und so handeln wir auch – zunehmend auf das Automobil angewiesen. Wir halten unsere Siedlungsstruktur für einen «objektiven» Grund für den Zwang zu automobiler Mobilität.

Mit dem Ende der siebziger Jahre setzte ein erneuter Trendwandel ein. Das Wohnen in der Stadt war wieder attraktiv geworden. Seit die steuerlichen Vorteile des Wohnungsneubaus 1978 auch auf den Erwerb von Altbauten ausgedehnt wurden, kauften sich die sogenannten neuen Mittelschichten in die innenstadtnahen Wohnquartiere mit Altbausubstanz ein. Das bedeutete noch keineswegs, daß nunmehr auch die Versorgung mit den Waren des täglichen Bedarfs in diesen Quartieren besser geworden wäre: Auch diese Schichten leben mit dem Automobil und kaufen weitgehend in den Supermärkten ein. Und dennoch haben sich die Einkaufschancen ebenso verbessert wie die Qualität der Waren. Vor allem das Angebot an biologischen Nahrungsmitteln, Naturfasern, italienischen und anderen Lebensmitteln hat zugenommen. Die Produkte sind allerdings teuer geworden, der Normaleinkauf findet hier nur noch selten statt.

Keine guten Voraussetzungen also für die Einkaufswege unserer Familien. Die unterschiedlichen Wohnstandorte und die unterschiedlichen Haushaltsgrößen ließen uns sehr differenzierte Problemlagen erwarten. So war es denn auch. Bei einem dreiköpfigen Haushalt mit fast stadtzentraler Wohnlage kamen die Einkaufswege zwar in der Aufzählung der täglichen Wege vor, nicht aber als zu lösendes Problem im täglichen Leben ohne Auto. Jeweils nur einmal merken der Vater und die Tochter während der gesamten fünf Wochen an, daß das Fahrrad auch für größere Einkaufsmengen geeignet sei. In diesem Haushalt war das Einkaufen nie ein Problem, das Auto wurde dafür ohnehin nicht benutzt, und die zentrale Wohnlage ermöglichte es, alle Einkäufe zu Fuß oder per Fahrrad zu erledigen. Die Situation der anderen Haushalte stellte sich demgegenüber ganz anders dar. Alle hatten sie vor dem Experiment das Auto für den Einkauf benutzt, und zwar nach dem üblichen, uns allen bekannten Muster: Der Hauptanteil täglich benötigter Lebensmittel und Versorgungsgüter wurde etwa wöchentlich bei einem Großeinkauf besorgt. Während der anderen Tage wurde dieser Basiseinkauf mit Frischwaren und fehlenden Einzeldingen ergänzt. Hier waren also in der Tat Umstellungen zu erwarten. Wie bewältigten diese Haushalte ihre Einkäufe?

Zu Beginn der autofreien Zeit versuchten unsere Familien zunächst, den Einkauf nach alter Gewohnheit entsprechend dem eben beschriebenen Muster beizubehalten und die Großeinkäufe eben nur mit einem anderen Verkehrsmittel – zumeist mit dem Fahrrad – zu erledigen. Dieser Versuch erwies sich jedoch als wenig erfolgreich und wurde nach kurzer Zeit bei fast allen Haushalten aufgegeben. Der Transport der im Großeinkauf erstandenen Warenmengen mit dem Fahrrad erwies sich vor allem dann als schwierig, wenn gleichzeitig noch die kleinen Kinder auf dem Rad mitgenommen wurden – ein Problem, dem sich vor allem die Mütter von kleinen Kindern immer wieder stellen müssen. Kindersitze vorne und hinten, Gepäcktaschen bzw. Fahrradkörbe am Lenker oder auf dem Gepäckträger, das war denn doch zuviel. Das Einkaufsvolumen, das unter diesen Bedingungen noch transportiert werden konnte, war doch wesentlich kleiner als jenes, das zuvor mit dem Auto bewältigt worden war. Außerdem nahm auch die Fahrsicherheit der vollbeladenen Fahrräder in besorgniserregendem Ausmaß ab.

Unsere Haushalte lösten die Einkaufsprobleme im wesentlichen auf zwei verschiedene Arten: Entweder wurde der Großeinkauf weiterhin beibehalten und die Transportkapazität des Fahrrades durch einen Fahrradanhänger erweitert, oder der Großeinkauf wurde aufgegeben zugunsten täglicher und sehr viel besser geplanter Einkäufe.

Das Mehl, der Regen und der Fahrradanhänger

Der Großeinkauf ist fast untrennbar mit der Benutzung des Autos verbunden – sowohl wegen des Transports großer Einkaufsmengen als auch wegen der Entfernung zwischen Wohnung und den großen Einkaufsstätten, die sich in schöner Regelmäßigkeit in der Stadtperipherie oder im städtischen Umland niedergelassen haben. Kein Wunder also, daß unsere Familien das Auto für den Großeinkauf vermißten.

Haushalte, die sehr nah bei einem Supermarkt wohnten, erledigten den wöchentlichen Großeinkauf zu Fuß. Zwar gefiel unseren Familien das Tragen der Waren keineswegs; doch gelegentlich erleichterten sie sich den Transport mit Hilfe des Einkaufswagens, der sich üblicherweise ausleihen läßt. Aber auch Kinder- und Puppenwagen wurden für den Transport ausgenutzt: «Einen Großteil des Cometeinkaufs hat Julia in ihrem Puppenwagen transportiert, von dem ich anfangs befürchtete, er wäre eher hinderlich.»

In einem unserer Haushalte war bereits ein Fahrradanhänger vorhanden, eine zweite Familie schaffte sich einen an. Der Großeinkauf mit dem Anhänger ist zweifellos gewöhnungsbedürftig. Zwar ist die Einkaufsmenge im Anhänger unterzubringen, sie muß aber mit eigener Kraft fortbewegt werden. Der Aktionsradius ist eingeschränkt, sehr weite Wege zu den unzugänglichen Standorten der Einkaufsparadiese in der Peripherie kommen daher kaum in Frage. Der Transport mit dem Fahrrad – auch mit dem Anhänger – erfordert darüber hinaus eine größere Sorgfalt beim Packen. Denn es ist nicht nur darauf zu achten, daß die Waren nicht beschädigt werden, auch das Gleichgewicht des Rades bzw. des Anhängers muß gewährleistet sein. Und schließlich ist Regen der natürliche Feind vieler Lebensmittel: Zucker und Mehl müssen vor ihm sehr sorgfältig geschützt werden.

Für den Haushalt, dem zwei Erwachsene und drei Kinder angehören, reichte ein wöchentlicher Großeinkauf gar nicht aus. Neben dem Großeinkauf am Wochenende mußten während der Woche größere Mengen Milch und Getränke eingekauft werden. Der Anhänger ließ sich aber nur am Rad des Mannes anbringen, und das war tagsüber für die Frau nicht verfügbar, weil der Mann damit zur Arbeit fuhr. So mußte sie die Getränke, die sonst problemlos mit dem Auto geholt worden waren, mit dem Fahrrad transportieren –

eine in der Tat sehr viel mühsamere Art des Einkaufens. Die Familie überlegte deshalb, die Getränke nicht mehr wie zuvor in Pfandflaschen, sondern in Pappverpackungen zu kaufen. Daß sie dadurch in ein ökologisches Dilemma kommen mußte, liegt auf der Hand: Der geringeren Belastung der Umwelt durch den Verzicht aufs Autofahren stand eine erhöhte Belastung der Umwelt durch zusätzlichen Müll gegenüber, eine Art Nullsummenspiel. Also wurden doch weiterhin Pfandflaschen eingekauft.

Nach Abschluß des Experiments schaffte sich ein vierköpfiger Haushalt einen Anhänger an, um etwa Getränkekisten einzukaufen und die Haushaltsabfälle zur Parzelle oder zum Recycling-Hof zu transportieren. Auch von diesem Haushalt wurden Teile des früheren Großeinkaufs nun während der Woche erledigt. Das Prinzip des Großeinkaufs wurde nur von zwei Haushalten aufrechterhalten.

Weniger kaufen, häufiger laufen

Die Haushalte, die das Prinzip des Großeinkaufs aufgaben, kauften zwar weiterhin zum Wochenende größere Mengen ein, waren aber während der Woche häufiger als sonst zum Einkaufen unterwegs. Es änderte sich nicht nur die Einkaufsfrequenz, auch die Abfolge der Wege änderte sich. Vor allem aber wurde der Einkauf nun sehr viel detaillierter als sonst geplant: «Um möglichst kurze Wege zu haben, hab ich mir einen Zettel gemacht, in welcher Reihenfolge ich was einkaufen wollte.» Oder: «Einkaufsplanung in der Stadt wird anders organisiert. Ich fahre nicht mehr nur für ein oder zwei Teile in die Stadt, sondern versuche möglichst viel zusammenzufassen.» Und: «Je länger ich ohne Auto bin, merke ich, daß ich meine Einkaufsgewohnheiten ändere. Ich fahre öfter nach Feierabend noch mal einige Kleinigkeiten besorgen und schiebe nicht mehr so viel aufs Wochenende.»

Dem Einkauf von Frischwaren, der auch schon vorher innerhalb der Woche anfiel, gesellten sich nun Einkäufe hinzu, die sonst gezielt mit dem Auto am Wochenende erledigt worden waren. Waschmittelpackungen oder Vorräte an Grundnahrungsmitteln wurden unabhängig vom unmittelbaren Bedarf immer dann zusätzlich mitgenommen, wenn man nicht schon zuviel zu tragen hatte.

Wenn die Einkäufe mit dem Fahrrad und mit kleinen Kindern

erledigt wurden, traten nicht nur die schon oben angesprochenen Probleme der Fahrsicherheit und der beschränkten Transportkapazität auf. Eine weitere Schwierigkeit stellte sich folgendermaßen dar: «Das Anfahren der einzelnen Geschäfte ist sehr umständlich und stressig, weil ich jedesmal die Kinder vom Fahrrad runter und wieder rauf heben muß. Einmal ist das Fahrrad beinahe umgekippt, mit Lothar im Kindersitz.» Wie wir aus vielen anderen Gesprächen wissen, sind Unfallrisiko und Umständlichkeit des Fahrradeinkaufs mit kleinen Kindern für viele Familien die Hauptargumente entweder für die Beibehaltung des Automobils oder für einen Einkauf zu Fuß – was eben nicht an jedem Wohnstandort möglich ist.

Das häufigere Einkaufen mit dem Fahrrad oder zu Fuß war insgesamt natürlich zeitaufwendiger als mit dem Auto und erforderte eine genauere Planung. Dies wurde jedoch keineswegs immer als Nachteil empfunden. Im Gegenteil: Als ein Vorteil der Einkaufsplanung wurde es angesehen, daß nur noch das tatsächlich Benötigte eingekauft wurde. Die eher gedankenlosen Impuls- und Konsumeinkäufe fielen weg. Dennoch mußte der größere Zeitaufwand für das häufigere Einkaufen in den Tagesablauf integriert werden. Dies wurde zwar als eine Folge des Autoverzichts registriert, aber nicht ausdrücklich negativ bewertet.

Trotz aller Anpassungsmöglichkeiten blieb das Einkaufen vor allem für die Frauen mit kleinen Kindern ein Problem. Die berufstätigen Ehemänner bemühten sich zwar, ihre Frauen zu entlasten und sich am Einkaufen zu beteiligen. So kauften sie auf dem Weg von der Arbeit nach Hause oft die Waren ein, die ihre Frauen nicht mehr hatten transportieren können. Aber dieser Entlastungsversuch war nicht für alle Haushalte befriedigend. Besonders dann nicht, wenn schon der Arbeitsweg wesentlich mehr Zeit als vor dem Experiment erforderte und es in der Nähe der Wohnung kaum Einzelhandelsgeschäfte gab. Für einen Haushalt ist das Einkaufsproblem der wichtigste Grund, das Auto zu behalten, um zukünftig wieder einmal wöchentlich «groß» einzukaufen.

Die Transporte: «...zwei Torten, Teller und Bestecke»

Der Transport von sperrigen oder schweren Gegenständen kommt im Alltag eines Haushalts selten vor. Doch gerade bei solchen Gelegenheiten ist die Benutzung eines Autos oft unvermeidlich. In den Eingangsinterviews wurde diese Eigenschaft des Autos besonders hervorgehoben. Und tatsächlich ergaben sich für die Versuchsteilnehmer im Verlauf der autofreien Zeit einige Situationen, in denen sie vor dem Problem standen, unhandliche Gegenstände transportieren zu müssen.

Unsere Familien reagierten ganz unterschiedlich auf diese Situationen. In einigen wenigen Fällen verzichteten sie nicht auf die Verwendung des eigenen Pkw. Eine Teilnehmerin konnte nicht auf das Auto verzichten, denn: «Ich mußte Tische, Bänke, Zelte, Planen für's Straßenfest transportieren.» Ein anderes Mal benutzte sie ebenfalls das Auto: «Denn ich war nicht in der Lage, 10 000 Blatt Papier neben anderen Büroutensilien per Rad oder Straßenbahn zu transportieren.»

Transportprobleme wurden aber auch anders gelöst. Zunächst stellten einige Teilnehmer fest, daß die Transportkapazität des Fahrrads größer war als erwartet: «Mal wieder erstaunt (die sonst eher seltene Erfahrung), wieviel man mit dem Fahrrad transportieren kann.» Dennoch stießen die Teilnehmer auch immer wieder auf Kapazitätsgrenzen. Weil sie nicht alles mit dem Rad transportieren konnte, benutzte beispielsweise eine Lehrerin mit dem folgenden sensiblen Gepäck den Bus für die Fahrt zur Schule: «Ich wäre wahrscheinlich mit dem Auto gefahren, da ich zwei Torten, Teller und Bestecke für ein Abschiedsfest mit zur Schule nahm. Auf dem Fahrrad war es leider nicht zu transportieren.» Und etwas betrübt fügt sie hinzu: «Wenn ich mit dem Auto gefahren wäre, hätte ich statt Pappteller Porzellanteller genommen.»

Wie schon beim Großeinkauf, wurden auch für Transporte anderer Gegenstände Fahrradanhänger – teilweise auch geliehene – benutzt. Die Verwendung des Anhängers war insgesamt eine positive Erfahrung, wobei auch hier wohl Momente der Überraschung, des Stolzes auf eine erfolgreiche Problembewältigung und des Vergnügens an der ungewohnten Situation eine Rolle gespielt haben dürften: «Ich mußte Umzugskartons bei einem Freund abholen und habe versucht, eine Alternative zum Auto zu finden. Durch Organisation eines alten Fahrradanhängers gelang es mir, dieses Problem für mich zufriedenstellend zu lösen. Es hat ohne Auto nicht schlechter geklappt und eigentlich mehr Spaß gemacht.»

Für viele Transporte ist der Fahrradanhänger eine Alternative zum Auto. Komposteimer, Altglas, Getränkekisten und andere Gegenstände dieser Größenordnung lassen sich mit ihm sicher und bequem transportieren. Für weite und umfangreiche Transporte ist der gemietete Kleintransporter die bessere Alternative – meistens auch zum eigenen Auto.

Der Arbeitsweg

Dem Weg zur Arbeit oder zur Schule kommt im Alltag der Erwachsenen und Jugendlichen eine besondere Bedeutung zu. Es ist im allgemeinen der am häufigsten zurückgelegte Weg. Von den zwölf erwachsenen und jugendlichen Mitgliedern der am Experiment beteiligten Haushalte hatten nur zwei keine Wege zur Arbeit oder Ausbildungsstätte zurückzulegen. Dabei handelte es sich um einen Arbeitslosen und eine nicht berufstätige Mutter mit kleinen Kindern. Von den übrigen zehn benutzten für den Weg zur Arbeit – vor der autofreien Zeit – sechs Personen regelmäßig das Fahrrad, zwei meistens das Auto, eine das Fahrrad oder das Auto, wenn aus beruflichen Gründen gelegentlich etwas transportiert werden mußte. Die Schülerin fuhr mit der Straßenbahn zur Schule und benötigte hierfür etwa 40 Minuten.

Die Dauer der Arbeitswege betrug bei den Fahrradbenutzern zwischen fünf und 15 Minuten. Der Weg zur Arbeit war bei den beiden Autofahrern 20 km und 15 km lang und dauerte jeweils circa 20 Minuten. Mit dem Rad hätten sie etwa 40 Minuten bis zu einer Stunde, mit öffentlichen Verkehrsmitteln ungefähr genauso lange gebraucht. Veränderungen ergaben sich demnach bei den Wegen zur Arbeit oder zur Schule für die meisten Teilnehmer unseres Experiments nicht.

Die Benutzung des Fahrrads wurde mit Gewohnheit und den schon an anderer Stelle ausgeführten positiv wahrgenommenen Qualitäten des Rades begründet. «Fahre generell mit dem Rad ins Büro.» – «Auf dem Rad geht es am schnellsten.» In einem Fall wurde das Rad zum nur fünf bis zehn Fahrrad-Minuten von der

Wohnung entfernten Arbeitsplatz deshalb verwendet, weil dieser mit öffentlichen Verkehrsmitteln nicht direkt zu erreichen und der Fußweg zu langweilig war: «Bus zur Arbeit gibt es nicht, Fußweg ist mir zu langweilig (an der Bürgerweide entlang).» Bei dieser Entscheidung standen nicht die positiven Eigenschaften des Fahrrads im Vordergrund, sondern die Qualität des Weges. Diejenigen, die mit dem Rad zur Arbeit fuhren, nannten aber nicht nur die positiven Eigenschaften, sondern auch die negativen Begleiterscheinungen des Radfahrens, vor allem die zugeparkten Radwege und den Regen. Der Regen war primär für diejenigen hinderlich, die an feste Arbeitszeiten gebunden waren. Während nämlich in den meisten anderen Situationen die Fahrradfahrer auf das Abklingen eines Regenschauers warten konnten, war das bei diesen Arbeitswegen nicht möglich: «Es regnete stark. Da ich um 8.00 den Unterricht beginnen mußte, konnte ich nicht den kurzen heftigen Schauer abwarten. (...) Auf dem Rückweg das gleiche Problem, mußte schnell nach Hause, um meinen Mann abzulösen.»

Diesen negativen Begleiterscheinungen standen aber auch sehr positive Erfahrungen gegenüber: «Luft war so früh noch so gut und frisch, daß ich frisch in der Firma ankam.» Oder: «Grundsätzlich entspannt mich der Weg mit dem Rad zur Arbeit. Vorher Hektik zu Hause, dann frische Luft, ruhige Nebenstraßen mit Baumbestand, Vögelgezwitscher.» Manchmal hatten wir den Eindruck, daß die Fahrradfahrt zur Arbeit eine ähnliche Bedeutung hatte wie das morgendliche Duschen: Wenn man sich daran gewöhnt hat, kann man sich den morgendlichen Ablauf gar nicht mehr anders vorstellen.

Als ebenso bedeutsam erwies sich für diese Personen der Rückweg von der Arbeit mit dem Fahrrad. Offenbar gelingt die Umstellung von der Arbeitssituation auf die häusliche Situation, das Abstandnehmen von der Arbeit gerade beim Radfahren ganz besonders gut: «Schöner Weg bei schönem Wetter durch den Bürgerpark, erholsam nach der Arbeit.» – «Rückweg: Zeit zum Überlegen des Unterrichts, Entspannung, Einstellen auf die Situation zu Hause, denn die Rückfahrt erfordert nicht meine volle Aufmerksamkeit.»

Der Weg von und zur Arbeit hat für die Radfahrer offenbar eine besondere Qualität, die der mit dem Auto zurückgelegte Arbeitsweg in der Regel nicht bietet. Er dient der Entspannung, der Verarbeitung der abgeschlossenen und der Vorbereitung auf die bevorstehende Situation. Das Zurücklegen des Weges stellt hier nicht nur das Überwinden einer Strecke dar, die zwei Punkte miteinander verbindet. Während der Bewegung im Raum vollzieht sich auch der Wechsel von einer sozialen Situation in eine andere. Die körperliche Bewegung beim Radfahren, die angeregte Blutzirkulation, die Luft im Gesicht und in der Kleidung, ja selbst der Regen – das sind wohl die physiologischen und psychologischen Hilfsmittel für den täglich mehrfach erforderlichen Rollenwechsel. Die Teilnehmer an unserem Experiment nahmen diese Qualität durchaus wahr. Die Tagebucheintragungen zeigen deutlich, daß die Wege sinnvoll genutzt, daß auf ihnen Rollenwechsel sehr bewußt durchgearbeitet und vollzogen wurden.

Daß dies sehr viel schwerer zu erreichen ist, wenn die Wege von und zur Arbeit mit dem Auto zurückgelegt werden, möchten wir mit der folgenden, auf subjektiven Erfahrungen beruhenden und eng an sinnliche Wahrnehmungen geknüpften Überlegung verdeutlichen. Jede Umgebung hat ihren spezifischen Geruch; wir erkennen ihn, wenn wir die eigene Wohnung oder die von Freunden und Bekannten betreten, wenn wir die Tür zu unserem Büro öffnen, wenn wir ein Kaufhaus oder andere Innenräume aufsuchen. Fahren wir mit dem Auto von Zuhause zur Arbeit oder von der Arbeit nach Hause, tragen wir den Geruch der jeweiligen Räume und damit den Geruch der jeweiligen sozialen Situationen mit uns, wir werden nicht gelüftet. Vermutlich hat dies erhebliche Auswirkungen auf unsere jeweilige Befindlichkeit. Die oben benutzte Analogie zum morgendlichen Duschen ist auch hier wieder evident: Wer nicht duscht, riecht nach Schlaf, und dieser Geruch verliert sich erst langsam. Der Geruch wirkt dabei vermutlich weniger auf die Menschen in unserer Umgebung als auf uns selbst und beeinflußt unsere Stimmungen. Manche berufliche Mißstimmung blättert ab, wenn wir mit dem Rad nach Hause fahren; sie blättert ab in dem Maße, dem der Bürogeruch verfliegt.

Die Fahrten mit der Straßenbahn oder dem Bus haben ganz ähnliche Funktionen. Die Möglichkeit, während der Fahrt ein Buch, die Zeitung oder Unterlagen zu lesen, gehört zu den positiven Wahrnehmungen der Benutzung öffentlicher Verkehrsmittel. Von unserer jugendlichen Versuchsteilnehmerin wurde die Möglichkeit der praktischen Vorbereitungen auf die Schule in der Straßenbahn hervorgehoben. Am Rande möchten wir noch erwähnen, daß das schlechte Image der öffentlichen Verkehrsmittel nicht zuletzt von der Geruchsmischung bestimmt sein mag, die sich so sehr von der all jener Innenräume unterscheidet, in denen wir uns wohlfühlen, in denen wir über uns selbst verfügen. Welche Rolle der Geruchssinn bei der Abgrenzung verschiedener Sphären tatsächlich spielt, ist uns kaum bewußt. Gerüche nehmen wir fast immer nur dann wahr, wenn sie unangenehm sind, oder in Situationen des Glücks, als Kindheitserinnerungen usw. Vermutlich «erkennen» wir an ihnen aber auch unsere privaten und beruflichen Sphären, unsere Territorien: In Straßenbahnen, Bussen und Zügen haben wir es schwer, uns territorial zu behaupten.

Zurück zu den Arbeitswegen. Deren Integration in den Haushaltsablauf war bei einigen Familien gut erkennbar. So wurden von einem Vater zwei Kinder mit dem Fahrrad auf dem Weg zur Arbeit in verschiedenen Kindergärten abgeliefert. Ein anderer Vater brachte seinen Sohn auf dem Weg zur Arbeit mit dem Fahrrad zur Bushaltestelle. In einer weiteren Familie wurde das kleinste Kind immer von der Mutter zu Fuß – vor dem Start zur Arbeit – in den nahegelegenen Kindergarten gebracht und vom Vater sehr häufig nach der Arbeit vom Kindergarten oder von den Spielgefährten wieder nach Hause geholt. Im übrigen wurden häufig während des Heimwegs von der Arbeit kleinere Besorgungen erledigt.

Die Bedeutung des Arbeitsweges liegt also zum einen darin, daß er Bestandteil der Haushaltsorganisation ist, zum anderen aber in der Überbrückung zwischen verschiedenen Sphären. Was den ersten Aspekt betrifft, können wir vermuten, daß der mit dem Auto absolvierte Berufsweg weniger in den Haushaltsablauf integriert ist als die Rad- und Busfahrt. Hinsichtlich des zweiten Aspektes wollen wir festhalten: Die Funktion der Überbrückung des Raumes zwischen verschiedenen Sphären hat der Weg zur Arbeit nicht nur bei Radfahrern und Straßenbahnbenutzern, sondern auch bei denen, die täglich mit dem Auto zur Arbeit fahren. Nur, das «Wie» der Überbrückung hat – wie wir es den Tagebuchaufzeichnungen entnehmen konnten – etwas mit den Verkehrsmitteln zu tun, die Mann und Frau für den Arbeitsweg benutzen. Und da sind Fahrrad, Bus und Automobil keineswegs gleich. Wir haben versucht, dies an der Rolle des Geruchs zu verdeutlichen.

Veränderungen in der Verkehrsmittelwahl konnten sich durch das Experiment nur für die beiden regelmäßigen Autofahrer ergeben. Einer der beiden mußte täglich von Lesum, einem Vorort Bremens, zur Universität in Bremen und der andere von Findorff, einem innenstadtnahen Stadtteil, ins niedersächsische Lilienthal. Wir wollen kurz schildern, wie die beiden Autofahrer auf die autolose Zeit reagierten.

Beide Autonutzer verwendeten schon in der Woche vor der autofreien Zeit nicht mehr ausschließlich das Auto für ihren Weg zum Arbeitsplatz. Beide begannen sie ihre Umstellung zunächst mit der Erprobung des Fahrrades.

Diese ersten Erfahrungen betreffen die Tagesgestaltung. Zunächst einmal mußten sie früher als sonst aufstehen, wenn sie für die Fahrt das Fahrrad benutzen wollten: «Eigentlich wollte ich morgens mit dem Rad (schönes Wetter) zur Arbeit, bin jedoch zu spät aufgestanden und habe mich dann fürs Auto entschieden.» Es änderte sich aber auch der Tagesablauf. Einer der Teilnehmer fuhr nicht gleich, wie sonst üblich, nach der Arbeit nach Hause, um von dort wieder zu einem Abendtermin zu starten. Stattdessen radelte er von der Arbeit aus zu diesem Termin und nahm auf dem Weg noch ein Bad im Uni-See. «Wäre ich heute mit dem Auto zur Arbeit gefahren, hätte der Tag anders ausgesehen, kein Bad im Uni-See, wahrscheinlich wäre ich nach der Arbeit eher nach Hause gefahren und am Abend wieder mit dem Auto nach Walle. So habe ich allerdings heute auch wenig von meiner Familie mitbekommen, nur morgens und per Telefon.» Der neue Ablauf hatte also Vor- und Nachteile, wobei beide registriert wurden.

Ein weiterer Erfahrungsbereich betraf das Radfahren selbst: «Bei dem schönen Wetter macht es total Spaß, radzufahren.» – «Urlaubsstimmung bei der Fahrt zur Arbeit.» Aber auch die entspannende Wirkung, von der schon die Teilnehmer berichteten, die täglich mit dem Rad zur Arbeit fuhren, wurde von den Ex-Autofahrern herausgestellt: «Komme durch's Radfahren viel entspannter zur und von der Schule.»

Allerdings gab es auch körperliche Umstellungsprobleme: «Das Radfahren heute morgen war – trotz leichter Schmerzen – wieder ganz erfrischend.» – «Fühle mich zwar durch das ungewohnte Radfahren ganz frisch, spüre aber auch wieder alle Knochen.» Das Radfahren führte zu einer für diese Männer relativ neuen Körpererfahrung. Durch diese Sensibilisierung auf den eigenen Körper wurden auch öffentlich diskutierte Umweltprobleme – wie der Ozongehalt der Luft – intensiver wahrgenommen: «Weiterhin: Schönes Wetter.

Radfahren eigentlich angenehm. Bis ich von einem Kollegen hörte, es hätte Ozon-Warnung gegeben. Und ich spürte schon wieder – wie auch gestern – ein taubes Gefühl in Hals und Gaumen. So bat ich also eine Kollegin, die sowieso mit mir Feierabend hatte, mich ein Stück in ihrem Bus mitzunehmen (samt Rad).»

Die Bewertung des Autofahrens während dieser Woche orientierte sich zunehmend an den positiven Erfahrungen mit dem Radfahren. «Auf dem Rückweg mit dem Auto von Lilienthal stand ich öfter in kleinen Staus und habe mir gewünscht, mit dem Rad schön zügig durchfahren zu können.» – «Von der Arbeit zurück nach Hause war es sehr warm im Auto.» In der Woche vor dem eigentlichen Experiment begann also nicht nur schon die Umstellung auf andere Verkehrsmittel, auch die Beurteilung des Autofahrens veränderte sich bereits.

Die beiden Autofahrer verhielten sich bei der Wahl der Verkehrsmittel unterschiedlich. Der Versuchsteilnehmer aus Lesum benutzte während der autofreien Zeit ausschließlich die im Verbund von Bundesbahn und der Bremer Straßenbahn AG angebotenen öffentlichen Verkehrsmittel. Der andere dagegen benutzte sein Fahrrad, öffentliche Verkehrsmittel und Mitfahrgelegenheiten im Auto von Kollegen, mit denen gelegentlich auch das Fahrrad transportiert wurde.

Die Arbeitszeit des Teilnehmers aus Lesum war flexibel, Arbeitsbeginn und Ende konnte er selbst bestimmen. Der Teilnehmer aus Findorff hatte als Lehrer unterschiedliche, aber fixe Arbeitszeiten. Der Unterschied lag aber nicht nur in der Flexibilität des Arbeitsbeginns, sondern auch in den anderen verbindlichen Terminabsprachen. Während im ersten Fall die Kinderbetreuung tagsüber von der Frau übernommen wurde, so daß er auch in dieser Hinsicht in seiner Termingestaltung relativ frei war, mußte der Findorffer – im Gegensatz zum Lesumer – am Nachmittag die Kinder zu bestimmten abgesprochenen Terminen vom Kindergarten abholen und betreuen. Sein Tagesablauf war also durch feste Termine bestimmt.

Gegenüber der Zeit vor dem Experiment veränderte sich der Start zur Arbeit für den Teilnehmer aus Lesum durch die Benutzung der öffentlichen Verkehrsmittel insofern, als er das Haus zu einer bestimmten Zeit verlassen mußte, um zur Abfahrtzeit des Zuges am Bahnhof sein zu können. Im Abschlußinterview erzählte er uns, er habe sich zwar vorgenommen, verschiedene Züge auszuprobieren, sei aber nie dazu gekommen, da er immer gerade noch den letztmöglichen Zug erreicht hätte. Seine Umstellung bestand in erster Linie darin, sich daran zu gewöhnen, zu einem bestimmten Zeitpunkt morgens das Haus und abends seinen Arbeitsplatz verlassen zu müssen: «Ich muß mich erst noch an den neuen Zeitplan gewöhnen, um nicht in Eile zu Bus und Zug zu gehen.»

Die Anpassung an die Abfahrtszeiten der öffentlichen Verkehrsmittel wurde von ihm als unangenehm empfunden. «Das ‹ständige› auf die Uhr sehen, um ja den Bus nicht zu verpassen, geht mir auf die Nerven.» Selbst zu Beginn der letzten Versuchswoche war aus der Umstellung noch keine Routine geworden. «Es passiert mir immer noch oft genug, daß ich zum Bus/Zug laufen (mich beeilen) muß.» Hierin scheint das Hauptproblem auf dem Weg von alten Gewohnheiten zu neuen Routinen zu liegen. Während er als Autofahrer (relativ) spontan, der Situation angepaßt und schon gar nicht auf die Minute genau zur Arbeit oder nach Hause starten konnte, mußte er sich nun nach Fahrplänen richten. Eine solche Umstellung scheint sich nur sehr langsam zu vollziehen.

Die Anpassung an die Abfahrtszeiten stellte für den Teilnehmer aus Findorff kein Problem dar, da er durch seine Arbeits- und Kinderbetreuungstermine bereits vor dem Experiment an feste Zeiten gewöhnt war. Gleichwohl spielte die Pünktlichkeit für ihn eine wichtige Rolle im Alltag, weil die Fahrzeit des Arbeitsweges ohne Auto wesentlich länger war. So verwandte er viel Energie und Geschicklichkeit darauf, die Fahrzeit zu verkürzen. Er fuhr mit dem Fahrrad zum Bahnhof, um Zeit zu sparen. Aus demselben Grund fuhr er – wenn er ein öffentliches Verkehrsmittel benutzte – mit dem Schnellbus nach Lilienthal. Nur an vier von den 17 notierten Arbeitstagen benutzte er für den Hin- und Rückweg das gleiche Verkehrsmittel (einmal ÖV, dreimal Fahrrad), an den übrigen Tagen kombinierte er: «Rückweg mit einem Kollegen, damit ich dann nur noch ein kleines zusätzliches Stück im Bus fahren muß, sonst dauert es lange von Lilienthal, da um diese Zeit keine S-Busse fahren.» Bei der Nutzung der Mitfahrgelegenheiten kam es ihm fast immer auf die Schnelligkeit an. «Auto-MFG wegen Zeitersparnis.» – «Rückfahrt, um rechtzeitig die Kinder zu übernehmen.» Seinen Aufzeichnungen zufolge stand er oft unter Zeitdruck, wenn er sich eine Mitfahrgelegenheit organisierte. «Wenn wir Konferenz haben, ist die Zeit zwischen deren Ende und der Zeit, zu der ich die Kinder übernehmen muß, meist sehr kurz. So hatte ich vorher doch Sorge, daß ich es nicht rechtzeitig schaffen könnte, auch wenn dies letztendlich unbegründet war.» Aber er wählte – wenn er es eilig hatte – nicht ausschließlich die Mitfahrgelegenheit, sondern auch das Fahrrad: «Gutes Wetter, außerdem mußte ich nachmittags eher zu Hause sein, als ich es mit dem Bus geschafft hätte.»

Dem Teilnehmer aus Lesum fiel es zwar schwer, sich an die Abfahrtszeiten zu gewöhnen, und es nervte ihn, ständig auf die Uhr sehen zu müssen, aber ein Gefühl von Zeitdruck wurde von ihm nicht geäußert. Eine Erklärung für den Unterschied zwischen beiden ist wohl darin zu sehen, daß es für den Findorffer äußerst wichtig und außerdem schwierig war, seine Termine einzuhalten, während der Teilnehmer aus Lesum in der Termingestaltung wesentlich flexibler sein konnte. Insgesamt hatte dieser allerdings täglich etwa eine Stunde weniger Zeit für seine Familie. Seine Frau fand es zwar nicht so gut, daß er abends erst später nach Hause kam als sonst und sich daher nicht mehr so intensiv um die Kinder kümmern konnte. Da sie aber schon vorher wußte, daß er später kommen würde, stellte sie sich in ihrer Planung darauf ein und hatte nicht das Gefühl, die Nachteile des Autoverzichtes ausbaden zu müssen.

Beide Teilnehmer waren mit den von ihnen gewählten Verkehrsmitteln überwiegend zufrieden. Die Fahrt mit den öffentlichen Verkehrsmitteln wurde von beiden oft und gern zum Lesen genutzt: «Bin endlich wieder dazu gekommen, während der Busfahrt in meinem Buch weiterzulesen.» – «Ich komme überhaupt etwas zum Lesen, sonst würde ich mir im Moment die Zeit dafür nicht nehmen.» Neben der individuellen Beschäftigungsmöglichkeit waren es vor allem gesellige Momente, die ihren Niederschlag in den Tagebüchern fanden. Zufällig auf Freunde oder Bekannte im Zug oder Bus zu treffen, ist eine Erfahrung, die bei allen individualisierten Verkehrsmitteln kaum gemacht werden kann: «Hab einen früheren Schüler von mir im Bus getroffen, der jetzt in Borgfeld arbeitet.» – «Freund aus Lesum im Zug getroffen, Unterhaltung.» Die Möglichkeit zur Unterhaltung wurde auch bei der Mitfahrgelegenheit im Auto geschätzt. «MFG: konnte noch einige Termine für nächste Woche mit meiner Kollegin absprechen.» – «Kollegen-Kontakt bei gemeinsamer Rückfahrt.»

Als unangenehm wurden dagegen die Lautstärke und die unruhigen Bewegungen des Busses während der Fahrt empfunden: «Hab zum Teil doch mehr Schwierigkeiten, im Bus zu lesen als früher. Es ruckelt und schaukelt, ist laut, dann das dauernde An- und Abfahren und Halten.» «Hab im Bus fast ganz hinten gesessen und fand's unheimlich laut über dem Rad. Werde nächstens einen Platz weiter vorn suchen.»

Die Benutzungsprobleme und auch die Anpassungsschwierigkeiten an die Abfahrtzeiten verleideten diesem Teilnehmer jedoch nicht den Gebrauch der öffentlichen Verkehrsmittel. Nach Abschluß des Experiments benutzte er auch weiterhin für seine Arbeitswege Zug und Bus. Im Abschlußinterview berichtete er uns, daß mit der Zeit die Benutzung einfacher geworden sei und er jetzt alle Verbindungen kenne. Er war mit den öffentlichen Verkehrsmitteln für seinen Arbeitsweg zufrieden. Er fand den Arbeitsweg angenehm, da er nicht aufpassen müsse und die Gedanken «fahren lassen» könne. Insgesamt meinte er, habe er jetzt weniger Streß auf dem Weg zur Arbeit als mit dem Auto, und außerdem seien die öffentlichen Verkehrsmittel für ihn bequemer als das Radfahren.

Die Fahrt ins Umland: «Es gibt keine öffentlichen Verkehrsmittel, die zu meiner Mutter fahren»

Aus den Interviews vor Beginn des Experiments wurde deutlich, daß unsere Familien für Fahrten in die nähere Umgebung Bremens und in das weitere Umland – etwa nach Ostfriesland – fast ausschließlich das Auto benutzt hatten. Bremen ist eine Art Solitärstadt, eine Großstadt in einem weiten, ländlichen Umfeld. Die Beziehungen zum Umland sind in einer solchen Stadt besonders intensiv. Viele Bremer stammen aus den Dörfern und Landgemeinden um Bremen; oft leben dort noch Eltern, andere Verwandte und natürlich Freundinnen und Freunde aus Kindheit und Jugend. Wie intensiv diese Beziehungen sind, zeigte sich an einem Forschungsprojekt über die Arbeitslosen der Bremer Werft «AG Weser» (Häußermann, Petrowsky 1990). Viele der Wohnbiographien dieser Arbeiter begannen auf dem Lande, wo sie herkamen und wo ihre Verwandten lebten.

Diese intensive Umlandbeziehung erzeugt schon für sich einen regen Verkehr. Und viele Bremer, die keine Verwandten, Freunde oder Bekannte im Umland haben, fahren am Wochenende ins Teufelsmoor oder andere landschaftlich schöne Gegenden. Für solche Verkehrsbeziehungen gibt es zum Auto keine Alternative, sie tauchen als Element einer Planung des öffentlichen Verkehrs nicht auf. Und in der Tat begründeten unsere Familien die Autobenutzung damit, daß diese weiteren Strecken mit den öffentlichen Verkehrsmitteln, wenn überhaupt, nur sehr umständlich zu bewältigen seien. Besonders an Wochenenden, an denen solche Fahrten ja vorzugsweise unternommen würden, seien die Abfahrtzeiten und Umsteigeverbindungen sowie die Fahrtenhäufigkeit der Züge sehr unzureichend. Viele der von den Haushalten – zum Beispiel für Familienfeste – aufzusuchenden Orte seien zudem überhaupt nicht mit Bus oder Zug zu erreichen. Würde tatsächlich der Zug benutzt, müßte man von einem der kleinen Bahnhöfe mit dem Auto abgeholt werden. Einige räumten allerdings ein, sich bisher eher oberflächlich mit den Möglichkeiten des öffentlichen Verkehrs befaßt zu haben. Sie wollten sich während des Experiments intensiver darum kümmern.

Bei Ausflügen spontan losfahren zu können, war übrigens ein weiterer, nicht zu unterschätzender Grund für die Verwendung des Automobils. Wir können das sehr gut nachvollziehen. Bis man sich nach dem Zug erkundigt und mit Kind und Kegel erst den Bahnhof, dann das Ausflugsziel erreicht hat, ist es vielleicht schon Abend. Außer Reisen nichts gewesen. Wir können annehmen, daß niemand, der zu einem Ausflug ins Umland aufbricht, diese Erfahrung häufiger zu machen wünscht. Es bleiben zwei Möglichkeiten: Entweder man ändert die Ziele, oder man plant solche Fahrten am Vortag.

Im Gegensatz zum Einkaufen ohne Auto erwarteten die am Experiment beteiligten Haushalte für ihre Fahrten ins Umland ausdrücklich Schwierigkeiten. Fünf der sechs Haushalte sahen sich denn auch genötigt, während des Experiments in solchen Situationen das eigene Auto zu verwenden oder eine Mitfahrgelegenheit in Anspruch zu nehmen. Und dies, obwohl sie versucht hatten, ihre Ziele anders zu erreichen.

Vorrangig haben sich die Haushalte um die Benutzung öffentlicher Verkehrsmittel bemüht. Sie suchten Abfahrtzeiten und Verbindungen aus den Fahrplänen oder ließen sich von der Bundesbahn beraten. Aber: «Trotz intensiver Suche nach Alternativen gab es sonntags keine andere Möglichkeit, von Bremen nach Astrupe zu kommen, als mit dem Auto.» Oder: «Öffentliche Verkehrsmittel gibt es am Wochenende in Deinstedt nicht mehr. Es gibt einen Bus bis Zeven und dann Taxi (15 km).»

Die pessimistischen Erwartungen bestätigten sich also durchweg. Viele Orte waren tatsächlich nicht direkt mit öffentlichen Verkehrsmitteln zu erreichen. Äußerungen wie die folgenden fanden sich vielfach in den Tagebüchern: «Es gibt keine öffentlichen Verkehrsmittel, die zu meiner Mutter fahren; sonntags nie und in der Woche nur morgens und abends je ein Bus.» Oder: «Offensichtlich gibt es keine öffentlichen Verkehrsmittel in kleine Käffer am Sonntag. Man geht davon aus, daß jeder ein Auto hat.» In der Tat: «Wir hätten mit dem Zug um 12.19 fahren müssen und hätten um 21.29 wieder (zurück) fahren müssen, Preis 87,- DM.» Hier wird ein zusätzliches Handicap genannt: Der Preis der Bahnfahrt für eine Familie ist – zumindest solange man noch ein Auto besitzt und die Bahnfahrt als eine zusätzliche Ausgabe verbucht wird – einfach zu hoch.

Der öffentliche Verkehr ist in seinem jetzigen Zustand also für die Fahrten ins städtische Umland keine Alternative zum Automobil. Weil dies aber so ist, fahren immer weniger Menschen auf den noch verbliebenen Strecken, was wiederum die Bundesbahn dazu veranlaßt, ihr Netz noch mehr auszudünnen. Ein regelrechter Teufelskreis.

Die andere Alternative zum Auto, das Fahrrad, kam angesichts der doch häufig größeren Entfernungen nur selten in Frage. Hinzu kam der Regen: «Das Wetter (strömender Regen) war nicht geeignet, diese Strecke an diesem Tag mit dem Fahrrad zu erledigen.» Während unsere Familien an schönen Tagen manchmal Ausflugsfahrten mit dem Fahrrad unternahmen, wurde das Fahrrad während der vier Wochen nur einmal für eine Fahrt ins Umland verwendet. In diesem Fall fuhr die ganze Familie mit dem Rad etwa 50 Kilometer zu einem Familientreffen. Die kleinen Kinder saßen im Anhänger, die älteren fuhren selbst und hatten Freude dabei. «Jonas und sein Freund Jens haben Spaß am Fahren. Sie sind stolz auf ihre Leistung (Rückfahrt von Bademühlen).» Mit den kleinen Kindern war es wohl etwas unangenehmer, da ihnen eine Radtour von 50 Kilometern viel Geduld abverlangte: «Sebastian hat im Anhänger eine Zeitlang geweint, wir konnten aber keine längere Pause machen, da der nächste (Regen)Schauer drohte. (...) Kurz vor Grasberg wollte Sebastian aussteigen. Er hatte keine Lust mehr (...), versprachen ihm ein schönes Eis in der Eisdiele (in) Lilienthal.» Da die Strecke am selben Tag nicht zweimal zurückgelegt werden konnte, übernachtete die Familie in der Jugendherberge. Insgesamt wurde diese Tour, die mit dem Auto nicht der Rede wert gewesen wäre, durch den großen Aufwand zu einem Ereignis.

Es ist durchaus einleuchtend, daß das Fahrrad nur unter besonderen Bedingungen als Alternative zum Auto und zu öffentlichen Verkehrsmitteln für die Touren ins Umland verwendet werden kann. Weite Strecken, die damit verbundene Anstrengung besonders für Kinder, möglicher Termindruck und natürlich das Wetter – all dies zusammen sorgt für den Ausnahmecharakter solcher Fahrradfahrten.

Angesichts der Erfahrungen unserer Familien mit dem öffentlichen Verkehr und dem Fahrrad verwundert es nicht mehr, daß das Auto bei Fahrten ins Umland unersetzlich zu sein scheint. Gerade für Entfernungen, die für das Fahrrad eigentlich schon zu weit sind und für solche Strecken, die für die Bundesbahn offenbar nicht mehr rentabel sind, hat das Auto besondere Nutzungsvorteile: Bequemlichkeit, Schnelligkeit, Funktionalität und Verfügbarkeit. «Wir konnten unsere Abfahrtstermine frei bestimmen.» – «Es ging sehr schnell.» – «Als die Kinder müde waren, wurden sie ins Auto gebracht und schliefen unterwegs problemlos ein.» – «Es regnete in Strömen, und wir wurden nicht naß.» – «Als wir uns zur Benutzung des Autos durchgerungen hatten, klappte unsere Reise problemlos.» Oder schließlich: «Für solche Spritztouren würde ich das Auto, glaub ich, wirklich vermissen.»

Der Versuch, das Auto vier Wochen lang nicht zu benutzen, scheiterte am häufigsten bei den Besuchen im Umland. Verantwortlich wurde dafür das unzureichende öffentliche Verkehrsangebot gemacht. Diese Besuche konnten, da es sich um Familienfeste wie etwa Geburtstagsfeiern, Hochzeit oder Taufe handelte, nicht auf einen späteren Zeitpunkt verschoben werden. Deshalb gab es oft «keine Alternative zum Auto (Deinstedt). Da meine Eltern am 6. Oktober Rubinhochzeit feiern, mußten wir Geschwister uns alle treffen, um noch einmal Lieder und Vorträge einzuüben.»

Im Gegensatz zu Familienfeiern können Ausflüge ins Umland eher zeitlich verlegt oder durch das Aufsuchen städtischer Erholungsgebiete ersetzt werden. Der einzige größere Ausflug, der während des Experimentes ins Umland unternommen wurde, fand mit einem Auto statt. Das Auto wurde gewählt, um den Eltern aus Aachen die Umgebung Bremens zu zeigen. Da die Haushalte im Abschlußinterview angaben, sie hätten auf keine Aktivität verzichtet, dürfen wir davon ausgehen, daß sie ohnehin keine Ausflüge ins Umland geplant hatten oder daß sie mit kleinen Ausflügen innerhalb der Stadt zufrieden waren. Vielleicht empfanden sie auch die täglichen Radfahrten ähnlich wie Ausflüge. Jedenfalls wurden viele kleine Ausflüge mit dem Rad unternommen, das Auto dagegen wurde nur für diesen einen Ausflug ins Umland verwendet. Darüber hinaus wurde das Auto für Ausflugsfahrten nicht vermißt.

Inter-City

Reisten unsere Familien in andere Städte, hatten sie vor dem Experiment oft das Auto benutzt. Dies vor allem dann, wenn die kleinen Kinder mitfuhren oder wenn sie viel zu transportieren hatten. Auch Dienstreisen waren gelegentlich mit dem Auto durchgeführt worden.

In der Mehrzahl der Fälle jedoch bevorzugten unsere Familien für weite Reisen die Bundesbahn. Die Fahrt mit der Bahn wurde als bequemer, sicherer und weniger anstrengend als mit dem Auto erlebt. In vielen Tagebucheintragungen fanden wir Hinweise auf die möglichen Staus auf den Autobahnen, denen man mit der Bundesbahn ausgewichen war. Das Stehen im Stau ist, nach den Aussagen aller befragten Haushaltsmitglieder, sehr nervenaufreibend und wird als ausgesprochen unangenehm empfunden: «Habe im Zug schlafen können. Mit Schrecken daran gedacht, 4–5 Stunden mit dem Auto fahren zu müssen.» – «Zug nach Düsseldorf: Es ist echt bequemer, solche Strecken, zumal am Freitagnachmittag, mit dem IC zurückzulegen.» – «Trotz des Nebels war der Zug pünktlich; die Vorstellung, bei dem Nebel auf der Autobahn zu sein, war nicht verlockend.»

Während der Dauer des Experiments kamen solche Städtereisen bei fünf der sechs Haushalte vor. Zwei nutzten dafür Mitfahrgelegenheiten, ein Teilnehmer einmal einen Leihwagen und sonst den Zug, zwei benutzten den Zug und zusätzlich eine Mitfahrgelegenheit oder einen Leihwagen, um ans endgültige Ziel zu gelangen. Der eigene Wagen wurde während des Experiments nur für eine Reise verwendet.

Ein Teilnehmer nahm auf einer Dienstreise das Fahrrad mit, um es am Zielort für die Fahrt vom Bahnhof zum Kunden zu benutzen. Die Abrechnung der Dienstreise mit dem Fahrrad wurde in diesem Fall von der Firma akzeptiert. Bei früheren Dienstreisen hatte es dagegen gelegentlich Probleme gegeben. Da den Kunden die Kosten der Anreise und die Fahrzeit als Arbeitszeit in Rechnung gestellt werden, war die Firma gehalten, die schnellste, kürzeste und damit billigste Reiseroute zu wählen. In diesem Fall kam das Mitnehmen des Fahrrades dem Kunden jedoch günstiger, da die Taxikosten höher gewesen wären als die Kosten des Fahrradtransports und der zusätzlichen Fahrzeit.

Die Mitnahme des Fahrrads im Zug stößt allerdings häufig auf erhebliche Probleme. So scheiterte der Mitnahmeversuch eines anderen Teilnehmers, der mit seinem Rad das fehlende Nahverkehrsangebot im Umland von Marburg privat zu kompensieren bereit gewesen wäre, am Transportangebot der Bundesbahn: «Auf dem Bahnhof hat sich mein Vorurteil bestätigt: es ist kein Problem, große Strecken zurückzulegen, aber der Nahverkehr ist eine Katastrophe, (...) Meine Idee, mich für die letzte Strecke über Land unabhängig von Bus und Bahn zu machen, scheiterte auch: ich müßte das Rad eine Woche vorher aufgeben. Selbst verladen geht nicht!»

Die Mitnahme eines Fahrrads setzt bislang immer noch voraus, daß der Zug einen Gepäckwagen mitführt. So weit, so gut. Richtig kompliziert wird der Fahrradtransport allerdings dann, wenn man umsteigen muß; denn nun muß auch der Anschlußzug einen Gepäckwagen führen. Dies ist keineswegs bei allen Zügen der Fall, so daß die Anzahl der Bahnverbindungen, unter denen unsere Familien wählen konnten, immer geringer wurde. Außerdem verlängerte sich auch die Fahrtdauer insgesamt, da in keinem Inter-City das Fahrrad mitgenommen werden konnte: «Es mußte eine Verbindung mit Packwagen (fürs Fahrrad) gefunden werden. Schnellere Verbindungen (IC) schieden aus!» Für die Mitnahme des Fahrrads wird man also mit erheblichen Zeitverlusten bestraft.

Trotz einiger Klagen war die Bahn für die Fernfahrten das übliche Verkehrsmittel. Wurde das Auto dennoch benutzt, erstrahlte die Bahn in der Vorstellung unserer Teilnehmer in neuem Glanze: «Auf der Strecke von Osnabrück bis Dortmund stop and go. Mit dem

Zug wäre ich bequemer in der gleichen Zeit in Frankfurt gewesen. Habe die Autofahrt sehr negativ erlebt.» – «Auf der Autobahn um Hannover herum waren drei größere Staus (durch Unfälle), bei denen wir uns gewünscht hätten, im Zug zu sitzen.»

Da das Auto während der Versuchsdauer für die Städtereisen aber hauptsächlich als Mitfahrgelegenheit benutzt wurde, dominierten bei den Begründungen die im Vergleich zur Bahn und zur Ein-Personen-Fahrt im eigenen Auto geringeren Kosten: «Autofahrt (MFG) über lange Strecken bei voller Besetzung der Fahrzeuge sehr billig.» – «Da eine Mitfahrgelegenheit bei weitem das Billigste war, habe ich mich dazu durchgerungen, sie an diesem Wochenende zu nutzen.»

Zusammenfassend lassen sich die Tagebuchaufzeichnungen unserer Haushalte wie folgt interpretieren: Für das Reisen in andere Städte und entfernte Orte wurde die Bahn als Verkehrsmittel bevorzugt und sehr positiv erlebt. Wurden dennoch Fahrten mit dem Auto unternommen, geschah das wegen der geringen Kosten bei Mitfahrgelegenheiten, aus Termingründen, weil etwas transportiert werden mußte oder weil der endgültige Zielort mit der Bahn nicht erreichbar war.

Verglichen mit den Reisen ins Umland, fiel es den Haushalten sehr viel leichter, bei diesen weiten Reisen ohne Auto auszukommen. Das autofreie Reisen wurde nicht als Verzicht erlebt. Im Gegenteil, die Bahn wurde sogar bevorzugt und sehr gern benutzt. Die Reisequalitäten der Bahn wurden zum Maßstab für Autoreisen. Waren Autoreisen unvermeidbar, wurden in allen Fällen die Vorzüge der Bahnfahrt vermißt. Etwaige Vorzüge des Autos wurden nur in bezug auf den Transport von Gegenständen angeführt. Die Autobenutzung stellt sich eher als Notlösung dar.

Learning by doing

Ein Ziel unserer Untersuchung bestand darin, herauszufinden, wie sich das Verkehrsverhalten der Teilnehmer ändern und wie sie ihre Fortbewegungschancen unter der Voraussetzung beurteilen würden, daß ihnen das eigene Auto nicht mehr zur Verfügung steht. In den Verkehrstagebüchern haben die Teilnehmer sowohl ihre tägliche Verkehrsmittelwahl als auch die Gründe für ihre Entscheidungen dargestellt. Nahezu alle im Tagebuch niedergeschriebenen Situationsaussagen enthalten darüber hinaus eine Bewertung der in dieser Situation gewählten Fortbewegungsart.

Unser besonderes Interesse galt den etwaigen Veränderungen. Die aufgrund der subjektiven Erfahrung der Autolosigkeit beurteilten Eigenschaften der Fortbewegungsarten sollten, falls möglich, von den Einschätzungen getrennt werden, die die Teilnehmer bereits vorher hatten. Die neuen Erfahrungen und die aus ihnen entspringenden Beurteilungen interessierten uns deshalb, weil wir vermuteten, allein darin einen Erklärungsansatz für einen möglicherweise über das Experiment hinausgehenden Autoverzicht zu finden. Wir können analytisch drei Konstellationen unterscheiden, in denen diese neuen Erfahrungen sichtbar wurden.

Erstens eröffnete das Experiment überhaupt die Möglichkeit, neue Erfahrungen zu machen, weil sich die Verkehrsmittelnutzung veränderte. Bestimmte Qualitäten eines Verkehrsmittels waren den Teilnehmern vorher unbekannt, weil sie es entweder gar nicht oder kaum benutzt hatten, oder weil sie es nunmehr auf Strecken einsetzten, die sie vorher mit dem Auto zurückgelegt hatten.

Zweitens veränderte sich durch die Situation der Autolosigkeit auch die generelle Basis für die Beurteilung der Verkehrsmittel. Das Leben ohne Auto erforderte eine neue Alltagsorganisation. Daß nun Fahrrad, Busse, Bahnen und die eigenen Füße für die täglichen Wege benutzt wurden, hatte zweifellos Einfluß auf die Beurteilung der verschiedenen Fortbewegungsmittel und führte wahrscheinlich zu einem Abbau von Vorurteilen. Außerdem können wir davon ausgehen, daß das Wissen um den eigenen Automobilverzicht, sei er nun von außen durch unser Experiment auferlegt oder aus freien Stücken erfolgt, mit in die Beurteilungen der anderen Verkehrsmittel einfließt. Ein solcher Einfluß ist beispielsweise immer dann offensichtlich geworden, wenn bei der Beurteilung der Fortbewegungsarten auf den fehlenden Streß bei der Autobenutzung hingewiesen wurde.

Drittens ist auf unsere spezifischen Erhebungsmethoden hinzuweisen, die bewirkten, daß die Teilnehmer neue verkehrsbezogene Erfahrungen wahrnahmen und reflektierten. In den Eingangsinterviews sensibilisierten wir die Teilnehmer für ihr eigenes Verkehrsverhalten. Die Haushaltsmitglieder, die nicht an den Interviews teilnahmen, machten denn auch merklich weniger Angaben in ihren Tagebüchern als jene, mit denen wir vorher gesprochen hatten.

Bei allen uns durch die Tagebücher und die Interviews zur Verfügung stehenden Aussagen zu den Qualitäten der benutzten Verkehrsmittel müssen wir natürlich beachten, daß die Bewertungen individuell und von Situation zu Situation sehr unterschiedlich sind. Warum bestimmte Qualitäten genannt wurden, und in welchem Zusammenhang diese Aussagen mit dem Autoverzicht stehen, läßt sich nicht für jede einzelne Äußerung hinreichend klären. Allerdings ist es sinnvoll, die einzelnen Aussagen daraufhin zu überprüfen, ob sich in ihnen Hinweise auf die von uns angenommenen Ursachen feststellen lassen. Dieses methodisch gerichtete Interpretationsverfahren soll im folgenden für die verschiedenen Fortbewegungsarten angewandt werden.

Das Fahrrad: durch Perspektivenwechsel zum Routinefahrzeug

Wie wir in den Eingangsinterviews feststellen konnten, bestand ein Charakteristikum unserer Untersuchungsgruppe darin, daß nahezu alle Teilnehmer relativ häufig das Fahrrad benutzten. Für die Mehrzahl war das Rad sogar das Hauptverkehrsmittel. Vor allem die Frauen aus den Teilnehmerfamilien legten ihre Wege hauptsächlich mit dem Fahrrad zurück. Bei den Männern war die Präferenz für das Fahrrad nicht so deutlich. Drei der sechs Familienväter benutzten vor dem Experiment hauptsächlich ihr Auto. In dieser Hinsicht entspricht unsere Untersuchungsgruppe durchaus den durchschnittlichen geschlechtsspezifischen Verkehrsmittelnutzungen. Auch in unseren Haushalten verfügen in der Regel eher die Männer über das Auto, während die Frauen viel häufiger als ihre Männer das Rad benutzen. Noch deutlicher als in der tatsächlichen Nutzung kam in der subjektiven Einschätzung der Teilnehmer eine Vorliebe zum Fahrrad zum Ausdruck: Auf die Frage, welches Verkehrsmittel sie am liebsten benutzten, gaben, bis auf eine Ausnahme, alle Teilnehmer das Fahrrad an.

Um detaillierter zu erfahren, wie das Fahrrad von den Teilnehmern beurteilt wurde, fragten wir in den Eingangsinterviews nach den Vor- und Nachteilen der Radbenutzung sowie danach, wie das Radfahren erlebt wurde. Folgende Angaben wurden am häufigsten gemacht:

- leichte Verfügbarkeit, Flexibilität;
- Schnelligkeit, Tempo selbst bestimmbar;
- kürzere Wege als mit motorisierten Verkehrsmitteln;
- veränderte Wahrnehmung der Umwelt;
- Bewegung und frische Luft;
- geringere Konzentrationserfordernis als beim Autoverkehr;
- geeignet für Freizeitaktivitäten;
- Umweltverträglichkeit, gutes Gewissen;
- geringe Kosten.

Als Nachteile des Radfahrens wurden angegeben:
- Nutzung wetter- und jahreszeitbedingt;
- schlechte Radwege;
- Schwierigkeiten bei größeren Transporten;
- schnelles Radfahren ist gefährlich;
- negativer Einfluß des Autoverkehrs auf das Radfahren.

Die Ergebnisse aus den Eingangsinterviews vermittelten insgesamt den Eindruck, daß das Radfahren positiv eingeschätzt wird. Diese Einschätzung entsprach im allgemeinen dem tatsächlichen Nutzungsverhalten der Teilnehmer. Eine deutliche Inkonsistenz zwischen der positiven Bewertung der Radbenutzung und der tatsächlichen Nutzungshäufigkeit war vor dem Experiment nur bei zwei Teilnehmern festzustellen. Beide hatten schon immer beabsichtigt,

Autobenutzung zugunsten des Fahrrades einzuschränken. Im alltäglichen Verhalten hatten sie diese Absichten bislang aber nicht realisiert.

Im Anschluß an die Eingangsinterviews fragten wir uns, ob die Teilnehmer im Experiment mehr als vorher Fahrrad fahren würden. Insbesondere interessierte uns die Reaktion derer, die vorher hauptsächlich das Auto benutzt hatten (a). Weiterhin fragten wir uns, ob sich die Bewertung des Radfahrens ändern würde, sobald das Fahrrad häufiger und für andere Zwecke eingesetzt wird. Hierbei fallen insbesondere solche Situationen ins Gewicht, in denen die Automobilbenutzung vorteilhafter gewesen wäre – etwa auf längeren Strecken, bei schlechtem Wetter oder für Transporte (b).

(a) Aufgrund unserer Kenntnisse aus den Eingangsinterviews können wir nach Durchsicht der Tagebücher feststellen, daß die meisten Teilnehmer mehr als vorher mit dem Rad fuhren. Allerdings veranlaßte die eindeutige Präferenz fürs Fahrrad unsere Teilnehmer nicht immer dazu, Autofahrten durch Radfahrten zu ersetzen. Während des Experiments stiegen beispielsweise die beiden Teilnehmer, die vorher hauptsächlich das Auto benutzt hatten, nur zum Teil auf das nach ihren Angaben präferierte Fahrrad um. Vor allem für den Arbeitsweg wurde überwiegend auf die öffentlichen Verkehrsmittel zurückgegriffen. Für diejenigen, die ihre häufige Benutzung des Automobils einschränken oder aufgeben wollten, so deuten unsere Ergebnisse an, kamen zunächst alle Alternativen zum Automobil in Frage und wurden unabhängig von subjektiven Präferenzen einer mehr oder weniger intensiven Probe unterzogen. Diese größere Bereitschaft, alle in Frage kommenden Verkehrsmittel – auch in ihren verschiedenen Kombinationsmöglichkeiten – zu testen, ist bei den Autofahrern sicherlich damit zu erklären, daß für sie die Autolosigkeit eine einschneidendere Veränderung bedeutete als für die anderen Personen. Ihre ausgesprochene Präferenz fürs Rad war für sie von untergeordneter Bedeutung für die konkrete Verkehrsmittelwahl. Diejenigen hingegen, die bereits vor dem Experiment gern und häufig Rad fuhren, stiegen während des Experiments äußerst selten auf andere Verkehrsmittel um.

(b) Wenn die Teilnehmer das Fahrrad im Experiment – anders als vorher – häufiger für weitere Entfernungen, für Transporte und auch bei schlechtem Wetter nutzten, war das zunächst wohl eher ein Problem denn eine positive Erfahrung. Die negativen Wahrnehmungen in solchen Situationen wurden im Tagebuch deutlich geschildert, und sie führten teilweise zu der Einschätzung, daß das Rad in vielen Aspekten kein gleichwertiger Ersatz fürs Auto sei. Das Auto wurde in diesen «Extremsituationen» oft ausdrücklich vermißt. Auf der anderen Seite war aber zugleich die Tendenz zu erkennen, die auftretenden Probleme durch verschiedene Strategien zu bewältigen. An erster Stelle sind hier die Bemühungen unserer Teilnehmer zu nennen, durch konkrete Veränderungen die Funktionsschwächen zu beheben: Mit Gepäcktaschen und Anhängern erweiterten sie die Kapazität des Fahrrads, durch geeignete Regenkleidung schützten sie sich vor Nässe.

Zusätzlich bewerteten einige Teilnehmer die auftretenden Probleme anders als vorher:
- Die Probleme wurden relativiert, indem sie mit denen der Autonutzung verglichen wurden. Beispielsweise wurde geäußert, daß man das schlechte Wetter beim Radfahren in Kauf nehme, wenn man sich dadurch den Streß der Parkplatzsuche ersparen könne.
- Unsere Teilnehmer führten die auftretenden Probleme nicht auf die Verkehrseigenschaften des Fahrrads zurück, sondern gaben andere, verkehrsmittelunabhängige Gründe dafür an. So wurde das als unangenehm empfundene Radfahren unter Zeitdruck als selbst verschuldet eingestanden.
- Einige Teilnehmer versuchten, ihre eigene Sichtweise zu verändern und die Probleme herabzustufen. Die neuen – im Experiment gemachten – Erfahrungen führten zu veränderten Wahrnehmungen. Regen beispielsweise wurde nicht mehr in jedem Falle als unangenehm empfunden. Ein Teilnehmer fragte sich, warum ihm eigentlich das wiederholte An- und Ausziehen der Regenkleidung so lästig sei. Er versuchte gewissermaßen, sich selbst davon zu überzeugen, daß dies kein reales Problem sein könne.
- Schließlich wurden bestimmte Probleme antizipiert, ohne daß sie dann tatsächlich eingetreten wären. Hatte man sich erst einmal überwunden und entschlossen, das Rad zu benutzen, waren die konkreten Erfahrungen dann doch nicht so negativ wie befürchtet. Die Befürchtungen bezogen sich in der Regel auf das Wetter,

auf die unzureichende Schnelligkeit des Fahrrads und wohl auch auf die eigene Bewegungsunlust.

Die genannten Versuche, die bei der Radnutzung auftretenden Probleme zu verringern oder neu zu bewerten, machen deutlich, daß der Umstieg vom Automobil auf das Fahrrad für einige Teilnehmer mit großem Aufwand und mit Einstellungsveränderungen verbunden war. Gerade die Vielfalt der Bewältigungsstrategien in schwierigen Situationen, in denen ein Autobesitzer normalerweise nicht aufs Fahrrad steigen würde, haben uns deutlich gemacht, in welchem Ausmaß einige Teilnehmer bereit waren, sich auf das Verkehrsmittel Fahrrad einzulassen.

Die Präferenz für das Fahrrad wurde darüber hinaus durch die positiven Erfahrungen bestärkt, die mit diesem Verkehrsmittel gemacht wurden. Solche «Erfolgserlebnisse» lassen sich eher auf das Gelingen von Bewältigungsstrategien als auf die erweiterte Nutzung des Fahrrads selbst zurückführen. Denn erst die Bewältigungsstrategien ermöglichen Erfahrungen, die den Teilnehmern vor dem Experiment unbekannt waren. Wir vermuten, daß die positive Bewertung dieser Erfahrungen Ergebnis des durch das Tagebuchschreiben angeregten Reflektionsprozesses ist.

**Der öffentliche Personennahverkehr:
brauchbar, aber unbeliebt**

Folgende öffentliche Verkehrsmittel standen unseren Teilnehmern – wie allen Einwohnern Bremens – zur Verfügung: Straßenbahnen, Busse sowie Züge der Deutschen Bundesbahn für den öffentlichen Personennahverkehr und den Fernverkehr. In den Eingangsinterviews fiel das Urteil über den ÖV eher negativ aus. Die meisten Teilnehmer nutzten vor dem Experiment die öffentlichen städtischen Verkehrsmittel nur selten und unregelmäßig. Entsprechend sporadisch waren auch die Erfahrungen mit diesen Verkehrsmitteln. Die Haltung zum ÖPNV war in der Regel gleichgültig bis ablehnend. Folgende Bewertungen des ÖPNV wurden in den Eingangsinterviews abgegeben: Zu lange Fahr- und Wartezeiten, zu große Taktabstände, erhebliche Zeitverluste, die Abhängigkeit von Fahrplänen, das gelegentliche Angewiesensein auf fremde Hilfe bei

Fahrten mit Kinderwagen – all dies wurde als einschränkend empfunden. Ferner war einigen Teilnehmern der ÖPNV zu unkomfortabel, zu laut und zu ruckelig.

Vorteile stellten die Teilnehmer vorwiegend vor dem Hintergrund der «Schwachstellen» der Fahrradnutzung fest. Die Benutzung des ÖPNV ist nicht vom Wetter abhängig und bei schlechtem Wetter komfortabler. Der ÖV eignet sich im Gegensatz zum Rad auch gut für längere Strecken innerhalb der Stadt oder in die nähere Umgebung, sofern die benötigten Verbindungen vorhanden sind. Zudem ist er in der Regel pünktlich und zuverlässig. Und nicht zu vergessen: Unter ökologischen Gesichtspunkten kann der Nutzer ein gutes Gewissen haben.

Nach den Ergebnissen der Eingangsinterviews stellten wir uns die Frage, ob die Teilnehmer – vor allem diejenigen, die vorher zumeist das Auto benutzt hatten – in der Situation der Autolosigkeit häufiger auf den öffentlichen Verkehr zurückgreifen würden (a). Weiter fragten wir uns, ob sich die Einstellung zum ÖPNV durch die im Experiment gemachten Erfahrungen ändern würde (b). Schließlich waren die gegebenenfalls modifizierten Nutzungsgewohnheiten und die Bewertungsveränderungen zu erklären (c).

(a) Eine deutlich häufigere Nutzung des ÖPNV während des Experiments war nur bei drei Teilnehmern festzustellen. Zwei Teilnehmer fuhren, statt mit dem eigenen Auto, nun mit öffentlichen Verkehrsmitteln zum Arbeitsort. Dabei legte der eine Teilnehmer diesen Weg regelmäßig mit dem ÖV zurück, ohne andere Alternative auszuprobieren, der andere hingegen fuhr während des Experiments ebenso oft auch mit dem Rad oder per Mitfahrgelegenheit zur Arbeit – wir haben weiter oben schon darüber berichtet. Ein weiterer Teilnehmer fuhr im Untersuchungszeitraum ebenfalls mehr als vorher mit dem ÖPNV. Auch er hatte vor dem Experiment recht häufig sein Auto benutzt. Die Gründe für seine nunmehr relativ häufige Nutzung des ÖPNV lagen wohl in einer gewissen Abneigung gegen das Radfahren sowie in der guten Anbindung seines Wohnstandortes an das ÖPNV-Netz.

Die anderen Teilnehmer änderten ihre Nutzungsgewohnheiten nicht. Allgemein läßt sich sagen, daß der ÖPNV immer dann in Frage kam, wenn der Zielort – insbesondere die Innenstadt – damit gut erreichbar war, wenn die Strecken wie auf manchen Arbeitswegen lang waren (weiter als 10 km) oder wenn schlechtes Wetter herrschte. Schließlich war das Fahren mit dem öffentlichen Verkehr gelegentlich bequemer und sicherer als mit dem Rad, vor allem dann, wenn Kinder mitgenommen wurden oder wenn die eigenen körperlichen Voraussetzungen das Radfahren nicht erlaubten. Solche Situationen waren aber eher selten. Im allgemeinen gingen alle unsere Teilnehmer, bis auf eine Ausnahme, davon aus, daß sie primär das Fahrrad benutzen würden. Es war – wie ein Teilnehmer es formulierte – «erste Wahl».

(b) Ob sich im Verlauf des Experiments die negative bis gleichgültige Grundeinstellung zum ÖPNV veränderte, läßt sich nur schwer beantworten, da wir keine speziellen Einstellungsfragen gestellt oder Skalen zur Einstellungsmessung vorgelegt hatten. Die Tatsache aber, daß der ÖPNV im Experiment nur selten benutzt und daß diese Nutzung eher mit vermiedenen Nachteilen – «Schlechtes Wetter» – denn mit positiven Erwartungen begründet wurde, legt die Vermutung nahe, daß sich an den Grundeinstellungen wenig änderte. Diese Vermutung wurde in den Abschlußinterviews bestätigt. Auch die drei Teilnehmer, deren Erfahrung mit den öffentlichen Verkehrsmitteln zugenommen hatte, änderten ihre Einstellung nur geringfügig. Zwei dieser drei Teilnehmer bewerteten den ÖPNV etwas positiver als vorher, der dritte sprach im Abschlußinterview von überwiegend negativen Erfahrungen.

Nach den Eingangsinterviews hatten wir vermutet, daß sich die Einstellung einiger Teilnehmer zum ÖPNV ändern würde, wenn sie vermehrt Erfahrungen mit diesen Verkehrsmitteln machen würden. Viele Probleme, die die Teilnehmer bei der ÖPNV-Nutzung hatten, schienen nämlich durch eigene Lernprozesse lösbar. So gaben fast alle Teilnehmer lange Wartezeiten als einen Nachteil bei der Benutzung von öffentlichen Verkehrsmitteln an; vielen von ihnen waren der Bus oder die Straßenbahn schon vor der Nase weggefahren, oder sie mußten abends oder an Wochenenden lange Wartezeiten in Kauf nehmen. Nach unserer Einschätzung wären solche Situationen vermeidbar gewesen, wenn sich diese Teilnehmer eines Fahrplans bedient hätten. Ein Ergebnis unserer Untersuchung war denn auch, daß sich viele Teilnehmer – inklusive der Projektmitarbeiter –

daran gewöhnten, einen Fahrplan zu benutzen und dadurch Wartezeiten zu vermeiden. Zumindest sahen viele ein, daß ein solcher Lernschritt notwendig war und daß lange Wartezeiten nicht einfach nur dem ÖPNV in die Schuhe geschoben werden konnten.

In den Tagebüchern wurde zudem deutlich, daß es für einige Teilnehmer gelegentlich auch in anderer Hinsicht schwierig war, mit öffentlichen Verkehrsmitteln umzugehen. So bezweifelten viele deren Pünktlichkeit; es gab Situationen, in denen an falschen Haltestellen aus- oder in den falschen Bus eingestiegen wurde; Unklarheiten über die gültigen Tarife und andere Schwierigkeiten mehr. Auch in diesen Fällen schienen die Probleme auf einer gewissen Unerfahrenheit und auf fehlender Routine im Umgang mit diesen Verkehrsmitteln zu beruhen. Einige Teilnehmer lernten dann auch tatsächlich, besser mit den Anforderungen des öffentlichen Verkehrssystems umzugehen. Allerdings führte die größere Erfahrung mit dem ÖPNV selten zu einer positiveren Beurteilung dieses Verkehrssystems.

Auch positive Erfahrungen anderer Art konnten nur wenig an dem indifferenten bis negativen Gesamtbild des ÖPNV ändern. Einige dieser positiven Wahrnehmungen, wie freundliches und hilfsbereites Personal, wurden von den Teilnehmern wohl nur deshalb gemacht, weil ihnen unerfreuliche Erfahrungen vorausgegangen waren. Weitere Erfahrungen – wie die Kommunikation mit Bekannten oder Freunden – wurden zwar als positiv wahrgenommen, spielten aber für die Bewertung und für das Nutzungsverhalten kaum eine Rolle. Sieht man einmal von den unter (a) genannten Gesichtspunkten ab, so scheint lediglich ein Faktor für die positive Bewertung des ÖPNV relevant zu sein: In öffentlichen Verkehrsmitteln kann die eigene Zeit vielmehr als bei anderen Verkehrsmitteln für Zwecke verwendet werden, die nichts mit der Fortbewegung zu tun haben. Insbesondere die Lektüre von Zeitungen und Büchern, die Beschäftigung mit den eigenen Kindern oder Unterhaltungen können die Fahrzeit sinnvoll verkürzen. Dieser Zeit«gewinn» könnte für unsere Teilnehmer bei ihrer Verkehrsmittelwahl eine Kompensation dafür gewesen sein, daß das öffentliche Verkehrsmittel entweder objektiv das langsamere war oder von ihnen als solches wahrgenommen wurde. In der Tat kam der ÖPNV – wenn überhaupt – dann in die engere Wahl, wenn kein Zeitdruck vorhanden war.

(c) Vergleicht man, wie sich die Benutzungshäufigkeit und die Bewertung des ÖPNV durch das Experiment verändert haben, so fällt zunächst auf, daß der ÖPNV zumindest von einigen Teilnehmern häufiger benutzt wurde, ohne daß diese Nutzer ihre Beurteilung des ÖPNV geändert hätten. Dieser Sachverhalt legt zwei Schlußfolgerungen nahe:
- Das Nutzungsverhalten ist weitgehend unabhängig von der subjektiven Präferenz.
- Das tatsächliche Nutzungsverhalten drückt eine positivere Bewertung aus, als sie in den Meinungen formuliert wird.

Stellt man sich die Frage, inwieweit der ÖPNV als Alternative zum Automobil in Frage kommt, so deuten die Ergebnisse aus unserer Untersuchungsgruppe an, daß zumindest einige Teilnehmer trotz einer indifferenten Einstellung zu den öffentlichen Verkehrsmitteln bereit sind, diese zu wählen. Ausschlaggebend für die Wahl waren die subjektiven Erfahrungen, die die Teilnehmer im Experiment mit diesen Verkehrsmitteln machten. Diese Erfahrungen, so können wir zusammenfassen, machten zwar den Teilnehmern die Vorteile des ÖPNV für bestimmte Wege und Situationen deutlich, veränderten aber ihre grundsätzliche Einstellung zum ÖPNV kaum.

Betrachten wir die Teilnehmergruppe in ihrer Gesamtheit, so hat die ÖPNV-Nutzung – trotz Autoverzicht – nur wenig zugenommen. Die Vorbehalte gegen einen Umstieg vom Auto auf den ÖPNV lassen sich auf einer allgemeinen Ebene folgendermaßen erklären:
- Der ÖPNV hat kein positives Image, das ihn über seine Funktion hinaus – den Transport von Menschen – auszeichnen würde. Er weist wenig Besonderheiten auf und vermittelt als «Massentransportmittel» das Gefühl der Geltungslosigkeit.
- Über das «öffentliche» Verkehrsmittel kann nicht wie über das «Privateigentum» Fahrrad oder Auto verfügt werden. Eine affektive Bindung – der zum «Auto als Ichprothese» (Sachs) vergleichbar – kann kaum hergestellt werden. Daraus erklärt sich die oft geäußerte Indifferenz und Gleichgültigkeit gegenüber diesen Verkehrsmitteln.
- Die Fortbewegung in öffentlichen Verkehrsmitteln ist passiv. Aktive Momente, die beim Radfahren oder beim Gehen in einer selbstbestimmten Festlegung der Route und des Tempos zum

Tragen kommen, entfallen bei der ÖPNV-Nutzung weitgehend. Das «Gefahrenwerden» ermöglicht zwar einen gewissen Freiraum – zum Lesen oder für Gespräche –, andererseits wurde es von einigen Teilnehmern als unangenehm empfunden, keinen Einfluß auf die eigene Fortbewegung zu haben.

- Die zeitliche Abhängigkeit vom Fahrplan und die räumliche von den Haltestellen können eigene Handlungsintentionen durchkreuzen. Während Radfahrer ihr Verkehrsmittel ständig zur Verfügung haben, müssen sich ÖPNV-Nutzer dem vorhandenen Angebot anpassen. Gerade wenn dieses recht spärlich ist, besteht für die Benutzer häufig die Notwendigkeit, den zeitlichen Rahmen der eigenen Aktivitäten mit den vorhandenen Fahrzeiten zu koordinieren. Dieser Sachverhalt mag erklären, warum unsere Teilnehmer den ÖPNV fast ausschließlich in Situationen benutzten, in denen ihnen genügend Zeit zur Verfügung stand.
- Mit dem ÖPNV zu fahren ist in mancher Hinsicht umständlich. Personen, die mit diesen Verkehrsmitteln noch nicht vertraut sind, müssen den Umgang damit erst lernen. Das Einprägen von Fahrzeiten und Linien, das Verwenden von Fahrplänen, das Kaufen und Verwenden der richtigen Fahrkarten stellen an die Benutzer gewisse Anforderungen, die oft als lästig empfunden werden.

Kurzum: der ÖPNV kann vieles nicht bieten, was das individuell genutzte Automobil – und teilweise auch das Fahrrad – auszeichnet. Und die im unmittelbaren Vergleich schlechter bewerteten Eigenschaften werden nicht durch bessere Eigenschaften in anderen Dimensionen ausgeglichen.

Das Gehen: Eine Selbstverständlichkeit wird bewußt

Nach den Eingangsinterviews waren wir von der geringen Bedeutung überrascht, die unsere Teilnehmer dem Gehen zuordneten. Zwar äußerten sich fast alle Teilnehmer positiv zum Gehen, bezogen sich dabei aber aufs Wandern oder aufs Spazierengehen. Auffälligerweise waren ihnen die Erfahrungen, die sie mit dem Gehen auf alltäglichen Wegen machten, kaum gegenwärtig. Diese Erfahrungen mußten aber zweifellos gemacht worden sein, da ein beträchtlicher Anteil aller alltäglichen Wege zu Fuß zurückgelegt wird. Offenbar war das Gehen für unsere Teilnehmer eine Selbstverständlichkeit, die weder positiv noch negativ wahrgenommen und bewertet wurde. Bei den Überlegungen zur Verkehrsmittelwahl spielte das Gehen denn auch kaum eine Rolle. Die Wege im nahen Wohnumfeld – beispielsweise zum Bäcker, zum Kindergarten oder zum Einkaufsladen – wurden so routiniert und selbstverständlich zu Fuß zurückgelegt, daß sich die Wahl anderer Fortbewegungsarten erst gar nicht stellte. Ab einer gewissen Weglänge kam das Gehen wiederum nicht als Alternative zu den anderen Fortbewegungsarten in Frage.

Die Teilnehmer schilderten in den Eingangsinterviews, welche Vor- und Nachteile das Zufußgehen für sie habe und wie sie diese Fortbewegungsart erlebten. Von Vorteil sei es, so gaben viele Teilnehmer an, daß man beim Zufußgehen die Umwelt intensiver, unmittelbarer und vielfältiger als bei anderen Fortbewegungsarten wahrnehmen könne. Diese Qualität relativierte sich durch das gelegentlich unattraktive Wohnumfeld. Manche Teilnehmer fanden ihr Stadtviertel wenig einladend, fußgängerunfreundlich und viel zu stark vom motorisierten Verkehr geprägt. Einige andere verbanden mit dem Gehen eine gewisse Autonomie, da es im allgemeinen ohne weitere Planung und Voraussetzung möglich sei. Ein Teilnehmer, der lieber zu Fuß ging, als andere Verkehrsmittel zu benutzen, fand, daß das Gehen Ausdruck seines persönlichen Tempos sei und ihm zudem eine gewisse Souveränität vermittle: «Man hat alles im Griff, was passiert.» Andere wieder teilten uns mit, daß man beim Gehen gut seine Gedanken sortieren könne.

In den Eingangsinterviews stellten wir also fest, daß die Teilnehmer zwar auf Nachfragen überwiegend positive Angaben zu den alltäglichen Wegen zu Fuß machten, daß sie aber diese Fortbewegungsart selten wählten. Wir nahmen deshalb an, daß die meisten Teilnehmer mehr Wege zu Fuß zurücklegten, als es ihnen selbst bewußt war. Wir wollen also zunächst klären, ob sich die Häufigkeit des Gehens während des Experiments geändert hat (a); danach fragen wir, ob – und wenn ja, wie – sich die Wahrnehmung und Bewertung des Gehens während des Experiments veränderte (b). Abschließend versuchen wir, die gegebenenfalls auftretenden Bewertungs- und Verhaltensveränderungen zu erklären (c).

(a) Den Tagebüchern der meisten Teilnehmer konnten wir nicht entnehmen, daß sie in der Situation ohne Auto mehr als vorher zu Fuß gingen. Da die Mehrzahl der Teilnehmer sich bereits vor dem Experiment darum bemühte, ihre Autobenutzung einzuschränken, entfielen bei ihnen auch die für den durchschnittlichen Autofahrer sonst recht häufigen Autofahrten für fußläufige Entfernungen. Deshalb war es unwahrscheinlich, daß die Teilnehmer vor dem Experiment Fußwege mit dem Auto zurückgelegt hatten. Lediglich für die Teilnehmer, die vom Auto vermehrt auf den ÖPNV umstiegen, hätten sich auch neue, vorher nicht oder selten zu Fuß zurückgelegte Wegestrecken ergeben können. Von den drei Teilnehmern, die vermehrt auf den ÖPNV zurückgriffen, benutzten allerdings zwei für ihren Weg von der Wohnung zum Bahnhof beziehungsweise zur Haltestelle das Rad. Wir können also für die Gesamtgruppe feststellen, daß sich an der Häufigkeit des Zufußgehens wenig änderte.

(b) Verglichen mit der kargen Thematisierung des Gehens in den Eingangsinterviews fanden wir in den Tagebüchern auffallend viele Angaben zum Zufußgehen. In vielen Formulierungen, wie «wollte noch einen Spaziergang machen», «Beine vertreten», «Ich gehe gern zu Fuß», drückten die Teilnehmer eine unmittelbare Wertschätzung dieser Fortbewegungsart aus.

Die Teilnehmer gingen während des Experiments auch relativ häufig spazieren. Zumindest zwei der sechs befragten Familien machten fast regelmäßig Spaziergänge. Sie suchten sich dafür eine angenehme und möglichst naturnahe Umgebung wie Parks, Wiesen- und Feldlandschaften, die Flußufer der Weser oder der Lesum aus. Manche nutzten die Wartezeiten zum Spaziergang, für andere Teilnehmer war der Weg zur Haltestelle oder zum Bahnhof ein Fußweg mit eigenem Erlebniswert.

Leider kommentierten die Teilnehmer ihre Spaziergänge nur selten. Wir können vermuten, daß einige Wahrnehmungen und Erlebnisse bei dieser ursprünglichen Fortbewegungsart recht persönlich waren und nicht in Zusammenhang mit dem Zufußgehen gebracht wurden, so daß sie uns nicht ohne weiteres mitgeteilt werden konnten. Gelegentlich wurde, wie uns ein Teilnehmer im Eingangsinterview mitteilte, diese Fortbewegungsart bewußt gewählt, um persönliche oder familiäre Dinge zu besprechen.

Einige Teilnehmer wiesen auf die entspannende Wirkung des Gehens hin. Obgleich diese Wirkung auch dem Radfahren zugeschrieben wurde, schien es uns doch so zu sein, daß der Streß beim Gehen eher als bei anderen Fortbewegungsarten abgestreift wurde. Wir können natürlich keine Aussagen darüber machen, ob die Teilnehmer dann zu Fuß gingen, wenn sie ohnehin schon entspannt waren und ihre Umwelt anders aufnahmen, oder ob solche Wahrnehmungen Produkte des Gehens waren.

Das Gehen war für unsere Teilnehmer mehr als nur Mittel zum Zweck. Was für das Spazierengehen ohnehin gilt, galt häufig auch beim Einkaufen mit Kindern, beim Stadtbummel und beim Besuch von Märkten: Gehen ist mehr als bloße zielgerichtete Fortbewegung. Erledigungen, Aufenthalte, die intensivierte Wahrnehmung der Außenwelt und das Gehen selbst bilden bei diesen Aktivitäten eine Einheit mit einer spezifisch eigenen Qualität, die wir als «Flanieren» bezeichnen können. Die Qualität des Flanierens wurde wohl am deutlichsten in der Freizeit empfunden, spielte aber auch bei notwendigen Erledigungen wie bei Kleineinkäufen eine Rolle. Lagen die einzelnen Geschäfte nicht zu weit auseinander, zogen die Teilnehmer für ihre Erledigungen oft das Gehen dem Radfahren vor.

Zusammenfassend können wir festhalten, daß das Gehen den Teilnehmern bewußter geworden ist. Eine Teilnehmerin brachte im Abschlußinterview prononciert eine Erfahrung zum Ausdruck, die in ähnlicher Weise wohl auch für andere Teilnehmer zutraf. Ihr sei nämlich erst im Experiment bewußt geworden, wie gern und wie häufig sie zu Fuß gehe. Unter der Rahmenbedingung des Experiments nahmen viele Teilnehmer das Gehen als eine Fortbewegungsart wahr, die sich durch verschiedene Qualitäten auszeichnet: das Gehen als unmittelbare Bewegung und körperliche Erfahrung; Spaziergänge in angenehmer Umgebung; Fußwege als Zeitpuffer für Gespräche und zur Erkundung der Umgebung; das Flanieren und Bummeln im eigenen Stadtviertel, in der Innenstadt und auf Märkten; schließlich das Gehen im nahen Wohnumfeld zum Einkaufen und zur Begleitung der Kinder.

(c) Auch dieses Bewußtwerden der ins Alltagsleben eingebundenen Fußwege dürfte sich zu einem Großteil durch das Tagebuchschreiben erklären lassen. Da es sich beim Gehen um eine normale Körperfunktion handelt, die nur dann ins Bewußtsein tritt, wenn sie gestört ist, tauchte das Gehen vor Beginn des Experiments nur selten im «Problemhorizont» unserer Teilnehmer auf. Offenbar hatten unsere Teilnehmer die Autofahrten für Fußgängerentfernungen schon so sehr durch tatsächliches Zufußgehen ersetzt, daß es ihnen gar nicht mehr auffiel. Erst das penible Aufzeichnen der täglichen Wege machte ihnen deutlich, daß – und wieviel – sie tatsächlich täglich zu Fuß gingen.

Stellen wir uns die Frage, warum – trotz der ausgesprochen positiven Bewertung des Gehens – im Experiment nicht mehr als vorher zu Fuß gegangen wurde, so liegt eine Antwort sicherlich darin, daß einige Stadtteile nicht mit genügend «Gelegenheiten» ausgestattet sind, die auch zu Fuß erreicht werden können. Unsere Ergebnisse deuten an, daß die Teilnehmer, die in der Nähe verdichteter Einzelhandels- und Dienstleistungsangebote wohnten, auch viele der zweckgerichteten Wege zu Fuß erledigten. Umgekehrt hatten die Teilnehmer, deren Wohnquartiere schlecht ausgestattet sind, kaum lohnenswerte Ziele in ihrer Nähe. Treffen zwei Phänomene gleichzeitig zu – nämlich schlechte Ausstattung und hohe automobile Verkehrsdichte –, so ist kaum mit einer Zunahme des Gehens zu rechnen.

Wir können also aus den häufigen positiven Statements zum Gehen schließen, daß viele Menschen dann sehr viel mehr zu Fuß gehen würden, wenn die zu Fuß beherrschbare Umgebung insgesamt attraktiver wäre – und das heißt: die Sinne anregend und nicht durch den Autoverkehr zerstört.

Das Mitfahren: Gelegenheit auf freundschaftlicher Basis

Mitfahrgelegenheiten spielten bei einigen Teilnehmern im Experiment eine viel größere Rolle, als wir dies anfangs vermutet hatten. Dies bewies uns zunächst einmal, wie ernst es den Teilnehmern mit dem Experiment war, da es nicht in jedem Fall leicht gefallen sein dürfte, die Mitbenutzung eines fremden Autos zu organisieren, wo doch das eigene vor der Tür stand.

Die in den Tagebüchern dokumentierten Mitfahrgelegenheiten sollen im folgenden danach analysiert werden, welche Voraussetzungen (a), welche Gründe (b) und welcher Organisationsaufwand

(c) für ihre Inanspruchnahme zu erkennen sind. Schließlich soll im Zusammenhang mit den Ergebnissen aus der Untersuchungsgruppe diskutiert werden, in welchem Maße eine Mitfahrgelegenheit eine Alternative zum eigenen Auto sein kann und welchen Anteil Mitfahrgelegenheiten an der Reduzierung der Pkw-Fahrten haben könnten (d).

(a) Die meisten Situationen, in denen eine Mitfahrgelegenheit benutzt wurde, waren von zwei Bedingungen abhängig. Erst einmal mußte den Teilnehmern eine Person zur Verfügung stehen, die ein Auto besaß. Zweitens mußten die Teilnehmerin oder der Teilnehmer zu dieser Person eine gewisse soziale Nähe haben, die es erlaubte, um eine Mitfahrgelegenheit nachzusuchen.

Sieht man einmal von Reisen in andere Städte ab, die auch über Mitfahrzentralen organisiert werden können, so wurden unsere Teilnehmer zumeist von Freunden, Kollegen, Eltern oder von Personen mitgenommen, die mit ihnen gemeinschaftlich etwas unternahmen – zum Beispiel einen Seminar-, Kurs- oder Kneipenbesuch. Im allgemeinen spielte sich also die Mitbenutzung von fremden Autos auf der Basis einer freundschaftlichen Beziehung ab. Meistens wurde die Mitfahrgelegenheit sogar von den anderen angeboten. Einige Teilnehmer nahmen das Angebot nur «widerwillig» an oder mußten gar zur Annahme «überredet» werden. Lediglich einem Teilnehmer, der öfter und geplant Mitfahrgelegenheiten für seinen Arbeitsweg in Anspruch genommen hatte, schien es nicht schwer zu fallen, andere Kollegen um die Mitnahme zu bitten, da er selbst vor dem Experiment seinerseits Kollegen im eigenen Auto kutschiert hatte. Er hatte also schon eine gewisse Praxis im Umgang mit Mitfahrgelegenheiten, die hier im Sinne gegenseitiger Hilfeleistungen zu verstehen sind.

(b) Die Gründe für die Benutzung von Mitfahrgelegenheiten waren je nach Reiseziel unterschiedlich. Wenn die Teilnehmer in andere Städte fuhren, waren oft die im Vergleich zur DB-Benutzung geringen Kosten und die große Transportkapazität ausschlaggebend. Weitere positive Qualitäten wurden kaum festgestellt. Zwei Teilnehmer fühlten sich – im Gegenteil – durch Staus auf Autobahnen gestreßt; einem fiel es sogar schwer, den aus seiner Sicht zu schnellen Fahrstil seiner Fahrerin zu akzeptieren. Im allgemeinen zogen die Teilnehmer, nicht zuletzt wegen dieser weniger erfreulichen Erfahrungen, das Reisen mit der Bahn den Mitfahrgelegenheiten vor.

Im innerstädtischen Verkehr wurden Mitfahrgelegenheiten häufig in Anspruch genommen, um die Benutzung öffentlicher Verkehrsmittel zu vereinfachen. Wenn die Teilnehmer beispielsweise zum Bahnhof gebracht oder von dort abgeholt wurden, blieb es ihnen erspart, mehrere öffentliche städtische Verkehrsmittel zu benutzen oder längere Wege zu Fuß zurückzulegen. Besonders hilfreich war die Mitfahrgelegenheit in solchen Situationen, in denen die Reisebedingungen etwa durch schlechtes Wetter oder Kinderbegleitung subjektiv als erschwert wahrgenommen wurden.

(c) In den meisten Fällen ergab sich die Gelegenheit, im Auto einer bekannten oder befreundeten Person mitzufahren, relativ spontan, ohne daß damit ein Organisationsaufwand verbunden gewesen wäre. In einigen Fällen mußte die Mitfahrgelegenheit aber doch mit einem gewissen Aufwand organisiert werden, nämlich immer dann, wenn sie von unseren Teilnehmern in die Planung einer spezifischen Aktivität einbezogen wurde. In solchen Fällen mußten die Teilnehmer beispielsweise Abfahrtszeit, Abfahrtsort und eine eventuelle Kostenbeteiligung mit den Fahrern vorher absprechen. Auch in Situationen, in denen mehrere Personen ein gemeinsames Reiseziel hatten, an dem sie sich für einige Zeit aufhielten (etwa ein gemeinsames Seminar), bedurfte die Bildung von Fahrgemeinschaften organisatorischer Vereinbarungen.

Seine Mitfahrgelegenheit organisieren mußte auch jener Teilnehmer, der sie für seinen Arbeitsweg benötigte. Da seine Arbeitszeiten als Lehrer sehr individuell sind, mußte er die Mitfahrgelegenheit jeweils neu terminieren. Eine regelmäßige Mitnahme durch einen Kollegen war nicht möglich. Der Organisationsaufwand war also für diesen Teilnehmer relativ hoch, hatte jedoch auch die Wirkung, daß er mit Kollegen und Kolleginnen mehr als vorher ins Gespräch kam und sie besser kennenlernte.

(d) Die Frage, ob die Mitfahrgelegenheit eine Alternative zum eigenen Auto sein kann, läßt sich aus den Ergebnissen unserer Untersuchung nur unzureichend beantworten. Das oben angeführte Beispiel des Lehrers zeigt aber, auf welche Schwierigkeiten eine Person treffen kann, wenn äußere Bedingungen – wie unterschiedliche Arbeitszeiten oder geringe Anzahl der in Frage kommenden Mitfahrgelegenheiten – ungünstig sind. Selbst ein starkes persönliches Engagement unter erleichternden sozialen Voraussetzungen – viele seiner Kollegen waren ebenfalls an einer Reduzierung der Automobilnutzung interessiert – stößt schnell an Grenzen. Im Abschlußinterview danach befragt, ob die Mitfahrgelegenheit auch eine ständige Wahlmöglichkeit über einen längeren Zeitraum sein könnte, meinte der Teilnehmer, daß er vorhabe, die Mitfahrgelegenheit möglichst festzulegen und auch zu entgelten. Bereite ihm die Terminkoordinierung aber zu große Schwierigkeiten, müsse er eventuell wieder auf das eigene Auto zurückgreifen.

Im übrigen zeigen unsere Ergebnisse, daß das gemeinschaftliche Fahren in einem Pkw selbstverständlich eine Möglichkeit ist, das Verkehrsaufkommen zu reduzieren. Zwar sind die geplanten Mitfahrgelegenheiten noch die Ausnahme, doch wird bei ihrer Organisation deutlich, daß die Schwierigkeiten zumindest im innerstädtischen Verkehr eher darin bestehen, zu den benötigten Zeiten keine Mitfahrgelegenheiten zur Verfügung zu haben, als darin, daß Organisation und Planung als zu aufwendig empfunden würden. Daraus läßt sich schließen, daß erst eine über den individuellen Rahmen hinausgehende Organisation von Mitfahrgelegenheiten oder gemeinschaftlicher Pkw-Benutzung einen Effekt haben könnte. Wir kommen darauf noch zu sprechen.

Das Automobil: kaum vermißt

Ein Großteil des Eingangsinterviews befaßte sich mit dem Komplex der Pkw-Benutzung. So wollten wir wissen, ob unsere Teilnehmer gern Auto fahren und wie sie das Autofahren erleben. Wir fragten nach den Gelegenheiten, für die sie das Auto benutzten, nach den Vor- und Nachteilen der Benutzung und nach der Bedeutung des Automobils für ihren Haushalt und ihre Freizeit. Schließlich interessierte uns, wie sie ihre innere Bereitschaft einschätzen, auf das Auto zu verzichten; welche Auswirkungen sie von der Teilnahme am Experiment erwarteten und ob sie glaubten, auch längerfristig ohne Auto auskommen zu können.

Anhand der Eingangsinterviews konnten wir feststellen, daß fast alle Teilnehmer ungern Auto fuhren und es im allgemeinen nur einsetzten, wenn andere Fortbewegungsarten zu aufwendig waren. Die meisten Teilnehmer hatten bereits eine kritische Einstellung zum Automobil und gaben an, es so wenig wie möglich zu benutzen. Nur wenige räumten ein, das Auto auch manchmal für Fahrten zu verwenden, die ihnen selber unnötig erschienen oder die besser mit einem anderen Verkehrsmittel hätten zurückgelegt werden können. Obwohl alle Teilnehmer sich freiwillig zu einem Verzicht bereit erklärt hatten, waren sie doch unterschiedlich davon betroffen. Zwei Haushalte benutzten das Automobil nur noch äußerst selten und hatten dessen Abschaffung bereits ins Auge gefaßt. Die meisten der übrigen Teilnehmer aber waren vor dem Experiment recht häufig mit dem Auto unterwegs. Innerhalb der Familie oder unter Kollegen und Freunden diskutierten allerdings auch diese Teilnehmer die Frage, ob man das Auto abschaffen oder seine Benutzung einschränken solle.

Trotz ihrer kritischen Haltung verteufelten sie das Automobil nicht. Sie kannten und benannten auch die Vorteile der spontanen Verfügbarkeit (besonders für «Spritztouren» oder für Notfälle), der Schnelligkeit, des Komforts und der Transportmöglichkeiten. Aber die negativen Urteile überwogen bei jedem einzelnen die positiven. Deshalb nahmen die meisten Teilnehmer unser Experiment zum Anlaß, einmal unter «kontrollierten Bedingungen» zu prüfen, ob sie persönlich mit einem Automobilverzicht leben könnten.

Nach den Eingangsinterviews stellten wir uns natürlich die Frage, ob es den Teilnehmern gelingen würde, wie vereinbart ganz ohne eigenes Auto auszukommen (a). Außerdem interessierte uns, ob die Teilnahme am Experiment Einfluß auf die Einstellung unserer Teilnehmer zum Automobil haben würde. Um allerdings die Relevanz von Bewertungs- und Einstellungsveränderungen genauer beurteilen zu können, müßten wir sie mit dem tatsächlichen Nutzungsverhalten vergleichen können. Während wir bei den anderen Fortbewegungsarten diese Verfahrensweise anwenden konnten, ist sie aber für die Feststellung von Veränderungen in der Bewertung und Nutzung des Automobils nicht geeignet. Denn der Verzicht auf das Automobil war ja gerade der Inhalt des Experiments. Wir mußten uns also bei der Feststellung von Bewertungsveränderungen auf die Mitteilungen aus den Tagebüchern und auf die Aussagen in den Abschlußinterviews beschränken (b).

(a) Im allgemeinen hielten die teilnehmenden Haushalte die Abmachung ein, das eigene Auto während des Experiments nicht zu benutzen. Zwei Haushalte benutzten es in dieser Zeit überhaupt nicht, die übrigen setzten es im Durchschnitt nur zwei- bis dreimal ein. Einige dieser Fahrten, die in der Regel ins weitere Umland von Bremen führten, wurden von den Teilnehmern bereits im Eingangsinterview angekündigt. Auch nach intensiver Suche hatten sie für diese Strecken keine akzeptable Alternative zum eigenen Pkw gefunden. Wenn nicht mit dem eigenen Wagen, so hätten diese Fahrten mit einem Leihwagen zurückgelegt werden müssen, was aber verständlicherweise den Teilnehmern finanziell nicht zuzumuten war. Wir können also zusammenfassend feststellen, daß es den Teilnehmern während des Experiments gelang, im Alltag ohne Auto zu leben. Lediglich in wenigen Ausnahmesituationen «mußten» sie auf dessen Benutzung zurückgreifen.

(b) Aufgrund der Tagebuchaufzeichnungen können wir sagen, daß sich die Bewertung des Automobils während des Experiments nicht grundsätzlich geändert hat. Wenn die Teilnehmer das Automobil – sei es das eigene, einen Leihwagen oder eine Mitfahrgelegenheit – benutzten, bestätigten sich ihre bereits in den Interviews formulierten Erfahrungen. Das Fahren wurde überwiegend als anstrengend erlebt, zugleich aber die Vorteile des Automobils nicht negiert. Anzunehmen ist allerdings, daß die Teilnehmer sich im Experiment klar darüber wurden, welchen geringen Stellenwert das Automobil in ihrem Alltagsleben einnimmt. Den meisten Teilnehmern wurde bewußt, wie selten sie das Auto tatsächlich benötigten; Situationen, in denen es unverzichtbar war, traten im Alltagsleben kaum auf. Dennoch benutzten zwei Familien auch nach dem Experiment weiterhin das Auto zumindest für die Großeinkäufe. Eine dieser beiden Familien entschied sich erst Monate nach Abschluß des Experiments dafür, ganz auf das Auto zu verzichten – eine Langzeitwirkung des Experiments.

Für die anderen vier Haushalte bestätigte sich die Verzichtbarkeit des Autos. Für die seltenen Situationen, in denen sie einen Pkw wirklich benötigten, ließen sich problemlos Leihwagen, Taxis oder Mitfahrgelegenheiten in Anspruch nehmen; zumal dann, wenn nach Verkauf des eigenen Autos im familiären Haushaltsbudget dafür mehr Mittel als vorher zur Verfügung stehen.

Von den fünf Haushalten, die während oder nach dem Experiment ihr Auto verkauften, hatten drei diesen Entschluß noch nicht vor dem Experiment erwogen. Wir können also mit einiger Sicherheit sagen, daß die Entscheidung dieser drei Haushalte auf die Erfahrungen im Experiment zurückzuführen sind. Zwar waren die Erfahrungen nicht nur positiv, aber die auftretenden Probleme konnten gelöst werden. Bei zwei Familien finden sich bereits etwa in der Mitte des Experiments Tagebucheintragungen, nach denen die Teilnehmer begonnen hatten, sich daran zu «gewöhnen, kein Auto zu haben», und sich «ernsthaft (...) überleg(t)en, das Auto abzuschaffen». Unser Experiment hatte ihnen also einen kontinuierlichen Erfahrungsprozeß ermöglicht, auf dessen Grundlage sie ihr Verkehrsverhalten realistisch einschätzen und entsprechende Entscheidungen treffen konnten.

«Stadtauto» und Taxi:
Wenn Autofahren sein muß

Wer in der Stadt lebt und nicht selber Auto fahren will, wird sich für viele Fahrten ein Taxi bestellen. Die Fahrt ins Theater, die Hin- und Rückfahrten zu Festen, all dies läßt sich – wenn man nicht über ein zu geringes Einkommen verfügt – sehr viel besser und flexibler mit einem Taxi als mit dem eigenen Auto erledigen. Eigentlich hatten wir deshalb erwartet, daß unsere Familien, die ja an ein Auto gewöhnt waren, gerade während des Experiments hin und wieder auf Taxis zurückgreifen würden. Das war allerdings keineswegs der Fall. Warum von dieser Möglichkeit fast kein Gebrauch gemacht wurde, läßt sich auf der Grundlage unserer Daten nicht klären.

Für diesen doch generellen Verzicht auf Taxifahrten lassen sich aber einige Annahmen formulieren. Wir vermuten, daß die meisten Teilnehmer die Projektbedingungen in dem Sinne interpretierten, daß sie möglichst wenig Auto fahren sollten, also auch nicht mit einem Taxi. Es könnte auch sein, daß die Teilnehmer sich noch nicht in allen Situationen auf ein Leben ohne eigenes Auto eingestellt hatten, so daß sie die Benutzung eines Taxis als Ersatz für das eigene Auto überhaupt nicht in Erwägung zogen. Denn Taxifahrten erzeugen zusätzliche Kosten, die man solange zu vermeiden sucht, solange das eigene Auto vor der Tür steht und feste Kosten produziert. Erst der Verzicht auf ein eigenes Auto setzt jemanden in die Lage, einen Teil des Verkehrsbudgets für Taxifahrten zu verwenden – wir werden darauf im dritten Teil dieses Buches noch genauer eingehen.

Die Teilnehmer, die sich für den Verkauf des eigenen Autos entschieden, griffen nach dem Experiment statt auf Taxis auf eine andere Alternative zurück. Etwa zeitgleich mit unserem Experiment wurde in Bremen das Projekt «Stadtauto» gestartet, ein Verein, dessen Mitglieder (ursprünglich) kein Auto besitzen dürfen, die aber statt dessen die vereinseigenen Automobile nutzen können. Auch darüber werden wir im dritten Teil des Buches noch berichten. Fast alle Teilnehmer, die auf ein eigenes Auto verzichteten, wurden Mitglieder der «Stadtauto»-Initiative.

Mobil ohne Auto: begrifflicher Widerspruch oder unbegriffene Wirklichkeit?

Jahrzehntelang haben Verkehrswissenschaft und Verkehrspolitik Mobilität mit Automobilität gleichgesetzt. Dies gilt ebenso für unser Alltagsbewußtsein. Es ist heute kaum noch zu klären, was zuerst vorhanden war, die Alltagsgewißheit oder die wissenschaftliche Definition. Wahrscheinlich hat sich beides aneinander entwickelt; es entstammt jedenfalls dem gleichen ideologischen Background. Intuitiv glaubten und glauben wir zu wissen, daß erst das Auto uns mobil macht, und die Verkehrswissenschaft hat dieses intuitive Wissen dadurch abgesichert und bestärkt, daß sie Mobilität zunächst als Häufigkeit der Autofahrten definierte, dann – mit großer Verzögerung – als Häufigkeit aller Fahrten, also auch der ÖPNV- und Fahrradfahrten.

Erst seit etwa Mitte der siebziger Jahre gibt es Versuche, diesen wissenschaftlich einseitigen Mobilitätsbegriff aufzubrechen und durch Konzepte zu ersetzen, die das gesamte Spektrum unserer Bewegungen außerhalb der Wohnung berücksichtigen. Auf der Grundlage solcher Differenzierungen wurde deutlich, daß Mobilität keineswegs identisch mit Automobilität ist – und auch nie gewesen war. Wir wollen deshalb in den folgenden Abschnitten überprüfen, wie mobil unsere Familien aus der Perspektive der neueren Mobilitätdefinitionen tatsächlich sind.

Was, wann, wo, wie oft

Ein erstes Element zur Entkoppelung jener fatalen Identität von Mobilität und Automobilität finden wir in Manfred J. Wermuths Definition der «individuellen Mobilität» aus dem Jahre 1978. In der etwas vertrackten Sprache der Verkehrswissenschaft ist die «individuelle Mobilität» die individuelle Häufigkeit der Aktivitäten, die außerhalb der eigenen Wohnung stattfinden. Einfacher: die Häufigkeit, mit der wir etwas außerhalb der Wohnung unternehmen. Je häufiger wir die Wohnung verlassen, um so mobiler sind wir. Die Möglichkeiten und Notwendigkeiten, etwas außerhalb der Wohnung zu unternehmen, sind – auf einen Tag bezogen – zeitlich über die Spanne von 24 Stunden und räumlich über einen Bereich von der nächsten Umgebung der Wohnung bis zum weiteren städtischen Umfeld (und darüber hinaus) verteilt. Zur Verdeutlichung: Wer in einem Bio-Laden einkaufen will, braucht sich vor zehn Uhr morgens nicht auf den Weg zu machen; wer die Kinder zur Schule bringt, muß dies häufig schon vor acht Uhr morgens tun; der Schichtarbeiter verläßt seine Wohnung zu anderen Zeiten als ein Bankangestellter oder ein Lehrer. Fast jede Aktivität hat ihre Zeiten und Orte, und Tageszeit und Lebensraum setzen uns quasi-natürliche Grenzen. Wir haben zu verschiedenen Zeiten, für verschiedene Aktivitäten und für unterschiedliche Entfernungen verschiedene Verkehrsmittel zu unserer Verfügung. Dennoch sind in der Definition Wermuths weder die unterschiedlichen Entfernungen noch die verschiedenen Verkehrsmittel enthalten. Sie interessieren ihn nicht, da er davon ausgeht, daß der entscheidende Faktor für die Häufigkeit, mit der wir die Wohnung verlassen, um woanders etwas zu tun, in der individuellen «Aktivitätennachfrage», also in unseren Wünschen und Bedürfnissen zu sehen ist. Wermuth kann zeigen, daß eine Verbesserung der Verkehrsmöglichkeiten – also bessere Straßen, schnellere Autos, direktere Straßenbahnverbindungen usw. – deshalb keineswegs dazu führt, daß wir die Wohnung häufiger verlassen; allein unser Aktionsradius würde durch solche Maßnahmen erweitert. Wir unternehmen nicht mehr als vorher, aber möglicherweise tun wir es in größerer Entfernung von der Wohnung.

Auch Clar, Friedrichs und Hempel (1979) kamen bei einer empirischen Untersuchung zu dem Ergebnis, daß die Personen, die über ein Auto verfügen, sich werktags und sonntags zwar länger, nicht aber häufiger außerhalb der Wohnung aufhalten und daß sie ihre Tätigkeiten weiter von der Wohnung entfernt ausüben als diejenigen Personen, die nicht über einen Pkw verfügen. Damit bestätigen sie Wermuth: Personen mit Auto sind nicht aktiver als Personen ohne Auto. Nimmt man zur sogenannten «Aktivitätenhäufigkeit» noch die Unterschiedlichkeit, die Verschiedenartigkeit dessen, was wir tun, mit hinzu, zeigt es sich, daß auch diese nicht bedeutsam durch das Merkmal der Autoverfügbarkeit beeinflußt wird. Ein Verzicht auf die Benutzung des Automobils würde demnach also lediglich den Aktionsradius verkleinern, nicht aber die Mobilität.

Wie war dies bei unseren Familien? Ob sich deren individuelle Mobilität – also die Häufigkeit und die Verschiedenartigkeit ihrer Tätigkeiten – während der autofreien Zeit veränderten, konnten wir anhand der Tagebuchaufzeichnungen nicht beurteilen. Die Aufzeichnungen beginnen zwar schon eine Woche vor dem eigentlichen Experiment, dieser Zeitraum ist aber zu kurz, um als Vergleichsbasis dienen zu können. Denn gerade Aktivitäten, die nicht in einem regelmäßigen täglichen oder wöchentlichen Turnus stattfinden, konnten innerhalb der einen Woche nur zufällig und vereinzelt im Tagebuch erfaßt werden.

Wir mußten uns zur Klärung dieser Frage im wesentlichen auf die Äußerungen im Abschlußinterview verlassen. Wir fragten die Teilnehmerinnen und Teilnehmer an unserem Projekt also direkt, ob sie sich in ihren Aktivitätsmöglichkeiten während der autofreien Zeit eingeschränkt fühlten. Diese Frage wurde von allen verneint. Zwar haben sie hin und wieder eine bestimmte Unternehmung durch andere Aktivitäten ersetzt, dies aber im allgemeinen nicht als nachteilig empfunden. Sie hatten insgesamt also nicht das Gefühl, in ihrer individuellen Mobilität durch den Verzicht auf das Auto eingeschränkt worden zu sein.

Längerfristig geplante oder regelmäßig ausgeübte Aktivitäten wurden wegen des Autoverzichts nicht durch andere ersetzt. Die Zielorte wurden meistens ohne Auto erreicht. Aktivitätswünsche, die sich spontan ergaben und für deren Realisierung zuvor gewöhnlich das Auto benutzt worden wäre, mußten dagegen des öfteren zurückgestellt oder in andere Aktivitäten umgeleitet werden.

Das Ersetzen einer spontanen Wunschaktivität durch eine andere muß aber nicht generell als negativ erlebt oder als Notlösung verstanden werden. Sicher können sich die spezifischen Qualitäten und der Erlebniswert voneinander unterscheiden. Ob aber eine Ersatztätigkeit als Verzicht erlebt wird, dürfte wohl vorrangig davon abhängen, wie intensiv der jeweilige Wunsch ist und ob man sich ihn unter anderen Bedingungen problemlos hätte erfüllen können. Möglicherweise sind Tätigkeiten leichter austauschbar, wenn ihr

Hauptzweck darin liegt, überhaupt etwas zu unternehmen, zum Beispiel spazieren zu gehen oder mit den Kindern zu spielen. Da gibt es dann viele gleichwertige Möglichkeiten.

Gelegentlich blieben unsere Familien bei der gleichen Tätigkeit, führten sie aber an einem anderen Ort aus. So fuhr etwa eine Familie, die seit einem halben Jahr in Bremen Nord lebte, von dort aus samstags immer mit dem Auto nach Findorff – einem innenstadtnahen Bremer Stadtteil – zum Markt, sowohl um einzukaufen als auch um Bekannte aus ihrer vorherigen Wohngegend zu treffen. Während der autofreien Zeit änderte sich diese Gewohnheit; die Familie fuhr nun mit dem Fahrrad zum nähergelegenen Markt in Vegesack. Einerseits vermißten sie die alten Bekannten beim Marktbummel, andererseits trafen sie neuere Bekannte auf dem Vegesacker Markt. Aus der «Not» der Autolosigkeit entstand plötzlich ein Verhalten, welches die Ablösung vom alten und die Gewöhnung an das neue Wohngebiet beschleunigte. Den Ort einer Tätigkeit zu verändern, führt immer auch zu einer Veränderung der spezifischen Qualität der Tätigkeit. Es tritt etwas anderes, etwas Neues hinzu, daß – wie das Beispiel der Aneignung der neuen Wohnumgebung zeigt – durchaus auch positiv bewertete neue Qualitäten aufweisen kann.

Die dritte Dimension eines Wandels der individuellen Mobilität – neben der Veränderung der Tätigkeit und der Veränderung des Aktivitätsortes – ist in der Veränderung der Wege und der dafür benutzten Verkehrsmittel zu sehen. Wurden also gelegentlich Tätigkeiten oder Aktivitätsorte verändert, so ergaben sich umgekehrt aus der Veränderung der Wege und der benutzten Verkehrsmittel auch Situationen, aus denen heraus andere Tätigkeiten entstanden, zu denen es sonst nicht gekommen wäre. Ein Teilnehmer beispielsweise unterbrach seine Straßenbahnfahrt auf dem Rückweg vom Arzt für einen Stadtbummel: «Mit dem Auto hätte ich niemals die Zeit für den kleinen Stadtbummel mit Jakob gehabt.»

Resümierend läßt sich festhalten, daß
- die Veränderung einer Tätigkeit gelegentlich durch die Autolosigkeit erzwungen wurde, daß aber die Ersatzaktivität in der Regel ebenso befriedigend war;
- der Wechsel des Aktivitätsortes einen Einfluß auf die Qualität dessen hat, was man tut; es geht etwas verloren, aber es kommt auch etwas hinzu;

- neue Wege und die Benutzung anderer Verkehrsmittel in der Regel auch neue Handlungsmöglichkeiten eröffneten, die es bei der Benutzung des Automobils nicht gegeben hätte.

Wir haben die individuelle Mobilität in Anlehnung an die oben genannten Autoren als die Häufigkeit von außer Haus stattfindenden Tätigkeiten und deren Verschiedenartigkeit begriffen. Unter dieser Perspektive dürfte sich durch die vier Wochen ohne Auto die individuelle Mobilität nicht verändert haben. Berücksichtigen wir weiterhin, daß durch die Benutzung anderer Verkehrsmittel weitere Handlungschancen, die mit dem Automobil ausgeschlossen gewesen wären, hinzukamen, kann man vermutlich sogar umgekehrt von einer Erweiterung der individuellen Mobilität ausgehen.

Mobilität als Verfügung über den Raum

Schon 1974 kritisierte der Verkehrswissenschaftler E. Kutter die Gleichsetzung von Mobilität mit der Anzahl von (motorisierten) Fahrten. Fahrten mit dem Automobil (und dem ÖPNV) – so die einleuchtende Argumentation von Kutter – seien nur eine Fortbewegungsart unter anderen. Überdies hätten die meisten dieser Fahrten ohnehin nur die Fortbewegung mit den eigenen Füßen und dem Fahrrad ersetzt. Er schlug deshalb vor, die Definition «Mobilität = Fahrtenaufkommen» gegen die Definition «Mobilität = Gesamtzahl aller Ortsveränderungen» auszutauschen. Dadurch geriet auch die nähere Wohnumgebung wieder in den Blick. Der vorgeschlagene Mobilitätsbegriff konzentriert sich nicht mehr nur auf die Durchlässigkeit des städtischen Raumes für den automobilen Verkehr, sondern umfaßt auch die Ausstattung des näheren Wohnumfelds. In der etwas umständlichen Sprache der Verkehrswissenschaftler: Mobilität ist gleich der Beweglichkeit bzw. der Fähigkeit, Einrichtungen zu erreichen (Kutter). Mobilität als die Gesamtzahl der Ortsveränderungen zielt also auf die Frage: Welche Geschäfte, Kinos, Waschsalons, Supermärkte, Kneipen, Behörden und so weiter und so fort kann eine Person außerhalb ihrer Wohnung zu Fuß, mit dem Rad, dem ÖPNV oder mit dem Auto erreichen?

Wir wissen heute, daß etwa ein Drittel aller Pkw-Fahrten nach drei Kilometern und insgesamt 50 Prozent nach fünf Kilometern enden. Nur ein Viertel aller Autofahrten führt weiter als 10 km. Das Gros der mit dem Auto zurückgelegten Wege hätte also durchaus zu Fuß oder mit dem Rad bewältigt werden können. Deshalb war es für unser Experiment von zentraler Bedeutung, ob sich durch den Verzicht auf das Automobil die «Beweglichkeit» unserer Familien verändern würde. Jahrzehntelang haben wir unsere Fuß- und Radwege durch Autofahrten ersetzt. Nun muß umgekehrt die Frage beantwortet werden: Können wir unsere Autofahrten durch die anderen Fortbewegungsarten ersetzen?

Beweglichkeit im Raum ist kein Selbstzweck. Man geht aus dem Haus, um etwas zu erledigen, zu arbeiten, sich zu vergnügen, die Kinder zur Schule zu begleiten oder bestimmte Ziele zu erreichen. Beweglichkeit im Raum kann also auch als Chance verstanden werden, den eigenen Aktionsradius zu erweitern. Wir wissen, daß in der modernen Stadt diese Chance keineswegs gleich verteilt ist. Zudem galt lange Zeit das Auto als «beweglicher» (weil schneller) als das Fahrradfahren, der ÖPNV oder gar die eigenen Füße. Der Verzicht auf die Benutzung des Autos hätte demnach, vor dem Hintergrund eines begrenzten Zeitbudgets, eine Verkleinerung des Aktionsraumes zur Folge haben müssen. Andererseits, da ja die Hälfte der Autofahrten bereits nach fünf Kilometern beendet sind, war kaum zu erwarten, daß unsere Familien ihre Autofahrten nicht hätten ersetzen können.

Die Beweglichkeit im Raum – also die Chance, die eigenen Ziele zu erreichen – läßt sich in einer Relation von Geschwindigkeit und Geld ausdrücken: Bestimmte Ziele sind in einer für eine bestimmte Entfernung angemessenen Zeit nicht ohne einen erheblichen Geldaufwand zu erreichen, wobei die Angemessenheit der benötigten Zeit sich an der subjektiven Wahrnehmung der mit dem Auto benötigten Zeit bemißt. Wie subjektiv, möchten wir an einem Beispiel verdeutlichen: Ein Lehrer hatte sich nach einem Unfall entschlossen, die am anderen Stadtende liegende Schule für die dreiwöchige Dauer der Autoreparatur mit öffentlichen Verkehrsmitteln aufzusuchen. Seiner vermeintlich schlechten Erfahrungen mit dem ÖPNV eingedenk, plante er am ersten Morgen eine Stunde Fahrzeit ein, um dann feststellen zu müssen, daß er bereits nach 40 Minuten am Ziel war. Mit dem Auto hatte er immer 30 Minuten gebraucht. Er war davon sehr beeindruckt, sagte aber dennoch eines Abends zu uns: «Wenn der Bus zehn Minuten weniger brauchen würde, ich würde mein Auto abschaffen.» An zehn Minuten hing es also, daß diese Familie – ein Lehrerehepaar mit zwei Kindern – bei ihren beiden Autos blieb, die sie hauptsächlich für den Berufsweg nutzte. Diese zehn Minuten wurden auch durch eine Ersparnis von etwa 600,– DM im Monat bei einer Ausgabe von 40,– DM für eine Bremer Karte nicht kompensiert.

An anderer Stelle haben wir schon dargelegt, daß unsere Familien die einzige wirkliche Einschränkung ihrer Beweglichkeit bei den Versuchen erlebten, das städtische Umland am Wochenende anders als mit dem Auto zu erreichen. Innerhalb der Stadt dagegen erlebten sie – im Gegensatz zu dem gerade zitierten Beispiel des Lehrerhaushalts – keine Einschränkung der Mobilität. Der Zeitaufwand war zwar bei weiteren Entfernungen mitunter größer als mit dem Auto, wurde aber oft dadurch kompensiert, daß Zeitverluste etwa durch Parkplatzsuche oder Staus entfielen. Daher war die effektiv für eine Strecke aufgewandte Zeit häufig sogar kürzer als mit dem Auto.

Wir können davon ausgehen, daß die Personen unserer Haushalte kurze Entfernungen fast immer schon zu Fuß zurücklegten. Hier wird das Auto also nicht «ersetzt». Hinsichtlich des Fahrrads stellen sich die Verhältnisse grundlegend anders dar. Wie uns unsere Familien deutlich machten, büßt das Auto nicht nur wegen der Staus an Konkurrenzfähigkeit ein, sondern auch wegen der Schwerfälligkeit bei der Parkplatzsuche. Städtische Autofahrten sind – was viele glauben – nicht mehr nur schlecht als recht durch Fahrradfahrten zu ersetzen; das Gegenteil ist der Fall. Um es verkehrswissenschaftlich und zusammenfassend auszudrücken: Die «Substitution» von Autofahrten durch Fahrradfahrten erhöht die Mobilität im städtischen Bereich. Wer innerhalb der Stadt mit dem Fahrrad statt mit dem Auto fährt, ist oft schneller, immer pünktlicher, fährt meist kürzere Strecken und hat mehr von der Fahrt als der Autofahrer.

Mit Kindern unterwegs

Alle Eltern wissen, daß Kinder sich anders und zumeist langsamer bewegen als Erwachsene, eine Erfahrung, die sie beim täglichen Einkauf, bei Spaziergängen und Radtouren immer wieder machen. Kinder sind langsam und neugierig, wollen überall etwas wissen und sind überhaupt nicht zielgerichtet.

Diese Erfahrung gewinnt aber durch das Leben ohne Auto eine andere Qualität. Denn nun müssen sich die Eltern auch bei den Wegen, für die man die Kinder früher einfach ins Auto gepackt hatte, den Kindern anpassen: «Bei Bus oder Auto müssen sich die Kinder dem vorgegebenen Tempo anpassen, beim Rad und zu Fuß muß ich mich ihnen anpassen: ich habe Anpassungsschwierigkeiten.» Dieses freimütige Bekenntnis zeigt, wie sehr wir es verlernt haben, in unserem Alltagsleben ganz selbstverständlich das Tempo der Kinder zu unserem Maßstab zu machen.

Dies gilt besonders für die Fortbewegung zu Fuß und wurde von einer Teilnehmerin auch sogleich theoretisiert: «Bestimmte Ziele mit den Kindern zu Fuß zu erreichen, ist nur unter bestimmten Voraussetzungen möglich: Das Ziel darf nicht zu weit entfernt sein (1 km), man darf nicht unter Zeitdruck stehen bzw. muß genügend Zeit einkalkulieren, weil Lore alle zwei Meter etwas Neues entdeckt, was sie veranlaßt, stehen zu bleiben.» Im allgemeinen stellten sich die Erwachsenen in unserem Versuch trotz ihrer Anpassungsschwierigkeiten auf ihre Kinder ein. Sie kalkulierten entweder mehr Zeit für die Wege ein oder nahmen die Kinder – wenn die Zeit besonders knapp war – auf ihren Fahrrädern mit.

Waren unsere Eltern (meist die Mütter) auf längeren Strecken mit Kinderwagen unterwegs, waren sie auf den ÖPNV angewiesen. Dadurch entstehen ganz andere Probleme. Der Kinderwagen muß zum einen mit Hilfe einer zweiten Person in Bus und Straßenbahn gehoben oder im Nahverkehr der Bundesbahn die Bahnhofstreppen rauf und runter getragen werden. Zum anderen muß in Bus und Straßenbahn ein Stellplatz frei sein. Die Erfahrungen der teilnehmenden Familien waren überwiegend positiv, sie trafen fast immer auf Hilfsbereitschaft: «Beim Ein- und Aussteigen in den Bus gab es nette Leute, die mir mit dem Kinderwagen ohne Aufforderung geholfen haben.» Auch hinsichtlich eines flexiblen Umgangs mit mehreren Kinderwagen im Bus gab es angenehme Erfahrungen, obgleich der Busfahrer mit seinem Entgegenkommen eine betriebsinterne Dienstanweisung übertreten haben dürfte: «Der Busfahrer (Rückweg) war so freundlich, mich samt Kinderwagen mitzunehmen, obwohl bereits zwei Kinderwagen im Bus waren und durch den dritten ein Gang blockiert wurde. Mir ist es schon passiert, daß ich Busse fahren lassen mußte, weil kein Platz mehr für mich und meine Kinder war. Deswegen war ich heute morgen angenehm überrascht.» Auch bei der Bahn gab es gelegentlich Unterstützung: «Freundliche, hilfsbereite Bahnbedienstete (Benutzung des Lastenaufzugs in Bremen wegen Kinderwagen, Hilfe beim Einsteigen).» Wir müssen allerdings hinzufügen, daß wir auch viele gegenteilige Berichte kennen und auch selber gegenteilige Erfahrungen gemacht haben. Bleibt die Frage, wieso die negativen Erfahrungen besser im Gedächtnis bleiben als die positiven. Wir wollen darauf hier nicht näher eingehen, aber doch festhalten, daß vermutlich eine negative Erfahrung mit unhöflichem oder auch nur gleichgültigem Personal im ÖPNV mehr zu dessen Image beiträgt als zehn positive Erfahrungen. Bei der Bundesbahn scheint man solche Zusammenhänge zu erahnen und sorgt zumindest auf den überregionalen Strecken für ein auch in dieser Hinsicht geschultes Personal. Beim ÖPNV ist man diesbezüglich von einem modernen, am Markt orientierten Dienstleistungsunternehmen noch ziemlich weit entfernt.

Bei weiteren Fahrten mit Kindern stellten unsere Familien gelegentlich Vergleiche zwischen den Vor- und Nachteilen des ÖPNV, der Bundesbahn und des Automobils an: «Die Kinder haben im Zug mehr Bewegungsfreiheit als im Auto.» – «Ich kann mich mit den Kindern beschäftigen, was bei der Fahrt mit dem Auto nicht möglich ist, da ich meist Fahrer bin.» Eine Familie berichtete im Abschlußinterview, daß ihr bei einer Autofahrt nach Ende des Experiments noch einmal besonders bewußt geworden war, wie anstrengend es ist, mit den Kindern im Auto zu fahren, und wie angenehm es im Gegensatz dazu gewesen war, sich in der Eisenbahn mit den Kindern beschäftigen zu können.

Die positive Bewertung der Zugfahrt gegenüber der Autofahrt ist aber sehr situationsabhängig. Es gibt Gelegenheiten, besonders abends und nachts, bei denen eine Zugfahrt eher als Zumutung empfunden wurde. Vor allem das Umsteigen macht bei solchen Fahrten Probleme, weshalb das Auto hier unvergleichbare Vorteile aufweist: «Als die Kinder müde waren, wurden sie ins Auto gebracht und schliefen unterwegs problemlos ein.» Daß man im übrigen mit dem Auto sehr viel flexibler auf die jeweilige Situation reagieren kann, wenn die Kinder zum Beispiel beim Spielen am Wasser nasse Füße bekommen haben oder quengelig werden, ist ein ebenso bekannter Vorteil des Automobils wie das problemlose Mitnehmen von Kinderutensilien und Kinderspielzeug.

Wegezeiten: Verbrachte Zeit und verbrauchte Zeit

Bislang konnten wir feststellen, daß weder die individuelle Mobilität (Häufigkeit und Vielfalt der Aktivitäten außer Haus) noch die Mobilität im Sinne der Erreichbarkeit der Ziele in den Wochen ohne Auto eingeschränkt war. War die Beweglichkeit also grundsätzlich auch ohne Auto gewährleistet, so nahmen doch manche Fahrten mehr Zeit in Anspruch, als es mit dem Auto der Fall gewesen wäre. Der größere Zeitaufwand wurde aber nur selten negativ wahrgenommen, insbesondere dann, wenn es um das Einhalten von Terminen ging. Daß hier eine subjektive Fehleinschätzung vorliegen könnte, erfuhren wir bei manchen Diskussionen, die sich nach der Präsentation unserer Untersuchungsergebnisse in der Öffentlichkeit ergaben. Viele Großstadtbewohner fahren inzwischen offenbar vor allem dann, wenn sie zu einem Termin besonders pünktlich erscheinen müssen, nicht mit dem Auto, sondern mit dem Rad.

Wenn Wege länger dauerten als mit dem Auto, konnten sich die Versuchsteilnehmer darauf einstellen und erlebten keinen Zeitdruck: «Wir haben uns insgesamt mehr Zeit genommen. Ich habe im Bus gelesen, wir haben uns unterhalten.» Die zusätzlich benötigte Zeit war allerdings vorweg zu berücksichtigen: «Nicht so streßig wie im Auto; man plant etwas großzügiger mit der Zeit.»

Wenn die Teilnehmerinnen und Teilnehmer sich explizit zu den Wegezeiten äußerten, wurden diese durchgehend als entspannend beschrieben: «Der Rückweg am Abend in Ruhe war angenehm.» – «Rückweg durch den Bürgerpark war nach dem Betrieb in der Stadt unheimlich entspannend.» Im Gegensatz zum Autofahren erforderte die Fortbewegung mit öffentlichen Verkehrsmitteln keine Konzentration auf den Verkehr; entweder richteten die Teilnehmer ihre Aufmerksamkeit auf die Umgebung, oder sie lasen in ihren Büchern und Zeitungen.

Die Zeit der Fortbewegung konnte sinnvoll genutzt werden: «Unterhaltung während gemeinsamer Radfahrt mit meinem Sohn war eher möglich, als wenn ich mich sehr auf den Verkehr (im Auto) hätte konzentrieren müssen.» – «Rückweg zu Fuß gab Anlaß zu einer guten Unterhaltung.» Hierbei verschwimmen die Konturen des Zwecks der Fortbewegung; die Unterhaltung, das Gespräch, das Zusammensein – all dies wird mindestens ebenso wichtig wie das Erreichen eines Zieles, zu dem man gemeinsam aufgebrochen ist. Vielleicht liegt hierin das Geheimnis der Entdeckungen unserer Familien.

Generell erlebten die Teilnehmer sich selbst und die Umwelt gehend, fahrradfahrend oder in Bus und Straßenbahn anders als beim Autofahren. Die Zeit während der Autofahrt wurde gewissermaßen vom Fahren aufgezehrt, durch das Fahren verbraucht. Gingen unsere Teilnehmer zu Fuß, fuhren sie mit dem Rad oder mit den öffentlichen Verkehrsmitteln, wurde die Zeit nicht verbraucht, verschwand nicht einfach in der Strecke zwischen Start und Ziel. Sie blieb unseren Teilnehmern erhalten, sie konnten sie nutzen, um sich anderen Dingen zu widmen oder sich auf die unmittelbaren Sinneseindrücke einzulassen: eine entspannte Zeit außerhalb des Zeitdiktats.

Wir glauben, daß sich dies auch in der Wahrnehmung von Situationen ausdrückt, in einem veränderten Blick auf die Fortbewegung und das Reisen, auf sich selbst und die anderen: «Es war ein herrliches Bild wie wir vier, mehr oder weniger beladen, um die Mittagszeit losradelten (Julia mit Teddy vorm Bauch und Rucksack, Lothar mit Fahrradkörbchen, ich mit Kuchen auf dem Gepäckträger, Ute mit prall gefüllten Packtaschen).» Die Sinnlichkeit dieser Situationsbeschreibung dürfte in der Routine eines Aufbruchs mit dem Auto zum selben Ziel und mit demselben Zweck nicht ohne weiteres wiederzufinden sein. Die Metaphorik, in die unser Protokollant diese Szene gekleidet hat, hätte bei einer Autofahrt mit Sicherheit völlig anders ausgesehen.

Eine entspannte und entspannende Fortbewegung wirkte sich auch auf die Zeiten vor und nach der Fahrt aus: «Eigentlich war's ganz schön, den Regen – geschützt im Gartenhaus – zu beobachten und einfach abzuwarten, bis er nachläßt, statt im Auto nach Hause flüchten zu können. Wahrscheinlich hätten wir sonst im strömenden Regen – notgedrungen hektisch – eingepackt. So lief eben alles ganz ruhig ab.» Während der Zeit des Wartens entstand kein Gefühl der Rastlosigkeit oder Unruhe, sondern eher eine Situation der Beschaulichkeit, Entspannung und Stille.

Wir hatten den Eindruck, daß die während des Zufußgehens, Radfahrens und der Benutzung der öffentlichen Verkehrsmittel aufgewendete Zeit als ein Stück Lebenszeit wahrgenommen wurde, welches sich in seiner Qualität durch eine besonders bewußte und intensive Selbst- und Umweltwahrnehmung auszeichnete. Im Abschlußinterview versuchten wir, diesen Gedanken zu artikulieren und die beteiligten Personen danach zu fragen, ob auch sie diesen Eindruck teilten. Sie bestätigten unseren aus den Tagebüchern gewonnenen Eindruck. Sie hatten das Gefühl, viel mehr und intensiver wahrgenommen zu haben als beim Autofahren.

Mobilität ist – daran kann kein Zweifel bestehen – ein Bestandteil der Lebensqualität. Für die traditionelle Verkehrswissenschaft (und Stadtplanung und Verkehrssoziologie etc.) reduziert sie sich aber auf eine schnelle Erreichbarkeit der Ziele. Unsere Familien haben uns deutlich gemacht, daß die Geschwindigkeit nicht alles ist, daß es vielmehr darauf ankommt, «wie» die Zeit der Fortbewegung erlebt wird. Auf eine Formel gebracht, ließe sich dieses Ergebnis etwa so formulieren: Der im Auto «verbrauchten» Zeit steht die auf den Wegen «verbrachte» Zeit gegenüber – erlebte Zeit statt physikalischer Zeit.

Die Entstehung des Raumes in der Erfahrung

In den vorangegangenen Abschnitten haben wir zwei zentrale Dimensionen des Mobilitätsbegriffs zum Thema gemacht: die Häufigkeit und Verschiedenartigkeit der außerhalb der Wohnung ausgeübten Aktivitäten sowie die Art und Weise, wie Ziele im städtischen Raum (und im Umland) erreicht werden können. Die Verkehrswissenschaft und alle verwandten Disziplinen verknüpfen Mobilität mit dem Begriff der Raumüberwindung. Der Raum wird dadurch als «Widerstand» begriffen, seine hauptsächliche Qualität ist die Durchlässigkeit. Wird der Blick – wie in den Verkehrswissenschaften – nur auf das Ziel gerichtet und der Weg durch den Raum nur als Überwindung eines Widerstandes definiert, gerinnt der Mobilitätsbegriff zu einer physikalischen Größe. Der Raum wird zu einer externen, zu überwindenden Größe. Tatsächlich aber entsteht der Raum in seiner Qualität durch die Art und Weise, wie wir uns in ihm bewegen, wie wir ihn ausstatten und mit welchen Symbolen wir ihn belegen. Die Bewegung durch den Raum ist also nicht nur eine physikalische Funktion; sie ist der Prozeß, durch den wir den Raum produzieren. Die soziale Qualität des Raumes entsteht in der Interaktion zwischen uns und den Räumen, die wir durchlaufen, durchfahren, in denen wir sitzen oder uns aufhalten. Deshalb ist der Raum, den wir mit dem Automobil durchqueren, ein anderer als der, durch den wir laufen und radfahren oder den wir aus dem Fenster einer Straßenbahn wahrnehmen.

Wir wollen uns daher mit den Wahrnehmungen der Versuchsteilnehmer auf den Wegen beschäftigen. Wir knüpfen an deren Erfahrungen an und wollen versuchen zu zeigen, daß die Wahrnehmung der Umwelt der Bewegung durch den Raum eine Qualität verleiht, die im Mobilitätsbegriff der Verkehrswissenschaftler nicht enthalten ist. Die Präsenz auf den Wegen ist aber Bestandteil der Mobilität, sie ist ihre unterschlagene Dimension. Sie bestimmt die Qualität unserer Raumaneignung, unserer Raumkenntnis und Raumdurchdringung. All das sind aktive Prozesse, durch die wir dem Raum eine Struktur geben, durch die wir ihn in unserer Erfahrung herstellen.

Die Art der Bewegung im Raum bestimmt die Raumwahrnehmungs- und Raumerlebnismöglichkeiten der Individuen. Die sinnliche Wahrnehmung der Umgebung unterscheidet sich je nach der Geschwindigkeit der Fortbewegung und nach der Art der benutzten Verkehrsmittel. Wir vermuteten zunächst, daß die Fortbewegung zu Fuß, mit dem Fahrrad und den öffentlichen Verkehrsmitteln generell zu einer intensiveren Wahrnehmung der Umwelt führen würde als die Fortbewegung mit dem Auto. Wir nahmen weiterhin an, daß die Teilnehmer am Experiment während der autofreien Zeit ihre Wege nicht nur als Raumüberwindung wahrnehmen würden. Gerade durch die Wahrnehmungen auf den Wegen und durch das Erleben der Wege erhalten diese gegenüber dem Ziel eine eigenständige Bedeutung. Dominiert bei der Autofahrt das Ziel den Raum – weshalb die automobile Raumüberwindung oft auch als Raumzerstörung interpretiert wird –, stehen beim Gehen, beim Radfahren und bei der Benutzung der öffentlichen Verkehrsmittel gewissermaßen Raum und Ziel nebeneinander. Raumentfaltung statt Raumzerstörung.

In der Tat registrierten unsere Teilnehmer die Veränderung der Wahrnehmung und bestätigten damit unsere Annahmen: «Es war wunderschön, durch den Sonnenschein und die warme Luft zu fahren.» Selbst kleinste Details brachten sie zu Papier: «Man kann viele sinnliche Erfahrungen auf dem Rad bzw. beim Warten an der Haltestelle machen: Gerüche, Geräusche, Gesprächsfetzen, Plakate.» Beim Zufußgehen und Radfahren waren solche Erfahrungen erwartungsgemäß besonders ausgeprägt: «Ich konnte mir alle Schaufenster und Menschen in Ruhe ansehen.»

Zunächst ging es unseren Teilnehmern um die Qualität der unmittelbaren Umgebung des Weges. Radwege an verkehrsreichen Straßen galten als ausgesprochen unattraktiv: «Der Rückweg von Vegesack nach Lesum an der Hauptstraße lang (weil die kürzeste Strecke) war sehr unangenehm, weil laut und stinkig. Außerdem sind das schlechte Radwege (St. Magnus).» Naturnahe Gegenden wurden dagegen ganz anders wahrgenommen: «Fahrradfahren an der Lesum ist erholsam, weil es dort ruhig und landschaftlich schön ist.»

Über die Qualität der unmittelbaren Umgebung hinaus erhielten die Wege aber auch durch das, was sie zu erschließen erlaubten, eine weitere spezifische Qualität: «Als ich von der Parzelle zum Markt gefahren bin, konnte ich mir den Fortgang der Bauarbeiten im Neubaugebiet viel ruhiger ansehen, als das sonst im Auto geht.» Je langsamer man sich fortbewegt, um so mehr kann man beobachten. In dieser Hinsicht galten die Füße einigen unserer Teilnehmer auch mehr als das Fahrrad: «Ein Gang durch Findorff ist viel beschaulicher, als wenn man mit dem Rad durchhetzt.» Oder auch: «Ich hatte Zeit zum Bummeln, mußte in vielen Geschäften Besorgungen machen und wollte mich mal wieder umsehen.»

Die bislang angeführten Beispiele liegen durchaus im Bereich der üblichen Erfahrungen von Stadtbewohnern. Eine seltenere, in unserem Zusammenhang aber ungleich wichtigere Raumerfahrung ergab sich durch das Ausprobieren neuer Wege und das Kennenlernen neuer Gegenden. Die Autolosigkeit ermöglichte unseren Teilnehmern die Erkundung neuer Routen: «Fahrt nach Walle mußte erkundet werden, da ich noch nie mit der Bahn dort war.» Wie festgelegt wir in unseren Wegen sein können, zeigt das folgende Beispiel: «Habe nun wohl endgültig den kürzesten und gleichzeitig schönsten Radweg nach Walle entdeckt. Bin sonst immer umständlicher und auch gefahrvoller gefahren (weniger Radwege).» Solange er Auto und Rad fuhr, war dieser Teilnehmer mit beiden Verkehrsmitteln den gleichen Weg gefahren. Die Autostrecke mit dem Fahrrad abzufahren, hatte ihm nie gefallen; erst die Situation der Autolosigkeit machte ihn mobil.

Gerade in der Suche nach neuen Wegen wird auch der neue, doppelte «Sinn» der Wege deutlich: Hat die Suche einerseits den Zweck, den kürzesten und verkehrssichersten Weg herauszufinden, so soll sie andererseits auch den Weg mit der angenehmsten Umgebung ermitteln. Daß unsere Teilnehmer bei der Wahl des Weges der Umgebung eine große Bedeutung beimaßen, weist auf eine Veränderung der Bedeutung des Weges selbst hin. Beim Auto kommt es mehr darauf an, daß der gewählte Weg möglichst schnell zurückzulegen ist. Oft gibt es ja auch keine Alternativen. Bei den anderen Fortbewegungsarten kann dagegen die Qualität des Umfeldes einen wichtigen Einfluß auf die Wahl des Weges haben.

Durch die neuen Wege lernten die Teilnehmer des Experiments einige Gegenden ganz neu kennen. Die Entdeckung neuer Räume in den Gebieten, die sie zuvor nur aus der Autoperspektive kannten, wurde von den Teilnehmern sehr bewußt und mit Erstaunen erlebt. «Hab noch einen neuen Teil von Walle entdeckt und habe jetzt eher so die Struktur dieses Stadtteils im Kopf, als ich sie in mehreren Jahren mit dem Auto entdeckt hatte.» Darin zeigt sich nochmals besonders deutlich, wie die Erfahrung des Verkehrsweges die Raumstruktur herstellt. Der Wechsel der Perspektive verändert die Wahrnehmung des Stadtteils.

Der Weg als sozialer Raum

Ließ sich an der aktiven Auseinandersetzung mit der unmittelbaren Umwelt, an der Bewegung, eine Dimension des Raumbegriffs erschließen, ergab sich eine zweite Dimension aus der sozialen Kommunikation. Die Bedingungen der Kontaktaufnahme sind beim Zufußgehen, Radeln und Bus- oder Bahnfahren wesentlich günstiger als beim Autofahren. So können sich aneinander vorbeiradelnde oder -gehende Menschen eher ansehen und aufeinander reagieren: «Mir ist aufgefallen, daß sich entgegenkommende Radfahrer meist kurz im Vorbeifahren angucken. Ich habe die entgegenkommenden Radler ganz anders wahrgenommen als andere Autofahrer im Auto.»

Am einfachsten können Kontakte natürlich in den öffentlichen Verkehrsmitteln und an Haltestellen entstehen, obgleich sie gerade dort auch oft vermieden werden. Die meisten der aufgezeichneten Kontakte bestanden in kurzen und unverbindlichen Gesprächen:

«Im Bus kam ich kurz mit einem Mitfahrer ins Gespräch.» – «An der Haltestelle in Schwachhausen mit einem Mann aus Rostock ins Gespräch gekommen.» Es kommt aber auch gar nicht auf die Inhalte der Kommunikation an, die Möglichkeit zu einer solchen ist selbst schon die eigentliche Qualität.

Daß dies nicht immer erwünscht ist, zeigt sich in den Situationen, die eher als unangenehm empfunden worden sein dürften. «Anmache von einem Betrunkenen.» – «Auf dem Hauptbahnhof um Geld angesprochen.» Hier wurden unsere Teilnehmer mit einer Realität konfrontiert, die sie wohl mit dem Auto nicht so hautnah erlebt hätten. Dies dürfte allerdings auch – vor allem für Frauen – ein wichtiger Grund sein, zwischen sich und die Umwelt das schützende Blechgehäuse des Autos zu legen.

Die Raumstruktur der bundesrepublikanischen Städte ist weitgehend durch das Automobil geprägt. Stadträume, die wesentlich auf das Automobil zugeschnitten sind, erschweren andere Formen der Mobilität. Solche Stadträume grenzen aus, und sie grenzen vor allem Frauen aus. Wenn wir in unserem Alltagsleben den städtischen Raum wahrnehmen, gilt er uns als etwas Vorgegebenes, Objektives. In unser Handeln dagegen geht sehr wohl ein, daß der Raum etwas ist, was von uns gemacht wird, was aus unseren gesellschaftlichen Verhältnissen, aus unseren Beziehungen zueinander und aus unserer Kommunikation mit dem Raum und im Raum hervorgeht. Zwar objektiviert, verfestigt, in Beton gegossen, und dennoch von uns gemacht, uns beeinflussend und prägend. An kaum einem Sachverhalt wird dies deutlicher als an der angstbesetzten Raumerfahrung von Frauen in öffentlichen Räumen.

Nun werden auch Männer überfallen, haben auch Männer in bestimmten Situationen Angst vor körperlicher Gewalt – worüber sie kaum reden. Aber trotz aller Gefahren droht ihnen keine Vergewaltigung, und das ist eine entscheidende Differenz. Deshalb erleben Frauen städtische Räume anders. Das war auch bei den Frauen in unserem Experiment so, obgleich wir nur sehr wenige Äußerungen zu diesem Thema vorfanden. Die Fortbewegung ohne Auto ist zwar schon immer ein Kennzeichen weiblicher Mobilität gewesen (und ist es heute immer noch), sie wird aber für Frauen um so schwieriger, je mehr städtische Räume als Domänen Auto fahrender Männer ausgebaut werden. Aus den Tagebüchern wurde deutlich, daß Frauen sich in wenig belebten Gegenden unsicher fühlten, vor allem abends und nachts: «Bißchen merkwürdiges Gefühl nachts, (mit dem Fahrrad, d. V.) allein durch die Vahr zu fahren.» Der Verzicht auf die vor Männergewalt schützende Hülle des Automobils erfordert Überwindung, ist keineswegs selbstverständlich: «Zur Fete hätten wir normalerweise das Auto genommen, weil ich mich damit nachts auf dem Rückweg sicher fühle.» Und in dem folgenden Zitat drückt sich das ganze Elend der Geschlechterbeziehung im von Männern dominierten öffentlichen Raum aus: «Ich fühlte mich auf dem Rad mit meinem kurzen Rock angestarrt, habe deshalb abends sicherheitshalber eine Hose angezogen.» Sicherheitshalber etwas anziehen, was hoffentlich keinen Mann reizt, am besten unsichtbar werden. Abends und nachts ist jeder zu Fuß gehende Mann eine potentielle Bedrohung, nötigt einer Frau Vorsicht, ein bestimmtes Verhalten auf.

Die Bedrohung durch Gewalttätigkeiten, denen Frauen in unserer Gesellschaft ausgesetzt sind, scheint besonders intensiv in den städtischen Räumen erlebt zu werden, die entweder «autogerecht» oder «funktionsgerecht» (etwa U-Bahnhöfe) ausgeprägt sind und in denen daher oft nur wenige Menschen unterwegs sind, die eine soziale Kontrolle ausüben oder als Helfer eingreifen könnten. Wer in diesen Räumen als Mann und zu bestimmten Zeiten zu Fuß unterwegs ist, ist schon verdächtig. In den Suburbs in den USA sind Fußgänger gleich gar nicht vorgesehen. Trottoires gibt es nicht. Was sollte man in diesen Gegenden zu Fuß auch erledigen wollen? Wer dort zu Fuß unterwegs ist, wird vom nächsten Streifenwagen kontrolliert; «zu Fuß» zu sein, ist ein Verdachtsmoment.

So paradox es klingen mag: Für die intensive Wahrnehmung des Raumes beim Zufußgehen und Radeln ist das Empfinden von Bedrohungen ein sehr plastisches Beispiel, weil es darauf verweist, daß der Raum mehr ist als nur ein abstrakter physikalischer Begriff. Gerade an solchen Empfindungen erweist sich der Raum als sozial konstituiert. Die Potentialität einer Bedrohung macht den Raum real bedrohlich. Im Gegensatz zur Wahrnehmung bei der Fahrt mit dem Auto wird hier zu Fuß oder mit dem Rad die soziale Konstitution des Raumes viel deutlicher erlebt. Daß dies zugleich auch eine geschlechtsspezifische Raumwahrnehmung ist, beweist nur das grundlegende Faktum der sozialen Konstituiertheit des Raumes.

Das Automobil bietet aber nicht nur eine schützende Intimsphäre vor fremder Anmache, es verhindert weitestgehend Wahrnehmungen, die über das unmittelbare Verkehrsgeschehen hinausgehen. Es zeigt sich, daß es die Art und Weise unserer Fortbewegung ist, die unsere Raumerfahrung prägt. Ein mit dem Auto durchfahrener städtischer Raum hat eine ganz andere Qualität als ein mit dem Fahrrad oder zu Fuß erlebter Raum. Die sinnliche Wahrnehmung, die Chance der Begegnung und die Erfahrung der eigenen Person strukturieren den Raum neu. Mobilität wird wesentlich durch diese Dimensionen geprägt. Es zählt nicht nur, was wir wo tun und wie schnell wir unsere städtischen Ziele erreichen können, sondern vor allem: wie wir sie erreichen. Die Qualität unserer Fortbewegung ist ein Stück der Lebensqualität unserer Städte. Jahrzehntelang wurde städtische Lebensqualität an der Frage gemessen: Wie schnell kann ich mit dem Auto jeden Punkt der Stadt erreichen? Hohe Lebensqualität verdichtete sich im Leitbild der autogerechten Stadt. Die Teilnehmer an unserem Experiment haben uns gezeigt, daß Mobilität sehr wohl Teil der städtischen Lebensqualität ist, allerdings nicht als Raumüberwindung, sondern als Raumerfahrung.

Von der Möglichkeit zur Wirklichkeit

Das Hauptergebnis unserer Untersuchung besteht zunächst in der Feststellung, daß ein städtisches Leben ohne Automobil durchaus möglich ist, und zwar – das ist das Entscheidende – auch für diejenigen Haushalte und Familien, die an ein Auto gewöhnt sind. Zwar haben alle Haushalte während des Experiments gelegentlich ein Auto benutzt, aber die Problemsituationen, die dazu geführt haben, lassen sich zweifellos lösen, ohne ein eigenes Automobil zu besitzen.

Die zweite Feststellung ist noch wichtiger: Ein städtisches Leben ohne Auto ist nicht nur möglich, es ist auch ein besseres Leben. Der ursprüngliche «Verzicht» auf das Automobil verwandelte sich im Laufe des Experiments in einen Gewinn an Lebensqualität, in einen Gewinn an zeitlichen, räumlichen und sozialen Qualitäten des Alltagslebens.

Für die meisten Problemsituationen wurden individuelle Lösungen gefunden, die unter den gegebenen Bedingungen allerdings nicht immer völlig befriedigend sein konnten. Daher sollten die dem Autoverzicht entgegenstehenden Probleme durch verschiedene Formen der Reorganisation, durch öffentliche Planung und Vorsorge sowie durch institutionalisierte oder öffentlich unterstützte Privatinitiativen so gelöst werden, daß sie einen Verzicht auf das private Automobil nicht mehr behindern. In unserem Projekt haben die teilnehmenden Familien eine ganze Reihe von Problembereichen herausgearbeitet. Hier muß etwas getan werden, soll denjenigen, die ohne Auto leben wollen, das Alltagsleben erleichtert werden:

(a) Großeinkauf und Transporte
(b) unflexible Arbeitszeiten
(c) unzureichendes ÖPNV-Angebot, besonders an Wochenenden ins Umland
(d) unzureichende Übersichtlichkeit von Fahrplänen und Tarifsystemen

(e) technische Ausstattung der Fahrräder
(f) Anzahl, Zustand und Sicherheit der Radstrecken
(g) Erlebnisumfeld von Fahrradwegen
(h) Automobilverfügbarkeit ohne Eigentum

Dies sind die hauptsächlichen Problemfelder, die wir aus den Erfahrungen unserer Teilnehmer destilliert haben. Ein weiterer – entscheidender – Punkt läßt sich nur mittelbar aus den Tagebuchaufzeichnungen herauslesen:
(i) die Quartiersausstattung mit Einkaufs-, Dienstleistungs- und sonstigen Gelegenheiten.

Das Praktischwerden der Forschung
Der vielleicht wichtigste Erfolg des Projekts besteht darin, gesellschaftliche Wirklichkeit tatsächlich verändert zu haben. Das Experiment als Forschungsinstrument entpuppte sich zugleich als ein Mittel, mit dessen Hilfe die Teilnehmer ihre eigene Alltagspraxis änderten. Daß dies ohne großen Aufwand und gegen die Resistenz von Gewohnheiten und die eigene Trägheit tatsächlich möglich ist, konnte das Experiment unter Beweis stellen.

Das sozusagen handfeste Resultat des Projekts besteht darin, daß von den an der Untersuchung teilnehmenden sechs Haushalten fünf in der Folge auf ein eigenes Automobil verzichtet haben. Nehmen wir hinzu, daß auch die beiden automobilbesitzenden Haushalte der Projektbearbeiter ihre Autos verkauften – eine Folge der eigenen Erfahrungen beim Erstellen eines «Kontrolltagebuches» –, so kann der unmittelbare Erfolg gar nicht hoch genug eingeschätzt werden. Unter bestimmten Bedingungen – auf die wir gleich noch zu sprechen kommen – sind die Chancen für einen freiwilligen Verzicht auf das Automobil als gar nicht so schlecht einzuschätzen.

Durch die spezifische Auswahl unserer Haushalte, die sich ja alle auf eine Zeitungsmeldung hin zur Mitarbeit bereiterklärten, hatte unser Projekt natürlich außergewöhnliche Voraussetzungen. Gleichwohl bleibt festzuhalten, daß die beteiligten Haushalte zwar die Bereitschaft für die neue Erfahrung mitbrachten, daß das Projekt aber der unmittelbare Anlaß war, die Erfahrung eines Stadtlebens ohne Automobil auch tatsächlich zu machen. Und zwar unter Bedingungen, die durch den Versuchscharakter eben nicht endgültig waren. Zudem hätten die teilnehmenden Haushalte durchaus zwischendurch auf ihr Automobil zurückgreifen können – und haben dies teilweise auch getan. Eine entscheidende Voraussetzung für einen Verzicht auf das Automobil scheint uns in der unmittelbaren Erfahrung zu liegen: in der Erfahrung, daß sich das tägliche Leben sehr wohl ohne Automobil organisieren läßt.

Erfahrung und Reflexion
Allerdings haben wir Hinweise darauf, daß die Erfahrung für sich allein nicht in jedem Falle ausreichend ist. Vieles spricht dafür, daß die Erfahrung auch zugänglich sein muß. Wir vermuten, daß es vor allem zwei Dinge waren, die – in ihrem Charakter unterschiedlich – diesen Zugang zur Erfahrung in unserem Projekt herzustellen halfen: das Eingangsinterview und das Tagebuch.

Das Eingangsinterview diente neben der Erhebung sozialstruktureller Daten der Erfassung des Verkehrsverhaltens der Haushaltsmitglieder. Genau dies führte zu einer überraschenden, von uns so nicht erwarteten Sensibilisierung. Dies scheint ein wichtiger Schritt gewesen zu sein, hat er doch nach unserer Einschätzung die abstrakte Teilnahmebereitschaft in eine konkrete Projektbeteiligung transformiert. Dies wird auch dadurch bestätigt, daß die bei dem Eingangsinterview nicht anwesenden Haushaltsmitglieder wesentlich unvollständigere Tagebücher erstellt haben.

Das Schreiben der Tagebücher war für die Erschließung der eigenen Erfahrung das wichtigste Mittel. Die teilnehmenden Personen – insgesamt haben zwölf Personen aus sechs Haushalten Tagebücher geführt – waren genötigt, sich täglich mit ihren Erfahrungen auseinanderzusetzen, sie in Worte zu fassen, sich ihrer Motive und Begründungen bewußt zu werden. Wir vermuten, daß die Reflexion der eigenen Erfahrung letztlich der entscheidende Schritt ist, um Erfahrung handlungsrelevant werden zu lassen.

Bleibt festzuhalten: Zur Erfahrung muß auch die Verarbeitung der Erfahrung hinzukommen; anders läßt sich vermutlich die Diskrepanz von rationaler Beurteilung und emotionalen Defizitgefühlen nur schlecht überwinden.

Erfahrung im Kontext
Aus den Interviews und aus den Tagebüchern haben wir Hinweise darauf, daß sowohl der institutionelle Kontext als auch das Wissen darum, daß man nicht allein an dem Experiment beteiligt ist, eine

verstärkende Rolle spielten. Der institutionelle Kontext bedeutet: Die Haushalte waren an einem Forschungsprojekt beteiligt, auf dessen Bedingungen sie sich für begrenzte Zeit eingelassen hatten. Die gelegentliche Tagebuchaufzeichnung, nach der jemand etwas wegen des Projektes getan habe, spricht da eine deutliche Sprache. Die Teilnehmer verarbeiteten ihre Erfahrungen aber nicht nur in einem institutionellen, sondern auch in ihrem sozialen Kontext. Sie diskutierten ihre Erlebnisse häufig in der Familie oder mit Freunden, Bekannten und Kollegen. Dabei war die Reaktion von außen nicht immer nur positiv. Der Entschluß, auf das Auto zu verzichten, wurde aus dem sozialen Umfeld nicht nur bestätigt, sondern stieß auch auf Ablehnung. Wurden die Teilnehmer in ihrer autokritischen Haltung bestätigt, so fiel ihnen ein Verzicht sicherlich leichter. Dies nicht nur wegen der Anteilnahme am eigenen «Wagnis» oder «Opfer», sondern vor allem, weil in einem bestärkenden Umfeld das eigene Verhalten eher Anstoß zur Nachahmung finden kann als in einem Umfeld, in dem der Autoverzicht nur auf Unverständnis stößt. Folgen andere Personen dem eigenen Beispiel, so verliert das Argument, der einzelne könne mit seinem Verzicht nur wenig zur Verbesserung der städtischen Verkehrs- und Lebenssituation beitragen, an Überzeugungskraft.

Erfahrungsdimensionen
Fassen wir die Tagebuchaufzeichnungen unter dieser Perspektive zusammen, so lassen sich verschiedene Dimensionen ausmachen, die nach unserer Einschätzung eine entscheidende Rolle bei dem Verzicht auf die Automobilnutzung gespielt haben und die nicht mit einer «ökologischen» Motivation gleichzusetzen sind.

Es sind dies
- die Erfahrung, daß das Auto nur in wenigen Situationen notwendig ist;
- die zum Teil unerwartet positiven Erfahrungen mit den anderen Fortbewegungsarten, deren Benutzungsbarrieren durch vielfältige Problemlösungen abgeschwächt wurden;
- die Erfahrung, daß der Transport von Einkäufen und sperrigen Gütern ohne Auto, wenn auch mit Einschränkungen, möglich ist;
- die Erfahrung, daß ein Autoverzicht kaum eine Einschränkung der eigenen Aktivitäten zur Folge hat.

Die meisten Teilnehmer erkannten, daß sie das Auto nur für wenige Anlässe benötigten und es selten vermißten. Das Auto ist also keineswegs in dem Maße ein unverzichtbarer Bestandteil des Alltagslebens, wie wir es vermutet hatten.

Die Teilnehmer machten eine Reihe neuer Erfahrungen mit den anderen Fortbewegungsarten. Sie schöpften die Einsatzmöglichkeiten der Verkehrsmittel gewissermaßen voll aus, indem sie durch Problemlösungen und Anpassungen die eigenen subjektiven und deren objektive Nutzungsbarrieren herabsetzten. Hierbei spielen technisch-praktische Veränderungen (etwa der Kauf eines Fahrradanhängers) ebenso eine Rolle wie Lernprozesse (Umgang mit Fahrplänen) und Neudefinitionen bestimmter Situationen (etwa Radfahren bei schlechtem Wetter).

Die meisten Teilnehmer hatten trotz Autoverzicht keine Schwierigkeiten bei der Versorgung der eigenen Haushalte. Wenn nun häufiger kleinere Mengen eingekauft wurden und der Einkauf besser geplant wurde, war das eher eine positive Erfahrung.

Kaum ein Teilnehmer fühlte sich durch den Autoverzicht in seinen Aktivitäten eingeschränkt. Äußerst selten gaben unsere Teilnehmer an, daß sie wegen des Autoverzichts auf eine Aktivität hätten verzichten müssen. Im Gegenteil, den Teilnehmern wurde im Experiment deutlich, daß die Fortbewegung mit den anderen Verkehrsmitteln selbst eine Aktivität darstellt, die sich durch spezifische Erfahrungsdimensionen auszeichnet. Diese waren:

- die Wiedergewinnung eigener Zeit;
- die Wiedergewinnung sinnlicher Wahrnehmung;
- eine andere Form der Raumaneignung.

Die Wiedergewinnung der eigenen Zeit verweist auf die Wahrnehmung, die die Teilnehmer von ihren im Auto zurückgelegten Verkehrswegen hatten. Sie wurden hauptsächlich instrumentell gesehen. Ganz anders die zu Fuß, mit dem ÖPNV oder dem Fahrrad zurückgelegten Wege. Sie wurden nicht immer und nicht sofort, im Ganzen aber doch als Wege begriffen, die die eigene Zeit nicht verbrauchen, sondern die man mit eigener Zeit ausfüllt.

Der Verzicht auf das Auto ermöglichte eine Wiedergewinnung sinnlicher Erfahrungsebenen. Gegenüber dem Automobil gewährt jede Fortbewegungsart eine direktere und sinnlichere Wahrnehmung. Kein Verkehrsmittel schottet den Menschen so von der Außenwelt ab wie das Automobil.

In engem Zusammenhang damit steht die andere Form der Raumaneignung, die Herstellung des Raumes in der Erfahrung. Es sind nicht nur die Stadt und ihre Quartiere, die anders angeeignet werden, es ist auch und vor allem die Erfahrung der eigenen Körperlichkeit im Raum, die hier wichtig erscheint und die überhaupt die Basis von Raumaneignung und Raumstruktur darstellt.

Einstieg in den Ausstieg

Auto adieu

Mit dem folgenden Kapitel wollen wir all jenen, die den Versuch des Umstiegs wagen wollen, ein paar Hilfen anbieten. Aber braucht man überhaupt eine Anleitung? Kann man nicht einfach das Auto stehen lassen und sehen, wie man zurechtkommt? Muß man denn bei allem an die Hand genommen werden?

Man muß natürlich nicht. Und doch ist die Chance, mit einem solchen spontanen Versuch zu scheitern, relativ groß. Die Folge: Man kehrt reumütig zum Auto zurück und ist auf Jahre von der Versuchung «geheilt», in der Stadt ohne Auto leben zu wollen. Wer wirklich überzeugt und entschlossen ist, ohne Auto zu leben, der wird vielleicht keine Anleitung brauchen, keine Hilfestellungen und Denkanstöße. Aber wer ist das schon? Die wenigen, die es sind und die wir bei unseren Vortragsreisen immer wieder antreffen, leben längst ohne Auto. Aber die anderen, die «eigentlich» überzeugt sind und dennoch ein Auto vor der Tür stehen haben, und dieses folglich auch benutzen, die können wir vielleicht unterstützen. Man erinnere sich: Auch die Teilnehmer an unserem Experiment waren ja «eigentlich» schon bereit, ihr Auto aufzugeben – sie hatten es nur nicht getan. Ein wichtiger Hinweis darauf, wie wichtig eine Hilfestellung sein kann, und wie erfolgreich.

Wer das letzte Kapitel aufmerksam gelesen hat, wird bemerkt haben, wie sehr unsere auf das Automobil zugeschnittene Alltagspraxis uns einer autolosen Mobilität entfremdet hat. Sich ohne Auto in der Stadt zu bewegen, den eigenen Alltag wieder auf die Füße zu stellen, ist keineswegs selbstverständlich. Diese Fähigkeit müssen wir uns erst wieder aneignen, etwa so, wie Kinder sich während ihrer Entwicklung ihre Umwelt schrittweise erobern.

Die Teilnehmer an unserem Experiment haben die kleinsten Kleinigkeiten verwundert in ihren Tagebüchern notiert – ein Zeichen dafür, wie fremd ihnen viele normale Lebensvollzüge geworden sind. Es ist deshalb wichtig, sich über die Anleitung nicht erhaben zu dünken. Wir müssen das Gehen tatsächlich erst wieder lernen.

Manchem wird die Anleitung zu kleinteilig sein. Doch die Erfahrung aus unserem Projekt hat uns gelehrt, alle scheinbaren Kleinigkeiten ernst zu nehmen und alle Selbstverständlichkeiten zu hinterfragen.

Die Absicht, das Autofahren aufzugeben, wird sicher bestaunt werden. Ein Umsteiger dürfte aber nicht nur auf Zustimmung und Verständnis treffen. Ganz generell ist jemand, der auf sein Auto verzichten will, eine Provokation für alle Autofahrer. Ein Umsteiger wird sich daher anhören müssen, daß es gar nicht ohne Auto geht und daß der ÖPNV keine Alternative biete, da der viel zu selten fahre und dabei noch teurer sei als das Autofahren. Hinzu kommt, daß der Sinn des Umstiegs angezweifelt wird: «Das bringt doch nichts, solange nur einzelne nicht mehr Auto fahren.» Dabei wird sich ein Umsteiger vermutlich nicht nur rechtfertigen müssen, weil seinem Vorhaben keine verkehrspolitische Relevanz beigemessen wird. Solche Herabsetzung verunsichert ihn vielleicht und läßt Zweifel am eigenen Entschluß aufkommen. Und es ist ja tatsächlich gar nicht sicher, ob ihm der Abschied vom Auto glückt und er nicht letztlich im Alltag scheitert.

Wird nicht möglicherweise die eigene Mobilität so reduziert, daß man sein Leben nicht mehr befriedigend gestalten kann? Hinter einer solchen Befürchtung verbirgt sich die Gleichsetzung von Automobilität mit der Mobilität des Individuums. Alle Welt – Politiker, Verkehrsplaner und wohl auch die meisten «zivilisierten» Menschen – vertreten diese Meinung. Mobilität bemißt sich am physikalischen Parameter der Geschwindigkeit. Mobil ist jemand, der viel unterwegs ist. Und um diesem imaginären Ideal zu entsprechen, muß er seine Ziele schnell erreichen können. Da ein Fußgänger langsamer als ein Autofahrer ist, ist ein Autofahrer auch mobiler; er kann ja theoretisch mehr Ziele aufsuchen. Wird Mobilität auf Automobilität verkürzt und zugleich als Chance der Teilnahme am öffentlichen und kulturellen Leben interpretiert, ist jemand, der nicht mehr automobil sein will, arm dran.

Die Vielfältigkeit und Häufigkeit der ausgeübten Aktivitäten, also die individuelle Mobilität, ist aber interessanterweise nicht von der Benutzung eines Autos abhängig. Wer also nicht mehr Auto fahren will, braucht nicht zu befürchten, daß er die Anzahl und Art seiner Aktivitäten reduzieren muß. Für das Aktivitätsmuster einer einzelnen Person sind ausschließlich die individuellen Merkmale Alter, Geschlecht und Stellung im Erwerbsleben ausschlaggebend (vgl. Kutter 1972, S. 56).

Ein Leben zu gestalten, ohne die Wohnung zu verlassen, ist kaum vorstellbar. Es müssen verschiedene Orte aufgesucht werden. Die meisten Menschen arbeiten oder lernen nicht zu Hause und müssen sich an ihrem Arbeits- oder Ausbildungsplatz einfinden. Auch zum Einkaufen, zur Teilnahme an öffentlichen Veranstaltungen oder zum Besuch von Freunden muß die Wohnung verlassen werden. Es gibt so etwas wie einen Ortsveränderungsbedarf, der ganz unabhängig davon ist, ob das Auto genutzt wird oder nicht. Wenn also zum Beispiel die Vertreter des Einzelhandels behaupten, die Umsätze würden zurückgehen, sobald das Autofahren zugunsten der öffentlichen Verkehrsmittel eingeschränkt würde, tun sie so, als würden die Benutzer des ÖPNV nicht bei ihnen einkaufen. Sie diskriminieren genaugenommen alle diejenigen, die ohne Auto einkaufen wollen.

Diese vielen Bewegungen im Raum bilden die Basis des gesamten privaten Personenverkehrs, und sie entstehen aus der räumlichen Trennung der Orte, an denen die Menschen ihre unterschiedlichen Tätigkeiten und Aktivitäten ausüben. Jeder einzelne hat seinen individuellen Verkehrsbedarf, der sich in der Häufigkeit der verschiedenen außerhäusigen Aktivitäten niederschlägt. Dieser individuelle Verkehrsbedarf wird zum einen von vorgegebenen Notwendigkeiten, wie etwa der Berufstätigkeit, bestimmt; wer berufstätig ist, muß mindestens zwei Wege am Tag zurücklegen. Zum anderen hängt er aber auch von der subjektiven Neigung und Fähigkeit ab, außerhalb der Wohnung aktiv zu sein; junge Leute sind im allgemeinen mehr unterwegs als alte. Das Image des Autos suggeriert zwar Bewegungsfreiheit und Autonomie, doch sind die Anzahl und die Art der Aktivitäten, die im Verlauf eines Tages ausgeübt werden können, ohnehin sehr begrenzt. Jeder muß schlafen und hält sich über längere und bestimmte Zeiträume zu Hause oder am Arbeitsplatz auf. «Sich bilden», «Arbeiten» und «Sich erholen» nehmen die meiste Zeit des Tages in Anspruch. Und diese Aktivitäten sind zeitlich festgelegt, das heißt, sie können nicht irgendwann am Tag erledigt werden, sondern nur zu bestimmten Zeiten und meistens auch nur in einer bestimmten Reihenfolge.

Der Zeitaufwand für das Einkaufen und für Erledigungen ist dagegen viel geringer, oft ist sogar die Dauer ihrer Ausübung kürzer als der entsprechende Weg. Etliche Aktivitäten können obendrein nur während bestimmter Zeiten ausgeübt werden: Oftmals ist ja die Arbeitszeit festgelegt und nicht flexibel, es gibt ein Ladenschlußgesetz, Ämter haben nur an bestimmten Tagen zu festgelegten Zeiten Sprechstunden. Es ist also meistens gar nicht möglich, autonom zu entscheiden, wann man was tut.

Im Durchschnitt übt jeder täglich zwei bis drei Aktivitäten außerhalb der Wohnung aus und legt hierfür drei bis vier Wege zurück. Den Vorstellungen vom aktiven, automobilen Stadtbewohner entspricht das wohl nicht gerade, besonders wenn man bedenkt, daß eine dieser Aktivitäten ja schon das tägliche Arbeiten ist. Die Fiktion vom dynamischen städtischen Bewohner mit Auto, der immer auf dem Sprung und unterwegs ist, entpuppt sich als Klischee und als eine Überschätzung der Automobilität.

Wenn aber Autofahrer nicht mehr Aktivitäten ausüben als die anderen Verkehrsteilnehmer, worin unterscheiden sie sich dann überhaupt voneinander? Die Benutzung des Autos hat Einfluß auf die Länge der einzelnen zurückgelegten Wege. Die automobilen Menschen wählen also für ihre Aktivitäten Ziele, die weiter von der Wohnung entfernt sind als die der «nur-mobilen». Daraus wird oft geschlossen, daß das Auto von denjenigen benutzt wird, die sehr lange Wege beispielsweise zur Arbeit zurücklegen müssen. Das mag in einzelnen Fällen auch zutreffen, aber die Regel ist das wohl innerhalb der Stadt nicht.

Die Länge der Wege, die mit dem Auto gefahren werden, weicht nämlich von dem Mittelwert des gesamten Personenverkehrs nur geringfügig ab (Socialdata 1991). So besteht etwa ein Viertel des gesamten alltäglichen Personenverkehrs aus Wegen, die nicht weiter sind als ein Kilometer, und die Hälfte weist eine Länge von nicht mehr als drei Kilometern auf. Länger als zehn Kilometer sind nur etwa ein Fünftel aller Wege. Ein Drittel der mit dem Auto zurückgelegten Wege enden aber schon nach drei Kilometern, und die Hälfte ist nicht länger als fünf Kilometer. Das Auto wird also keinesfalls nur für die längeren Entfernungen verwendet. Nur ein Viertel der Wege ist länger als zehn Kilometer. 80 Prozent aller zurückgelegten Wege und 75 Prozent der Autofahrten sind demnach nicht länger als zehn Kilometer. Wenn man bedenkt, daß das Fahrrad in der Stadt im Streckenbereich bis zu fünf Kilometer das schnellste Verkehrsmittel ist, könnte die Hälfte der mit dem Auto gefahrenen Wege ohne Zeitverlust auch auf umweltfreundliche Weise zurückgelegt werden. Für die meisten der längeren Wege käme als Alternative der ÖPNV in Frage. Die durchschnittliche Streckenlänge der im ÖPNV zurückgelegten Wege liegt in den westdeutschen Großstädten zwischen 9,0 km in München und 6,5 km in Wiesbaden.

Die Anteile der verschiedenen Fortbewegungsarten am Personenverkehr sind regional unterschiedlich und stets abhängig von der kommunalen Verkehrspolitik. So beträgt in München der Anteil des umweltfreundlichen Personenverkehrs 60 Prozent; für das Ruhr-Ballungsgebiet sind dagegen lediglich 49 Prozent zu verzeichnen.

Wenn Autofahrer nicht mehr Aktivitäten ausüben, wenn also nur die Entfernungen, die sie zurücklegen, weiter sind als die der übrigen Verkehrsteilnehmer, muß ein Umsteiger dann damit rechnen, daß er mehr Zeit für seine Wege brauchen wird als vorher? Jeder Verkehrsteilnehmer ist täglich im Durchschnitt etwa eine Stunde unterwegs. Die durchschnittliche tägliche Fahrzeit des Autos beträgt etwa 40 Minuten. Dies ist aber nicht mit der Zeit gleichzusetzen, die Personen, die ein Auto benutzen, unterwegs sind. Denn auch Autofahrer gehen den einen oder anderen Weg zu Fuß. Für den Umsteiger wird sich vermutlich die Zeit, die er täglich unterwegs ist, etwas verlängern. Aber selbst, wenn jemand auf seinen drei bis vier täglichen Wegen 20 Minuten länger als früher brauchte, wären das pro Strecke nur fünf bis sieben Minuten. Tatsächlich dürfte aber wohl gar kein Zeitverlust zu beklagen sein, weil die alternativen Verkehrsmittel, zum Beispiel das Fahrrad, in der Stadt effektiver und flexibler genutzt werden können und außerdem die Parkplatzsuche entfällt.

Wer sich auf eine Diskussion über Zeitverluste einläßt, kann außerdem zu bedenken geben, daß es schon ein Unterschied ist, ob man beim Autofahren seine Nerven strapaziert, oder selbst radelt, zu Fuß geht oder sich mit öffentlichen Verkehrsmitteln fahren läßt. Die auf dem Rad oder im ÖV verbrachte Zeit kann – im Gegensatz zur im Auto verbrauchten – auf verschiedene Arten ausgefüllt werden. Man kann einfach gar nichts tun und sich entspannen, man kann sich beim Radeln auf den eigenen Körper konzentrieren, man kann seine Aufmerksamkeit auf die Umwelt, die Natur oder die anderen Menschen richten oder in den öffentlichen Verkehrsmitteln einfach nur die Zeitung oder ein Buch lesen. Die Qualität der Wegezeit wird sich für den Umsteiger allemal verbessern.

Darüber hinaus verändern sich voraussichtlich die Problemlagen. Parkplatzsuche und Verkehrsstau bereiten keinen Verdruß mehr, aber vielleicht der Transport sperriger Gegenstände oder die nächtliche Heimfahrt von einer Geburtstagsfeier. Da jeder auch ohne Auto ein Verkehrsteilnehmer bleibt, entsteht ein neues und anderes Interesse am und im Verkehr. So haben die Maßnahmen der lokalen Verkehrspolitik für Umsteiger andere Konsequenzen als für Automobilisten. Die Erhöhung der Parkgebühr in den innerstädtischen Garagen oder deren Abschaffung betrifft die nichtmotorisierten Städter nicht. Mit Aufmerksamkeit werden sie dagegen den Ausbau des ÖPNV-Netzes verfolgen, die Einführung von Nachtlinien oder das Angebot, Fahrräder im Bus mitnehmen zu können.

Die Umsteiger bemerken aber vermutlich auch, daß sie es nicht nur mit unmittelbaren Verkehrsproblemen zu tun haben. Vielmehr müssen der Haushalt und das Familienleben neu organisiert werden. So hängt der Erfolg des Umstiegsversuchs wahrscheinlich nicht nur von den äußeren Voraussetzungen ab, sondern auch davon, wie es gelingt, die bisherigen Aktivitäten weiterhin auszuüben. Ein Umsteiger steht vor der Aufgabe, die bislang mit dem Auto gefahrenen Touren auf andere Art und Weise so zurückzulegen, daß keine Aktivitäten aufgegeben werden müssen. In der Umstellungsphase wird man sich bei der Lösung dieser Aufgabe sicher von einigen Gewohnheiten trennen. Nach einer Weile entstehen aber neue Routinen, die man ebenso lieb gewinnt.

Diejenigen, die sich nicht spontan ins Abenteuer stürzen mögen, können sich die Umstellungsphase erleichtern und vereinfachen, indem sie sich auf den Umstieg vorbereiten. Zunächst ist es für Umsteiger, die kaum Erfahrung mit den alternativen Fortbewegungsarten gemacht haben, wichtig, sich über deren Besonderheiten zu informieren. Zugleich ist es notwendig, sich über die finanzielle Seite des Umstiegs Klarheit zu verschaffen. Weiterhin hilft vor Beginn des Umstiegs eine Bestandsaufnahme der alten Verkehrsgewohnheiten, um dadurch einen Überblick über die Situationen zu bekommen, die sich ändern werden. Auf diesen Grundlagen fällt es leichter, sich vorzustellen, wie es ohne Auto sein könnte.

Soll das eigene Auto nicht mehr benutzt werden, wird es notwendig, sich mit den übrigen Fortbewegungsarten zu beschäftigen. Die öffentlichen Verkehrsmittel, das Fahrrad und das Zufußgehen, aber auch das Taxi, Mitfahrgelegenheiten oder verschiedene Formen des gemeinschaftlich genutzten Autos stehen zur Wahl. Welche Alternative für welche Gelegenheit in Frage kommt und welche Besonderheiten diese verschiedenen Fortbewegungsarten bieten, bleibt den meisten ans Autofahren gewöhnten Menschen verborgen. Wird die Welt des eigenen Autos erst einmal verlassen und soll dieser Ausflug nicht durch Frustrationen beendet werden, ist eine Umstellung und ein Umdenken unerläßlich. Die neuen Gegebenheiten bedeuten auch einen Wechsel der bisherigen Perspektive.

Die Grundform der Fortbewegung: das Gehen

Das Wort «Gehen» wird in unserer Sprache sehr vielfältig verwendet. So kann es einem Wohlergehen, es kann sein, daß etwas nicht angeht, nicht auf- oder zugeht – und dann geht überhaupt nichts mehr. Man kann einer Sache auf den Grund gehen, sich etwas durch den Kopf gehen lassen; man kann auch eine Ordnungswidrigkeit begehen, indem man zu schnell mit dem Auto fährt. Über das Zufußgehen wird aber kaum geredet. Obwohl jeder zu Fuß geht – selbst die Autofahrer –, und keiner ohne Gehen auskommen möchte, macht sich kaum jemand Gedanken über diese individuellste Art der Fortbewegung.

Auf den eigenen Füßen zu gehen, muß jeder erst mühsam lernen. Das Gehen ist die erste aufrechte und selbständige Fortbewegungsart des kleinen Menschen. Und die ganze Familie ist stolz, wenn das Kind die ersten Schritte tut. Das erste Paar Schuhe wird oft zur Erinnerung aufgehoben, und merkwürdigerweise baumelt es häufig am Rückspiegel des Familienautos. Die ersten Schritte des Menschen werden noch regelrecht bejubelt, dann aber ändert sich das schnell.

Nach der Krabbelphase erschließen sich Kinder durch den aufrechten Gang nicht mehr nur den Boden, sondern den Raum ihrer Umgebung. Gehen ist aber mehr als eine Fortbewegung zu einem bestimmten Ziel. Während des Gehens erhalten die Kinder durch das, was sie dabei sehen, riechen und hören Anregungen. Sie wenden sich bestimmten Dingen zu und lernen so ihre Umwelt neugierig und lustbetont kennen. Das Zufußgehen bietet ihnen die Chance, die Welt zwar planlos, aber spontan und mit Begeisterung direkt zu erforschen.

Werden die kleinen Kundschafter größer, können sie sich manchmal zu Fuß einen Wirkungskreis im Garten oder in einer autolosen Straße erobern. Meistens dürfen sie sich aber nur noch auf dem Spielplatz unkontrolliert im Freien bewegen. Sie können nicht allein und selbständig ihren Aktionskreis ausweiten. Da sie sich in diesem Alter noch sehr spontan bewegen und noch nicht die Regeln des Autoverkehrs internalisiert haben, sind sie auf der Straße sehr gefährdet. Die Bewegungsfreiheit des kleinen Menschen erfährt deshalb notwendig eine harte Beschränkung. Der Wunsch nach der «freien Fahrt für freie Bürger» mag auch eine Sublimierung des Wunsches nach der uneingeschränkten Bewegungsfreiheit des Kindes sein.

Wer schon einmal mit kleinen Kindern an der Hand zur Haltestelle oder zum Parkplatz gegangen ist, weiß, wie lange selbst eine sehr kurze Strecke dauern kann. Das liegt nicht nur daran, daß die Kleinen wegen ihrer kurzen Beine nur winzige Schritte machen können. Sie bleiben auch noch dauernd stehen, betrachten und kommentieren die winzigsten Dinge und wollen alles genau erklärt haben. Oft werden Erwachsene dann ungeduldig, dabei könnten sie durch die Kinder ihre Umwelt neu entdecken; und wenn sie sich Zeit nähmen, könnten sie ihren Kindern vieles erklären, zu dem es sonst keinen Anlaß gibt.

Das Gehen verliert mit der Zeit die Wichtigkeit, die es einmal für die kleinen Menschen beim Kennenlernen der Welt hatte. So lernen sie viele verschiedene «Inseln» im Meer der Stadt kennen, aber nur selten ihr Wohnumfeld oder ihren Stadtteil. Erst wenn die Kinder eingeschult werden, dürfen sie allein ausgehen. Durch eine intensive Verkehrserziehung werden ihnen die «Auto-Verkehrsregeln» vermittelt, denen sie sich anzupassen haben, damit sie unverletzt den Schulweg überstehen. Neben den vielen Gefahren, denen sie jetzt durch den Autoverkehr ausgesetzt sind, haben sie nun aber die Gelegenheit, ihren Ortsteil besser kennenzulernen. Wer Kinder in diesem Alter hat, kann ein Lied davon singen, wie lange der Weg von der Schule nach Hause dauern kann.

Am Beispiel der Kinder wird deutlich, daß zu Fuß gehen etwas ganz Besonderes ist, eben viel mehr als eine bloße Fortbewegung im räumlichen Sinne. Vielleicht wird den Erwachsenen daran deutlich, was sie mit dem Autofahren anrichten, aber auch, was sie an Anregungen und Erfahrungen versäumen. Erwachsene sehen ja ohnehin nicht mehr so neugierig und gründlich auf ihre Umwelt wie die Kinder, aber Autofahrer können genaugenommen gar nichts sehen. Wer im Auto unterwegs ist, sieht die Welt durch die Windschutzscheibe an sich vorbeisausen und muß auf das Verkehrsgeschehen achtgeben. Schon durch die kleinste Unaufmerksamkeit kann ein Unfall geschehen.

Nun kann ein Umsteiger sicher nicht nur zu Fuß unterwegs sein. Zahlreiche Wege aber, und wahrscheinlich mehr als zunächst vermutet, lassen sich in dieser Fortbewegungsart bestens bewältigen. Die Geschwindigkeit ist zwar begrenzt, aber gerade dadurch entfaltet das Gehen ja seine Qualitäten. Im wahrsten Sinne des Wortes kann ein Umsteiger damit gleichzeitig zu einem «Überläufer» werden.

Im allgemeinen werden beim Zufußgehen etwa vier bis sechs Kilometer in der Stunde zurückgelegt. Zum Vergleich: Die Durchschnittsgeschwindigkeit des Autos beträgt zum Beispiel in Hannover 17 km/h und in Saarbrücken, Wiesbaden und Freiburg 15 km/h (vgl. Socialdata 1991).

Durch die Dominanz des Autos werden aber die eigenen Füße im wesentlichen nur noch in der Wohnung, im Haus und in der sehr nahen Wohnumgebung benutzt, während die meisten und vor allem die längeren Wege sitzend und fahrend zurückgelegt werden. Doch so unbedeutend, wie es den Anschein hat, ist die Fortbewegungsart des Gehens gar nicht. Selbst ein Autofahrer muß ja zu Fuß zu seinem Auto gehen, und bei der Benutzung der öffentlichen Verkehrsmittel geht man zu Fuß zur Haltestelle. So werden beispielsweise in München immerhin fast ein Viertel und im Ruhr-Ballungsgebiet sowie in Saarbrücken sogar fast 30 Prozent aller Wege zu Fuß zurückgelegt (vgl. Socialdata 1991).

Wieviel zu Fuß gegangen werden kann, hängt aber in beträchtlichem Maße davon ab, ob jene Einrichtungen, die man aufsuchen will oder muß, in entsprechender Nähe zur Wohnung, zum Arbeitsplatz oder zu den Haltestellenbereichen der benutzten ÖV-Strecken vorhanden sind. Häufig mangelt es an einer «Fußgänger-Infrastruktur». Es ist manchmal nicht möglich, zum Verschnaufen stehenzubleiben. Gelegenheiten, sich zu setzen und auf einer Bank auszuruhen, findet man allenfalls in Parks oder den autolosen

Stadtzentren. Der öffentliche Raum, der von Fußgängern benutzt werden kann, erfüllt noch nicht einmal die funktionalen Bedingungen, die für ein gutes Fortkommen im Gehen nötig wären. Von einer so sorgfältigen Versorgung, wie sie dem Autofahrer geboten wird, ist der Fußgänger weit entfernt. Fußgänger finden nur schmale Fußwege vor, die kargen Reste der Verkehrsflächen, die übrig bleiben, nachdem die Autos, der ÖV und die Fahrräder versorgt wurden.

Hinzu kommt noch, daß in vielen Nachkriegssiedlungen, die nach dem Muster der autogerechten Stadt konzipiert wurden, die Fußwege stets an öden Straßenzügen entlangführen. Es gibt absolut nichts, was dort aufgesucht werden könnte. Kein Baum, der im Sommer Schatten spendet oder unter den man sich bei Regen stellen könnte. Diese Fußwege scheinen eigentlich nur deshalb angelegt worden zu sein, damit Autofahrer, deren Auto stehengeblieben ist, nicht mitten auf der Fahrbahn gehen müssen, um Hilfe zu holen. Sie sind durchaus mit den Standstreifen auf den Autobahnen vergleichbar. Die Aufenthaltsqualität ist auf diesen Fußwegen jedenfalls so gering, daß die freiwillige Verweildauer gegen Null tendiert.

Bessere Voraussetzungen zum Gehen werden in den Fußgängerzonen der einkaufsorientierten Innenstadtbereiche geboten. Hier gibt es Platz, Grün und Sitzgelegenheiten zum Verweilen. Die guten Wahrnehmungsbedingungen beim Gehen werden an diesen Orten gewissermaßen zur Kaufstimulanz genutzt. Der Konsument kann sich wie ein Kind frei bewegen und auf alles stürzen, was sein Interesse weckt. Er kann sich animieren lassen und in Ruhe, ohne Gefährdung durch Autos, spielend einkaufen.

Da dem Gehen als Fortbewegung einerseits in der Planung wenig Aufmerksamkeit geschenkt wird, und da andererseits Erwachsene im Gegensatz zu Kindern ohnehin nur noch selten zu Fuß gehen, kann es sein, daß einige Kleinigkeiten, die beim und für das Gehen wichtig sind, dem Überläufer Probleme bereiten. Einige dieser möglichen Schwierigkeiten können durch die Bereitschaft zum Umdenken vermieden werden. Manches, was für den Autofahrer unwichtig ist, stellt sich für den Fußgänger in einem anderen Licht dar und erhält einen größeren Stellenwert.

Daß die Fußbekleidung, also Schuhe und Strümpfe, aus natürlichen Materialien bestehen sollte, ist im Rahmen der aktuellen ökologischen Wertmaßstäbe auch für Autofahrer nichts Neues. Autofahrer werden sich aber vielleicht wundern, wenn ihnen beim Zufußgehen die Füße weh tun oder die Schuhe drücken. Das kann daran liegen, daß sie ihre Schuhe bislang keinem Härtetest unterzogen haben. Passende Schuhe sind für das Autofahren nicht so wichtig wie die Reifen. Wer wenig geht, bemerkt nicht unbedingt, daß die Schuhe, die er trägt, seinem Rücken gar nicht gut tun. Mit der Zeit verlagern sich für Autofahrer so die Kriterien, nach denen Schuhe ausgewählt werden. Die Schuhe, die im Alltag getragen werden, sind für den Autofahrer im extremen Fall nur noch ein Staubschutz für den Weg von der Garage in die Wohnung oder ins Büro; und ein Fußschmuck, ein Accessoire passend zur Kleidung. Mit der Zeit verstaubte das Wissen um die Selbstverständlichkeiten, die beim Schuhkauf zu bedenken sind. Es wurde nicht mehr gebraucht.

Entsprechend veränderte sich natürlich auch das Angebot an Schuhen; es paßte sich dem Bedeutungsverlust bzw. der Bedeutungsverschiebung an. Es gibt spezielle Schuhe zum Wandern oder Jogging und verschiedene Arten von Gesundheitsschuhen. Die Masse des Schuhangebots wird in Kettengeschäften mit einem sehr geringen Personalaufwand schnell an Mann, Frau und Kind gebracht. Hilfestellung und Beratung sind nicht mehr selbstverständlich, werden aber noch in einigen kleineren Schuhgeschäften angeboten. Damit der Schuh nicht zum Hemmschuh wird, muß er passen.

Auch wenn auf dem Markt diverse Gesundheitsschuhe angeboten werden, ist Vorsicht angebracht. Die Devise «reintreten und wohlfühlen» kann sich ins Gegenteil verkehren. Lieber beim nächsten Besuch des Orthopäden nachfragen, wie das Fußbett geformt sein sollte. Ob Leder- oder Gummisohle gewählt werden, kann nach dem Gehgefühl und nach der Jahreszeit entschieden werden. Im Winter bleiben die Füße auf Gummisohlen warm und trocken.

Ähnlich wie mit den Schuhen verhält es sich mit Jacken und Mänteln. Wer ans Autofahren gewöhnt ist, besitzt wahrscheinlich eine Kleidung, die auf die Bequemlichkeit und Bewegungsfreiheit während des Fahrens im Auto ausgerichtet ist. Als Schutz vor nassem und kaltem Wetter ist diese Garderobe nur bedingt geeignet. Es empfiehlt sich also, seine Garderobe auf Wetterfestigkeit, Haltbarkeit und Atmungsaktivität zu überprüfen und sich gegebenenfalls mit geeigneten Kleidungsstücken auszustatten.

Wer sich entschließt, häufiger zu Fuß zu gehen, wird sich fragen, wie er seine bislang im Auto transportierten Utensilien von nun an befördern soll. Alle Transporte erfordern eine neue Organisation und ein Umdenken. Einiges wird man sich ins Haus liefern lassen können, anderes mit dem Fahrrad samt Anhänger nach Hause bringen, und in einigen Fällen kann ein Leihauto (siehe Stadtauto) zum Einsatz kommen. Soll dennoch etwas im Gehen transportiert werden, kommt es am Besten auf den Kopf, vor den Bauch oder auf den Rücken. Da in unseren Breiten die Kopftragetechnik nicht erlernt wird und entsprechende Gefäße nicht angeboten werden, bietet sich ein Sack für den Rücken an. Rucksäcke werden in vielen Formen, Größen und Farben angeboten, so daß wohl jeder einen passenden findet. Die großen Einkaufstaschen mit Rädern oder auf Rollgestellen sind nicht so gut geeignet, da sie mit einer Hand gezogen werden müssen und der Körper gegen die Gehrichtung, nach hinten und zur Seite gedreht werden muß.

Als Alternative zum Autofahren ist das Zufußgehen nur begrenzt geeignet. Aber es wird für den Umsteiger dennoch an Bedeutung gewinnen. Das Gehen wird gewissermaßen zur Basis für die Fortbewegung mit den umweltfreundlichen Verkehrsmitteln, und es wird häufiger und bewußter «vorsichgehen» als in der Zeit der individuellen Motorisierung.

Verknüpft und vernetzt:
Busse und Bahnen

Mit dem Umstieg vom Auto auf öffentliche Verkehrsmittel wird die private Fahrgastzelle, die im Bewußtsein der Selbstbestimmung eigenhändig durch den Verkehr gesteuert wurde, verlassen. Der individuell motorisierte Verkehrsteilnehmer verwandelt sich in einen Passagier, der als Fahrgast im ungeheuer komplexen System des öffentlichen Personentransportes durch die Galaxis seines städtischen Kosmos befördert wird.

Den meisten Autofahrern mangelt es an Erfahrungen mit dem öffentlichen Personennahverkehr (ÖPNV). Allenfalls in Extremsituationen, zum Beispiel bei Glatteis oder starkem Schneefall, weichen sie auf Bus oder Bahn aus. Da in solchen Situationen aber auch diese Verkehrsmittel nur langsam vorankommen und zudem noch viel mehr Fahrgäste als im normalen Betrieb transportieren müssen, bricht nicht nur der Autoverkehr zusammen, sondern auch der ganze Fahrplan des ÖPNV. Folglich wird der neue Fahrgast lange warten müssen, in bitterer Kälte stehen und in überfüllten Fahrzeugen befördert. Er wird den ÖPNV in nicht sehr angenehmer Erinnerung behalten. Ein alltäglicher Fahrgast weiß dagegen, daß er an einem solchen Tag nicht mit einem perfekten Angebot rechnen kann, und beurteilt den ÖPNV auf einer anderen Grundlage. Autofahrer mit der Katastrophenerfahrung werden dagegen den ÖPNV negativ bewerten und möglicherweise das ganze System für unzulänglich halten. Trotzdem können sie aber davon ausgehen, daß der ÖPNV besser als sein Ruf ist.

Am unangenehmsten wird wahrscheinlich die Anpassung an das System selbst empfunden. Man kann immer nur zu ganz bestimmten Zeiten abfahren und muß dazu noch pünktlich an der Haltestelle erscheinen. Wohl jeder Umsteiger auf den ÖPNV wird sich nur schwer daran gewöhnen, daß er nicht gleich vor der Haustür abfahren kann: gehen, warten, einsteigen, fahren, aussteigen, gehen, warten, einsteigen, fahren, aussteigen, gehen – angekommen! So mag es sich auf dem Weg der Reihe nach abspielen. Da ist es doch viel gemütlicher, im Auto zu fahren. Eine Autofahrt verläuft zwar auch nicht ohne Unterbrechung, aber man kann die ganze Zeit über bequem sitzen, man braucht sich nicht selbst zu bewegen und befindet sich die ganze Zeit über im selben Zustand. Das ist mit dem ÖPNV nicht möglich. Doch was zunächst einen sehr unangenehmen Eindruck macht und als Barriere wirkt, der man sich nur widerwillig nähert, ist mit ein wenig Souveränität, Geduld und Übung zu überwinden.

Selbstverständlich sind aber auch die Leistung und der Standard des öffentlichen Verkehrssystems verbesserungsbedürftig. Beispielsweise ist es bisher noch nicht in allen Städten gelungen, eigene Fahrspuren für den ÖPNV durchzusetzen.

Die Diskussion über die Umverteilung der vorhandenen Verkehrsflächen zugunsten der Straßenbahnen und Busse verläuft sehr kontrovers, obwohl über die Priorität des ÖPNV im Stadtverkehr ein politischer Konsens besteht. Vor diesem Hintergrund sind verkehrstechnische Lösungen wie der Bau von U- und S-Bahnen oft politisch einfacher durchzusetzen als separate Fahrspuren für Bus und Bahnen auf der Straße. So können S- und U-Bahnen zwar ohne

Behinderung durch Autos fahren, aber gleichzeitig wird eine Umverteilung der bestehenden Verkehrsflächen umgangen. Dies führt letztlich dazu, daß mit solchen Investitionen in den ÖPNV die Straßenfläche für die Autos erweitert wird, weil Busse und Straßenbahnen aus dem Verkehr gezogen werden. Gleichzeitig verschlechtern sich aber Benutzungsmodalitäten der öffentlichen Verkehrsmittel, da die Fahrgäste nur noch über Treppen an ihre Haltestellen gelangen.

Schon mit der ersten U-Bahn der Welt, die noch mit Kohle und Dampf in Gang gebracht wurde und die in London im Jahre 1863 ihren Betrieb aufnahm, wurde dem hochverdichteten Verkehr auf den engen Gassen durch die Errichtung einer zusätzlichen Verkehrsebene ausgewichen. In vielen der zu Beginn des 19. Jahrhunderts ökonomisch prosperierenden, sich räumlich stark ausdehnenden Großstädte, mit ihrem raschen Bevölkerungswachstum, wurde die Idee der U-Bahn bis zum Beginn des 20. Jahrhunderts in die Praxis umgesetzt (Istanbul 1873, Liverpool 1886, Budapest 1896, Boston und Wien 1898, Paris 1900, Berlin 1902).

Zu jener Zeit ging es noch keineswegs darum, den öffentlichen Personenverkehr zugunsten des Autoverkehrs von der Straße in den Untergrund zu verlegen. Damals konnte das in den Städten langsam entstandene Netz der Gassen, Wege und Straßen den durch die rasche Industrialisierung stark anwachsenden Güter- und Personenverkehr – Pferdefuhrwerke, Karren und Fußgänger – nicht mehr aufnehmen. Obendrein waren die Verkehrswege so miserabel, daß die Fahrzeuge nur mit Mühe vorankamen, gelegentlich sogar steckenblieben und andere Wagen aufhielten. In der Stadtplanung spielte daher – ähnlich wie zur Zeit der Massenmotorisierung in unserem Jahrhundert die Konzeption der autogerechten Stadt – die Entwicklung eines Straßensystems, das einen fließenden Verkehr ermöglichte, eine große Rolle. Auch der Abriß von Quartieren für den Straßenbau weist Parallelen zur Stadtentwicklung der sechziger und siebziger Jahre des 20. Jahrhunderts auf.

Nun war die Londoner U-Bahn natürlich nicht das erste und einzige öffentliche Verkehrsmittel, mit dem Personen befördert wurden. Seit 1829 verkehrte in London bereits ein Pferde-Omnibus. Die erste Pferdebahn – von Pferden auf Schienen gezogene Wagen – wurde 1832 in New York eröffnet. In Europa fuhr sie zuerst 1861 in London und 1865 in Berlin. Die erste elektrische Straßenbahn chauffierte 1881 auf einer 2,45 km langen Strecke in Berlin ihre Fahrgäste. Nebeneinander verkehrten Bahnen, die von Pferden gezogen, von Dampf oder durch elektrischen Strom angetrieben wurden und die auf der Straße, auf eigenen Fahrdämmen oder unter der Erde fuhren. Manchmal wechselte sogar die Antriebsart auf ein und derselben Linie: Innerhalb der City wurden Wagen der Dampfeisenbahn von Pferden gezogen. Teile einzelner Linien verliefen im Untergrund und zu ebener Erde, und auf einigen Strecken wurden nicht nur Passagiere, sondern auch Güter transportiert.

Dabei entstand jedoch noch kein Liniennetz, das es ermöglicht hätte, von einer in die andere Linie mit einem einzigen Fahrschein umzusteigen. Über die Stadt verteilt, existierten zwar verschiedene von der Obrigkeit konzessionierte Linien, die aber im Besitz unterschiedlicher Gesellschaften waren und unabhängig voneinander fuhren. Haltestellen, so wie heute, wurden erst mit dem Betrieb der elektrischen Straßenbahn üblich; bis dahin konnte nach Bedarf ein- und ausgestiegen werden. Das charakteristische am öffentlichen Personennahverkehr hat sich aber bis heute nicht verändert. Es gab festgelegte Fahrstrecken, die als Linien bezeichnet wurden sowie vorher bekannte und im allgemeinen regelmäßige Abfahrzeiten.

Verkehrsverbünde mit gemeinsamen Tarifen und aufeinander abgestimmten Abfahrzeiten existierten dagegen noch nicht.

Das mag zum einen daran gelegen haben, daß der Wechsel von einer Linie in die andere aus der Sicht der Verkehrsunternehmen unbedeutend war, denn sie legten ihre Strecken ohnehin so an, daß sie sich mit den Hauptverkehrsströmen deckten. Zum anderen dürften die meisten Fahrgäste, die ja zuvor genötigt gewesen waren, weite Distanzen zu Fuß zurückzulegen, die Bahnen, so wie sie angelegt waren, schon als großen Fortschritt empfunden haben. Die verbleibenden Wegstrecken, die zu Fuß gegangen werden mußten, oder die anfallenden Wartezeiten wurden nicht als Defizit des ÖPNV ausgelegt.

Heute ist für jemanden, der an das Auto gewohnt ist, die Situation dagegen ganz anders. Mit dem Auto kann direkt ans Ziel gefahren werden, der Fußweg zwischen Parkplatz und Ziel ist kurz. Das Warten an der Ampel oder im Stau wird zwar als unangenehm empfunden, aber doch eher akzeptiert als das Warten an einer Umsteigestation. Die Verkehrsbetriebe agieren daher heute nicht mehr in einer Situation, in der ihre Leistung Fortschritt und Moderne symbolisiert. Es ist eher so, daß ihre Leistungen an einer idealisierten Automobilität gemessen werden. Dabei wird so getan, als sei das Auto immer noch das modernste und fortschrittlichste Verkehrsmittel. Selbst technische Neuerungen wie ABS und Katalysator sind ebenso wie Elektromotoren oder die Idee der elektronischen Fernsteuerung durch ein zentrales Leitsystem lediglich dazu geeignet, die Agonie des städtischen Verkehrsmittels «Auto» zu verlängern.

Auch öffentliche Verkehrsmittel sind nichts Neues. Sie stehen aber, obwohl sie schon lange existieren, erst am Beginn der Entwicklung zu einem System, das den gesamten städtischen Personenverkehr organisieren und koordinieren kann. Die neue Qualität des ÖPNV besteht nicht in seiner ökologischen Verträglichkeit, sondern in der Möglichkeit, durch eine systematische Erschließung und Verknüpfung dem Städter ein Verkehrssystem anzubieten, das zwar öffentlich betrieben wird, aber nicht mehr im Kontrast zur individuellen Fortbewegung steht. Aus dem alten ÖPNV kann ein neues Verkehrsmittel entstehen, das charakteristisch für ein neues urbanes Leben wird. Der Städter drückt seine Individualität in der Öffentlichkeit nicht mehr durch das Auto aus, sondern durch seine physische Präsenz im städtischen Raum.

Die bereits vorhandenen öffentlichen Verkehrsmittel eignen sich hervorragend zur Entwicklung eines Verkehrssystems, welches die – auch durch den Autoverkehr – abhanden gekommene Urbanität wiederbeleben und weiterentwickeln könnte. Die erforderliche Vernetzung eines solchen Verkehrssystems ist jedoch heute nur rudimentär entwickelt, und vom Entwicklungsniveau der öffentlichen Organisation des Autoverkehrs ist sie noch weit entfernt.

Selbst wenn man nicht daran glaubt, daß durch die Anwendung neuer Techniken die städtischen Verkehrsprobleme zu lösen sind, kann man davon ausgehen, daß der bestehende ÖPNV so verbessert oder vereinfacht werden kann, daß sich die urbane Verkehrssituation erheblich verbesserte. So ermöglicht beispielsweise eine aus Bussen und Straßenbahnen gesteuerte Ampelschaltung eine freie Fahrt über die Kreuzungen. Das führt nicht nur zu einer schnelleren Reisegeschwindigkeit, sondern ebenfalls zu entsprechend kürzeren Fahrtakten. War es zur Zeit der Entstehung des ÖPNV sekundär, für eine exakte Linienverknüpfung zu sorgen, ist sie heute nicht nur ein Service, der die Attraktivität steigert, sondern eine Notwendigkeit zur Ausschöpfung der Möglichkeiten, die das System enthält.

Zwar wird schon heute versucht, die einzelnen Linien zu vernetzen und die Fahrtakte so zu koordinieren, daß für die Fahrgäste beim Umsteigen keine größeren Wartezeiten entstehen; auch das Problem mit den herkömmlichen Fahrplanbroschüren, aus denen man nur umständlich die Abfahrt- und Umsteigezeiten herausfindet, ist mit der Einführung entsprechender Software, die als Dienst am Kunden individuelle Fahrpläne erstellt, sicher zu überwinden. Dennoch wird ein Fahrgast gelegentlich auf seine Bahn länger warten müssen als geplant und sich manchmal ärgern, wenn ihm die Anschlußbahn gerade vor der Nase wegfährt. Das liegt dann aber weniger an einer fehlenden Steuerungstechnik, als vielmehr daran, daß das System des ÖPNV sehr anfällig auf äußere Einflüsse reagiert. Dabei ist besonders an durch Autos verstopfte Straßen oder an Autounfälle zu denken, die die Zirkulation unterbrechen und zu Verspätungen führen. Diese extern produzierten Probleme können wahrscheinlich nur zu einem geringen Teil durch die Anwendung moderner Steuerungstechniken gelöst werden. Hier wird es wohl auch auf verkehrspolitische Entscheidungen ankommen, durch die solche externen Störungen verhindert werden könnten.

Daneben führt häufig eine fehlende Kooperationsbereitschaft der verschiedenen Träger des ÖPNV zu Wartezeiten beim Umsteigen. An den Nahtstellen des städtischen Verkehrs, also an den Stadtgrenzen oder auf Strecken, die etwa im Sektor der Schnellbahnen von der Bundesbahn bedient werden, fehlt mitunter noch die zeitliche, aber auch die tarifliche Verknüpfung. Hier sollte man heute ein größeres Engagement erwarten dürfen als vor hundert Jahren, zumal die öffentlichen Verkehrsmittel im wesentlichen von den Kommunen oder dem Bund getragen werden.

Während der Entstehungsphase konkurrierten die unterschiedlichen Betriebe um die Fahrgäste. So standen 1883 in Hamburg die beiden letzten Firmen, die noch drei Pferdeomnibus-Linien betrieben, in einem heftigen Wettbewerb mit der Pferdebahn. Die anderen Betreiber waren bereits von den Pferdebahnen verdrängt worden. Der Fahrpreis war einheitlich; er betrug pro Fahrt auf jeder einzelnen Linie zehn Pfennig. Wer auf allen drei Linien fuhr, zahlte 30 Pfennig, wer nur zwei benutzte, den kostete es 20 Pfennig. Um ihre Konkurrenzfähigkeit zur Pferdebahn zu verbessern, boten die beiden letzten Firmen ihren Fahrgästen ein «Correspondenz-Billet» für 15 Pfennig an, mit dem auf allen drei Linien gefahren werden durfte (Staisch 1978, S. 46). Obwohl die Idee der Linienverknüpfung und der Netzerweiterung durch das kostengünstige Angebot des Linienwechsels neu und benutzerfreundlich war, konnten sich die Pferdeomnibusse nicht halten. Die Fahrgäste entschieden sich trotzdem für die schnellere und weniger rumpelnde Bahn. Die Linien der Busse wurden entweder stillgelegt oder von den Betrieben der Pferdebahn übernommen. Fahrscheine, die auf mehreren Linien gültig waren, gab es in der Folgezeit zunächst nicht mehr. Selbst bei Firmen, die mehrere Linien betrieben, war ein Fahrschein immer nur für eine Linie gültig. Das Stadtgebiet wurde zwar nach und nach von einem Netz öffentlicher Verkehrsmittel überspannt, aber an die Vorteile einer tariflichen Verknüpfung wurde offenbar noch nicht gedacht.

In den Anfängen des öffentlichen Personennahverkehrs war der Schaffner, der die Fahrscheine verkaufte und entwertete, eine Institution. Er erteilte Auskünfte und konnte dabei helfen, sich im Liniennetz und mit den Tarifen zurechtzufinden. Ein ÖPNV-Neuling wird das heutige Tarifsystem wahrscheinlich als störendes Hindernis bei der mühelosen Nutzung öffentlicher Verkehrsmittel empfinden, weil es durch die verschiedenen Zonen ähnlich unübersichtlich ist wie vor 100 Jahren. Im Gegensatz zu damals trifft er aber keinen Schaffner mehr an, der ihm helfen könnte. Die Fahrkarte wird beim Fahrer oder am Automaten gekauft; entwerten muß man sie ebenfalls selbst, wieder in einem Automaten.

In vielen Städten kann man sich diesem Tarif-Kuddelmuddel entziehen, indem man sich eine für das gesamte städtische Netz gültige und oft sogar auf andere Personen übertragbare Monatskarte anschafft. Der eigentliche Vorteil dieser Karte besteht jedoch darin, daß man, so oft man will, damit fahren und problemlos die Fahrt unterbrechen kann; es entstehen keine zusätzlichen Kosten. In einigen Städten bestehen daneben Möglichkeiten, im Verkehrsverbund verschiedener Träger (im allgemeinen der städtischen Verkehrsbetriebe mit der Bundesbahn und privaten oder kommunalen Verkehrsbetrieben der Umlandgemeinden) in eigentlich verschiedenen Tarifräumen mit einem einzigen Fahrschein oder einer Monatskarte zu fahren.

Neben der bequemen und preisgünstigen Monatskarte bieten die Verkehrsbetriebe Kinderfahrscheine, Sammel- und Wochenkarten und verschiedene andere Tickets an, die billiger sind als Einzelfahrscheine. Bei manchen Veranstaltungen berechtigt die Eintrittskarte gleichzeitig zur Hin- und Rückfahrt im ÖPNV, so zum Beispiel in

Bremen bei den Heimspielen von Werder. Daneben finanzieren einige Firmen ihren Mitarbeitern die Monats- oder Wochenkarten. Es lohnt auf jeden Fall, sich über die Tarife zu informieren, denn das Fahren mit Einzelfahrscheinen ist nicht nur teurer, sondern auch umständlich.

Die kaum rationalisierte Tarifgestaltung der Gründerjahre läßt sich vermutlich dadurch erklären, daß sich die Unternehmen im allgemeinen keine Gedanken über die Personalkosten und die Frequentierung ihrer Linien machen mußten, da die Fahrgastzahlen ständig stiegen und Gewinne erzielt wurden. Zudem wurden die Linien dort angelegt, wo sich die Hauptverkehrsströme befanden. Es war eine ziemlich sichere Investition, zum Beispiel eine Linie zwischen der Innenstadt und einer Werft mit einigen tausend Beschäftigten zu verlegen. Obwohl schon Jahres- und Monatsabonnements angeboten wurden, brauchte an eine Vereinfachung des Tarifsystems weder zur Rationalisierung des Betriebsablaufs noch als Service für den Fahrgast gedacht zu werden.

So wurde beispielsweise in Hamburg erst 1942 die Anzahl der Fahrscheine bzw. Tarifstufen von 128 auf 15 reduziert, jedoch nur, um die Einarbeitung von Aushilfskräften zu vereinfachen. Es ging also nicht darum, die Tarife für den Fahrgast übersichtlicher zu gestalten, sondern um eine Vereinfachung der Arbeit für jene Frauen, die die zur Wehrmacht eingezogenen Schaffner ersetzten.

Wahrscheinlich bewegten sich die Fahrgäste aber auch anders in ihrer Stadt als heute. Die systematische räumliche Trennung der Funktionen Wohnen, Arbeiten und Konsum hat in Deutschland erst mit der individuellen Motorisierung in den fünfziger Jahren begonnen. Die Notwendigkeit, von einer in die andere Linie umzusteigen, dürfte mit dieser Entwicklung in kausaler Beziehung stehen.

Die alten Verkehrsunternehmen gerieten stets in Schwierigkeit, wenn sie ihren Betrieb nicht auf die neueren Verkehrsmittel umstellten. Um aber vom Pferdeomnibus zur Pferdebahn und von dieser zur elektrischen Straßenbahn umzustellen, mußten sie über genügend Kapital verfügen. Da die eher kleinen Pferdebus-Unternehmen wenig Kapital besaßen, kamen sie als Investoren für die Pferdebahn, für die ja nicht nur Wagen und Pferde, sondern auch Gleisstränge gebraucht wurden, gewöhnlich nicht in Frage. Ebensowenig genügte es für die Einrichtung der Straßenbahn, Gleise und eine Linienkonzession zu besitzen, denn die Anschaffung von Triebwagen mit Elektromotoren, die Installation der elektrischen Stromzufuhr und die Errichtung von eigenen Kraftwerken verschlangen große Summen, die im allgemeinen nur durch finanzielle Beteiligung von außerhalb zusammenkommen konnten. Neben den Betreibern der Pferdebahn engagierten sich hier auch die Elektrounternehmen. Mit der Umstellung von den Pferdeomnibussen auf die Pferdebahn und mit der Realisierung der «Elektrischen» verringerte sich daher die Anzahl der Verkehrsbetriebe. Erst damit geriet die Konzeption einer Linien- und Tarifvernetzung in den Blick.

Bereits in den Gründerjahren nahm die städtische Obrigkeit Einfluß auf die Entwicklung des städtischen Personenverkehrs. Durch die Vergabe von Konzessionen entschieden die Stadtoberen nicht nur darüber, wer bauen durfte und wo eine Linie entlang führen sollte, sondern auch darüber, ob überhaupt eine elektrische Straßenbahn gebaut werden konnte. Dabei waren sich die Politiker nicht immer einig. Zunächst stand man der elektrischen Straßenbahn ablehnend gegenüber. Die zuerst übliche Stromzufuhr über die Gleise wurde für zu gefährlich gehalten. Die weniger gefährliche Stromzufuhr über Oberleitungen löste heftige Diskussionen aus, weil die Oberleitungen das Stadtbild veränderten und Störungen der Telegraphen erwartet wurden. Als die Konzessionen dennoch vergeben wurden und die ersten Straßenbahn-Linien gebaut sowie die Kinderkrankheiten überwunden waren, wurde das Konzept schließlich mit Begeisterung weiterentwickelt.

Die Städte nahmen aber nicht nur bei der Projektierung Einfluß auf den ÖPNV. Sie reglementierten direkt den Betrieb. So bestimmten sie mit über die Betriebszeiten, die Fahrtakte und die Fahrpreise. Allerdings vertraten die städtischen Regierungen dabei nicht immer die Interessen der Fahrgäste, die zu jener Zeit auf die öffentlichen Verkehrsmittel angewiesen waren – das Auto stand ihnen ja nicht zur Verfügung. So wurde es zum Beispiel 1878 in Bremen gebilligt, daß die Fahrpreise der Pferdebahn am Sonntag höher waren als in der Woche. Während es in der Woche darum ginge, mit der Bahn zur Arbeit zu fahren, wurde am Sonntag zum reinen Vergnügen gefahren. Um niedrige Fahrpreise in der Woche müsse sich die Obrigkeit im Interesse der Wirtschaft und des Verkehrs zwar kümmern, wer aber sonntags fahren wolle, müsse dafür mehr zahlen, um den Unternehmer für die günstigen Werktags-Tarife zu entschädigen (Jens 1976).

Auch heute noch hat sich die «Obrigkeit» mit den Fahrpreisen zu befassen; schließlich befinden sich die kommunalen Verkehrsbetriebe zumeist im Besitz der Städte. Anders als früher ist aber der ÖPNV und damit auch die Tarifgestaltung heute ein wichtiges Instrument der städtischen Verkehrspolitik, vor allem wenn es darum geht, den privaten Autoverkehr zu reduzieren. So wird heute versucht, die durch den Autoverkehr verursachten Probleme zu lösen, in dem man die Automobilisten dazu bewegt, die öffentlichen Verkehrsmittel zu benutzen (etwa durch P + R).

Ist der Umsteiger ein Pendler aus dem städtischen Umland, kann er bequem mit dem in etlichen hochverdichteten Ballungsräumen vorhandenen, radial auf die City orientierten Netz der S- und U-Bahn fahren. Liegen seine Zielorte jedoch nicht in der Nähe dieses groben Rasters, ergeht es ihm wie vielen Stadtbewohnern auch: Es wird kompliziert, denn es fehlen Linien, die den übrigen städtischen Raum kleinteilig erschließen. Und wo es sie gibt, entstehen durch die Warterei und das Umsteigen häufig längere Beförderungszeiten als für die Anreise in die Stadt.

Die meisten Städte verfügen heute nur noch über ein verstümmeltes, in den sechziger Jahren stark geschrumpftes ÖPNV-Netz. Mit der Automobilisierung gingen die Fahrgastzahlen auf einigen Linien so stark zurück, daß sie schließlich eingestellt wurden. So verlor das Liniensystem die erforderliche Feingliedrigkeit. Das Liniennetz wurde ausgedünnt und blieb nur auf den Hauptverkehrsachsen, durch den Neubau von S- und U-Bahnen funktionsfähig. In vielen Städten verschwand die Straßenbahn aus dem Stadtbild.

Bei der Benutzung des ÖPNV erweisen sich aber gerade Straßenbahnen und Busse als besonders attraktiv. Ihre Haltestellenabstände sind kurz, das heißt, sie sind im allgemeinen zu Fuß zu erreichen, und erschließen so den städtischen Raum sehr kleinteilig. Außerdem bietet das Fahren an der Oberfläche die Gelegenheit, auf die Stadt zu sehen. Man weiß, wo man ist, kann sich gut orientieren und wegen der geringen Abstände der Haltepunkte die Fahrt spontan unterbrechen.

In Städten, die ihre Straßenbahn ganz oder teilweise abgeschafft haben, erinnert man sich heute wieder an die Qualitäten der alten «Elektrischen». Das schon fast vergessene und ausrangierte, aber einstmals fortschrittlichste urbane Verkehrsmittel, die elektrische Straßenbahn, wird wiederentdeckt. Gelänge es, sie im Fahrkomfort, in ihrer Vernetzung und im Service so zu entwickeln, daß sie ihre Qualitäten voll entfalten kann, böte sie dem Umsteiger eine zeitgemäße Alternative zum Auto. Bei der Planung, bei der Benutzung und bei der Kritik sollte aber nie vergessen werden, daß die öffentlichen keine individuellen Verkehrsmittel sein können.

Schnell, flexibel, individuell: das Fahrrad

Das Fahrrad ist ein mechanisches Fortbewegungsmittel, das mit der eigenen Muskelkraft angetrieben wird. Es ist zwar nicht so schnell wie ein Auto, aber dafür sehr viel wendiger und flexibler. Man braucht nur wenig Platz zum Abstellen und kann tatsächlich von Tür zu Tür fahren. Auf Strecken bis fünf Kilometer Länge ist es außerdem das schnellste Verkehrsmittel im Stadtverkehr. Für einen Umsteiger bietet sich das Fahrrad als Alternative zum Auto nicht zuletzt deshalb an, weil es über einige auch am Auto positiv bewertete Eigenschaften verfügt. Die Umstellung der Routinen ist folglich weniger gravierend, als etwa beim ÖPNV. Man kann ebenso wie beim Auto zu jedem gewünschten Zeitpunkt starten, die Geschwindigkeit selbst bestimmen und die Fahrt beliebig unterbrechen.

Die Erfindung und Entwicklung des Fahrrads vollzog sich in verschiedenen Stufen während des 19. Jahrhunderts. Das erste funktionstüchtige Zweirad wurde 1817 patentiert. Dieses nach seinem badischen Erfinder, dem Freiherrn von Drais, als *Draisine* bezeichnete Gefährt bestand aus einem Holzrahmen und Holzrädern. Fortbewegt wurde es durch das Abstoßen mit den Füßen vom Boden, es war mehr ein «Laufrad» als ein Fahrrad. Bereits 1839 war die Draisine in Schottland durch einen Hinterradantrieb – eine Pleuelstange (das gleiche Prinzip wie bei der Tretnähmaschine), die mit Pedalen bewegt wurde – so weiterentwickelt worden, daß sie unserem heutigen Rad bereits sehr ähnlich war.

Das *Vélocipéde* war schließlich das erste Rad, das fabrikmäßig in Serie ging. Produziert wurde es zu Beginn der sechziger Jahre des 19. Jahrhunderts in Frankreich. In der Antriebstechnik und Leistungsfähigkeit war es der schottischen Erfindung eindeutig unterlegen. Der Antrieb funktionierte wie beim Dreirad: Das Vorderrad wurde mit einer Tretkurbel bewegt. Eine Weiterentwicklung dieses

Fahrradtyps ist das Hochrad, dessen Vorderrad größer als das hintere ist. Auf diese Weise ließ sich mit einer Kurbelumdrehung eine größere Strecke zurücklegen als beim Prototyp des *Vélocipéde*. Mit dieser Weiterentwicklung des *Vélocipéde* wurde die Geschwindigkeit auf Kosten der Benutzbarkeit vergrößert. Als Verkehrsmittel war dieses halsbrecherische Gefährt nicht geeignet.

Die 1879 patentierte *Bicyclette* ist das erste Fahrrad, das wie die heutigen funktioniert. Es bestand aus einer Metallkonstruktion und hatte einen Kettenantrieb des Hinterrades; es verfügte über eine Vorderradlenkung und war mit Vollgummi bereift. Mit der 1888 durch den Schotten J. B. Dunlop eingeführten Luftbereifung, die die Fahreigenschaften auf den vorwiegend holprigen Wegen verbesserte, verdrängte dieser Konstruktionstyp das *Vélocipéde*. Waren die *Draisine*, das *Vélocipéde* und das Hochrad noch keine Verkehrsmittel – sie wurden als Sportgerät und zum Amüsement verwendet –, so war dieses Fahrrad so ausgereift, daß es zum alltäglichen Gebrauch taugte.

Die Verwendbarkeit des Fahrrads als Verkehrsmittel verdankt sich aber nicht nur der immer besseren technischen Ausstattung. Sie dürfte zusätzlich noch durch die mit der Industrialisierung einhergehende Pflasterung des städtischen Straßennetzes begünstigt worden sein. Als sich zum Ende des 19. Jahrhunderts im städtischen Verkehrsgewühl die Kollisionen zwischen Radlern und Fuhrwerken häuften, wurden auch die ersten Radwege angelegt. Durch separate Fahrspuren erhoffte man sich schon seinerzeit die Reduzierung der Unfallgefahr und einen störungslosen Verkehrsfluß.

Die Freilaufnabe mit Rücktrittbremse und die Dreigang-Freilaufnabe, die zu Beginn des 20. Jahrhunderts erfunden wurden, rundeten die Technik des Fahrrades noch ab. Für den normalen Gebrauch war das Rad mit einer Freilaufnabe ausgestattet, die es erlaubte, das Treten der Pedale zu unterbrechen, ohne dabei das Hinterrad zu blockieren. Dieses Fahrrad fand einen sehr großen Anklang, es war modern und auf den Straßen bald unübersehbar. Das Fahrrad wurde ein Verkehrsmittel, das es auch den «kleinen Leuten» ermöglichte, sich auf individuelle Weise über längere Entfernungen fortzubewegen. Es war viel flexibler als die öffentlichen Verkehrsmittel, es konnte unabhängig von Fahrplänen verwendet werden, und es war billiger. Läßt man Pferd und Wagen außer acht, war es eigentlich das erste individuelle Verkehrsmittel.

Mit dem Fahrrad wurde nicht nur zur Arbeit gefahren, es wurde auch für Transporte verwendet, und am arbeitsfreien Sonntag wurden Ausflüge damit unternommen. Sogar im gewerblichen Bereich kam das Rad – mit Aufbauten versehen – als Lieferrad zum Einsatz.

Seine größte Bedeutung als Verkehrsmittel erlangte das Fahrrad nach 1945. Aber schon Mitte der fünfziger Jahre verlor es seine Popularität an das Moped, Motorrad und Auto. Je nach Einkommen und Alter wurde das solide alte Fahrrad durch eine der drei motorisierten Alternativen ersetzt. Die Motorkraft wurde der eigenen Körperkraft vorgezogen.

Die verringerte Nachfrage führte zu einer starken Veränderung des Fahrradmarktes. Es kam zu einem Preisverfall, zur Konzentration bei einigen Produzenten und zu einem Qualitätsverlust. Auch die Angebotsbreite ging zurück. Ein innovatives *Highlight* war dann in den sechziger Jahren das Klapprad, das im Kofferraum der Limousine unterzubringen war. Allerdings war dies für größere Ausflüge und Einkäufe ungeeignet, so daß es sich letztlich auch nicht durchsetzen konnte. Eine größere Verbreitung fand dagegen das Kinderrad, welches bis zum Zweiten Weltkrieg noch kaum gebräuchlich war. In den sechziger Jahren wurde es üblich, daß fast jedes Kind ein eigenes Fahrrad besaß. Allerdings war die Qualität so, daß das Gros dieser Räder nicht lange hielt, was zum Teil durch modische Trends, etwa das Bonanzarad, kaschiert wurde. Räder, die – der Größe der Kinder entsprechend – weitergereicht werden konnten, waren sehr teuer und setzten sich nicht durch. Man kann hier durchaus von einer Phase des «Wegwerfrades» sprechen.

Der haltbare, stabile und solide Drahtesel hatte ausgedient, er rostete – zwar meist nur an der Kette und am Schutzblech und nicht wie sein moderner Kollege auch am Rahmen – im Keller vor sich hin. Man erinnerte sich vielleicht an ihn, wenn das Auto defekt war, aber benutzen mochte ihn keiner mehr so recht.

Allerdings war es, nachdem die Stadt autogerecht umgebaut worden war, auch gar nicht mehr so einfach, ohne Risiko damit zu fahren. Radwege gab es kaum noch bzw. noch nicht. Auf den dicht und schnell befahrenen Straßen wurden die Radler aber nicht als Verkehrsteilnehmer akzeptiert. Die Straße gehörte den Autos. Die Verwendbarkeit des Fahrrads war somit in der Stadt stark eingeschränkt.

Erst seit Ende der siebziger Jahre hat das Fahrrad wieder an Attraktivität gewonnen. Wahrscheinlich verdankt es sein Comeback auch dem Ökologie- und Gesundheitsbewußtsein. Zunächst wurde vor allem in der Freizeit geradelt, aber im Verlaufe der achtziger Jahre benutzte man das Fahrrad wieder vermehrt als Verkehrsmittel. Mittlerweile weihen Bürgermeister sogar neue Radwege ein, und die Kommunen weisen aus, wieviel Kilometer Radweg neu gebaut wurden.

Allerdings sollte der Umsteiger aufs Fahrrad sich nicht täuschen lassen. So eindrucksvoll, wie es aufgrund der kommunalen Bulletins erscheint, ist die Infrastruktur keineswegs. So sind die Radwege meistens parallel zu den Straßen angelegt; oft läßt auch die Befahrbarkeit ihrer Oberfläche zu wünschen übrig. Durch den Bau der Radwege werden obendrein gewöhnlich die Fußwege immer schmaler. An die Verringerung der Autofahrspuren zugunsten der Radwege denken oder wagen sich die Verkehrspolitiker eher selten, obwohl das im Sinne einer gerechten Verteilung der vorhandenen Verkehrsflächen auf alle Teilnehmer durchaus angebracht wäre und als Nebeneffekt den Autoverkehr reduzieren könnte.

Von einer Abstellfürsorge, wie sie sich für die Automobile im Bau von Hoch- und Tiefgaragen und im Anlegen von Parkplätzen manifestiert, kann ein Radfahrer nur träumen. Bewachte und überdachte Abstellmöglichkeiten werden viele Umsteiger für ihr Fahrrad vergeblich suchen. Das bedeutet, daß sie ihr Rad zwar an den aufgereihten Fahrradständern, die schon sporadisch an zentralen Orten aufgestellt wurden, abstellen können, aber dort dann nicht nur mit einem nassen Sattel, sondern unter Umständen mit einem Diebstahl rechnen müssen. Der ADFC rät jedenfalls davon ab, das Fahrrad dort abzustellen, wo schon viele andere stehen. Außerdem empfiehlt der Fahrrad-Club, etwa 10 Prozent des Fahrradpreises, aber mindestens 50,– DM für die Diebstahlsicherung auszugeben.

Ein Umsteiger wird sich vielleicht wundern, wenn er, um die Entwendung seines Rades zu verhindern, recht mittelalterlich vorgehen muß. Empfohlen werden Stahlbügel und Ketten, die nicht so ohne weiteres mit einem Seitenschneider durchtrennt werden können und mit sicheren Schlössern zu verriegeln sind. Serienmäßig am Rad angebrachte Ringschlösser verhindern allenfalls das Abmontieren der jeweiligen Laufräder. Das Abschließen eines Fahrrads ist immer ein Anschließen. Mit dem Bügel oder der Kette muß zumindest der Rahmen an den Fahrradständer, einen Gartenzaun oder einen sonstigen fest verankerten Gegenstand «angebunden» werden.

Und nicht nur unterwegs kann es Parkprobleme geben. Zwar haben die meisten Wohnungen einen Abstellraum oder einen Keller, aber es ist gar nicht gesagt, ob dort das Rad zweckmäßig untergebracht ist. In etlichen Fällen wird es notwendig sein, das Rad am Morgen eine Treppe hinauf und am Abend wieder hinunter zu tragen.

Daß von den fast 8500 Fahrraddiebstählen, die allein in Bremen 1990 gemeldet wurden, nur eine Qoute von 3,1 Prozent aufgeklärt werden konnte, erklärt die Polizei mit einer ungenügenden Beschreibung des Rades durch den Bestohlenen (Weser-Kurier, Bremen 30.7.1991). Daher ist es ratsam, die Rahmennummer des Fahrrads aufzuschreiben und gut auffindbar zu verwahren. Ist nämlich das Rad, trotz aller Vorsichtsmaßnahmen, gestohlen worden, ist es, selbst wenn die Details gut beschrieben werden, ohne diese Nummer kaum mehr identifizierbar. Von den Dieben werden oft die Einzelteile an andere Räder montiert, so daß vielleicht das eine oder andere dem gestohlenen Rad ähnelt, aber das eigene nur ausnahmsweise wiedererkannt werden kann. Auch die Polizei hat ohne Nummer keine Chance, es bei Hehlergut, Fundsachen oder Kontrollen dem Bestohlenen zuzuordnen. Außerdem erleichtert man sich selbst die Suche beim Fundamt, weil es genügt, zunächst telefonisch die Nummer durchzugeben, und man nicht, wie sonst üblich, einmal wöchentlich selbst die Neuzugänge inspizieren muß. Von einem Ersatz des Rades durch die Hausratversicherung kann zudem nicht ohne weiteres ausgegangen werden. Zunächst einmal ist es entsprechend der Versicherungsbedingungen abzustellen, und in der Regel muß es mit einer Extraprämie zusätzlich versichert werden.

Die Rahmennummer ist im allgemeinen unterhalb der Tretkurbel in den Rahmen gestanzt. Wer ein neues Rad kauft, findet die Nummer zumeist auf der Rechnung. Wenn nicht, sollte man sie auf jeden Fall notieren, bevor man losradelt. Beim Kauf eines gebrauchten Rades empfiehlt es sich, sich die Rechnung mit der Nummer zeigen zu lassen. So weist der Verkäufer nach, daß ihm das Rad gehört. Zusätzlich sollten aber Name und Adresse des Verkäufers notiert werden. Am vernünftigsten ist es, besonders bei einem teuren Rad, einen Kaufvertrag zu verfassen, der Fahrradtyp, -nummer, den Preis sowie die Namen und Adressen von Käufer und Verkäufer enthält.

War das Angebot an Rädern zu Beginn des 20. Jahrhunderts schon allein wegen der großen Anzahl der Produzenten noch recht vielfältig, so sind heute – neben Sonderformen wie dem Liegerad, Tandem, Mountain-Bike oder dem für alte und behinderte Menschen gebauten großen Dreirad – drei Fahrradtypen gängig: Touren-, Sport- und Rennsporträder. Bei der Wahl orientiert man sich am besten an der vorgesehenen Benutzung und Beanspruchung. Sollen zum Beispiel Kindersitze angebracht und große Einkäufe transportiert werden, ist das stabile Tourenrad besser geeignet als ein Sportrad.

Wer sich lange nicht mit Fahrrädern befaßt hat, wird sich wundern, daß fast alle Räder mit Schaltungen ausgestattet sind, die zum Teil 20 und mehr Gänge haben. Ob gar keine oder eine Naben- oder Kettenschaltung besser ist, und wie viele Gänge sie haben sollte, kann erst entschieden werden, wenn klar ist, auf welchen Strecken und in welchem Umfang das Rad genutzt werden soll. Wer ein neues Rad kaufen will, kann sich im Fachhandel beraten lassen und zusätzlich beim VCD oder ADFC informieren; dort gibt es auch einen Ratgeber zum Fahrradkauf. Daneben helfen die Informationen der Stiftung Warentest.

Es muß aber nicht gleich ein neues Fahrrad sein. Während der Probephase tut es auch ein geliehenes Rad. Da in fast allen Haushalten ein Fahrrad vorhanden ist, braucht der Umsteiger eigentlich nur im Keller oder auf dem Dachboden nachzuschauen. Wenn dort wider Erwarten kein brauchbares Rad aufgefunden wird, können Verwandte oder Nachbarn nach ihren weggestellten Rädern gefragt werden. Häufig kommen dabei recht gute Exemplare ans Tageslicht. Angeboten werden gebrauchte Räder auch im Fachhandel, bei Versteigerungen des Fundamtes und in privaten Inseraten. Bei gebrauchten Rädern ist es ratsam, darauf zu achten, daß der Rahmen, die Gabel und die Räder nicht an- bzw. durchgerostet oder verbogen sind.

Ein Umsteiger aufs Fahrrad ist dem Wetter sehr viel direkter ausgesetzt als im Auto oder beim Zufußgehen. Beim Radeln im Regen braucht sich aber niemand durchweichen zu lassen, denn bei Regenguß und Wolkenbruch kann Regenkleidung übergezogen werden. Das klassische Regencape für Radler hat aber den Nachteil, daß es dem Fahrtwind einen großen Widerstand bietet. Außerdem werden die Beine naß. Den gleichen Schutz gewähren eine einfache Regenjacke oder ein Anorak auch, sie bieten aber dem Wind weniger Widerstand. Dazu kann dann noch eine wasserdichte Regenhose angezogen werden. Das Ganze ist zwar etwas umständlich und unbequem, aber es ist ja eigentlich auch eine Notlösung, denn bei starkem Regen muß nicht unbedingt mit dem Rad gestartet werden.

Für das Radeln in der kalten Jahreszeit ist eine warme Wintergarderobe zweckmäßig. Hier wird der ans Autofahren gewöhnte Umsteiger vermutlich nicht auf bereits vorhandene Kleidung zurückgreifen können. Im Prinzip muß die Kleidung die gleiche sein wie bei den Überläufern, die zu Fuß unterwegs sind. Radelnde Menschen können aber, im Gegensatz zu den gehenden, nicht auf Handschuhe verzichten. Sinnvoll sind darüber hinaus Mützen, Hüte und Kappen, die nach Möglichkeit den ganzen Kopf wärmen. Im übrigen ist helle Kleidung beim Radeln im Dunkeln besonders dann zweckmäßig, wenn die Straße benutzt werden muß. Bus-, Straßenbahn- und Autofahrer können Radler dann besser sehen und sich frühzeitig auf sie einstellen.

Ebenso wie ein Autofahrer auf eine Panne vorbereitet sein und Werkzeug sowie ein Reserverad bei sich haben sollte, kann sich auch der Radler auf Komplikationen einstellen. Luftpumpe und zwei Ersatz-Ventile mit Überwurfmuttern gehören ebenso zur Standardausrüstung wie der berühmte «Knochen», mit dem alle Muttern am Fahrrad angezogen und gelöst werden können, und das unvermeidliche Flickzeug.

Um die Transportmöglichkeiten zu verbessern, gibt es Fahrradtaschen, die über den Gepäckträger gehängt und dort festgeschnallt werden. Reichen sie nicht aus, kann man auf Fahrradanhänger zurückgreifen. Diese werden in unterschiedlicher Ausführung, Tragfähigkeit und aus verschiedenen Werkstoffen im Fachhandel angeboten. Es gibt jedoch zur Zeit wenig Informationen darüber, welche Formen und Werkstoffe sich bewährt haben. Auch sind die technischen Angaben, die man erhält, häufig unzulänglich. Es ist daher ratsam, sich vor der Neuanschaffung bei der Stiftung Warentest, beim VCD oder ADFC zu informieren.

Sollen kleine Kinder auf dem Fahrrad mitgenommen werden, ist ein wenig Aufwand durchaus angebracht. Vor 20 Jahren war es noch üblich, ein Kissen auf den Gepäckträger zu legen; manchmal wurden noch Fußstützen an die Gabel geschraubt. Heute werden dagegen Schalensitze ähnlich wie fürs Auto angeboten. Es gibt aber auch noch die Sitzkörbe, die an den Lenker gehängt werden. Auf jeden Fall sollte ein Kindersitz ausgesucht werden, der dem Gewicht des Kindes entspricht und mit dem man sich beim Fahren sicherfühlt.

So vorbereitet und ausgestattet könnte das Radeln eine wirklich angenehme Art der Fortbewegung sein. Wenn da nicht noch die Autos wären und die auf den Autoverkehr abgestimmten Verkehrsregeln.

Integrierte Verkehrskonzepte, die bessere Bedingungen für den Fahrradverkehr schaffen, sind im Detail noch umstritten. Sogar die Vorschriften, die das Fahrradfahren im Straßenverkehr regeln, werden kontrovers diskutiert. Uneinigkeit besteht zum Beispiel darüber, ob durch verschärfte Bestimmungen die Sicherheit für Radler zu verbessern ist oder ob dadurch die Eigenverantwortlichkeit aller Verkehrsteilnehmer degeneriert. Besonders deutlich wird die Unterschiedlichkeit der Positionen bei der Frage, ob es für die Radfahrer sicherer ist, nur noch auf eigenen Wegen oder mit den Autos gemeinsam auf der Straße zu fahren. Die Befürworter der Radwege gehen davon aus, daß Radler auf separaten Wegen nicht durch Autos abgedrängt oder gar zu Fall gebracht werden. Besonders Personen, die unsicher fahren, wären auf Radwegen vor rasenden rücksichtslosen Autofahrern geschützt. Die Befürworter der gemeinsamen Straßenbenutzung gehen dagegen davon aus, daß die Rücksichtnahme der Autofahrer sowie das vorausschauende Verhalten aller Verkehrsteilnehmer wachsen und sich die Fahrgeschwindigkeit durch eine Anpassung an die neue Situation generell verringern würde. Gerade durch ein derart kooperatives Verkehrsverhalten ließe sich das Unfallrisiko reduzieren.

Geht man davon aus, daß es eine völlige Sicherheit so oder so nicht geben wird, kann es nur um eine Verbesserung der gegenwärtigen Verkehrsbedingungen für Radler gehen. Mit Radwegen wird ein Freiraum, ein vermeintlicher Schutzraum geschaffen, in dem sorglos geradelt werden kann, in dem aber gleichwohl Unfälle passieren. Besonders riskant ist es an den Punkten, so sich die Wege von Autos und Fahrrädern kreuzen. Das Fahren auf Radwegen ist also keineswegs ohne Risiko.

Aber auch das Radeln auf der Straße würde trotz Rücksichtnahme und Kooperationsbereitschaft der Autofahrer bedrohlich bleiben, weil die Verletzungsgefahr der Radler stets größer ist als die der Autofahrer. Eine vorsichtige Fahrweise für Radler ist lebensnotwendig.

Gegenwärtig bewegt sich der Radler sowohl auf der Straße als auch auf Radwegen. Generell sollte sich der Umsteiger vor eigenem Leichtsinn hüten und auf die gelegentlich vorhersehbaren Fehlleistungen der Autofahrer und Fußgänger gefaßt sein. Gefühle von Hektik und Ungeduld, die vielleicht noch aus der Zeit des Autofahrens präsent sind und sich auch beim Radeln einschleichen mögen, sollten energisch abgeschüttelt werden. Auf keinen Fall kann das Fahrrad so gefahren werden wie das Auto. Noch schnell bei Gelb über die Ampel zu huschen oder an auf dem Fußweg spielenden Kindern mit hoher Geschwindigkeit vorbei zu rasen, ist für Radler viel gefährlicher als für Autofahrer; ganz abgesehen davon, daß auch Radler auf die anderen Verkehrsteilnehmer Rücksicht nehmen und sie nicht gefährden sollten.

In der Diskussion um die Helmpflicht für Radler wird auf die Gefahr von Kopfverletzungen bei Stürzen und Kollisionen hingewiesen. Ein Helm kann sicher Kopfverletzungen mildern oder auch ganz abwehren; es werden damit aber keine Unfälle verhindert. Es besteht die Gefahr, daß duch den Helm ein Sicherheitsgefühl vermittelt wird, welches auf Kosten der Vorsicht und Rücksichtnahme geht. Aus dem Blickfeld gerät dabei, daß Radler bei Unfällen, besonders bei Kollisionen mit Autos, mit Verletzungen am ganzen Körper rechnen müssen. Der Helm mag also durchaus ein nützlicher Bestandteil des Selbstschutzes für die Radler und auch für die mitfahrenden kleinen Kinder sein; dennoch ist die Unfallvermeidung durch eine vorausschauende und verhaltene Fahrweise der Autos und Fahrräder der wirkungsvollste Selbstschutz.

Zweifellos muß auch immer wieder von den Autofahrern Rücksichtnahme verlangt werden. Und selberverständlich müssen für Radler gefährliche Verkehrssituationen entschärft werden. Gerade dabei ist es wichtig, daß Mißstände, Gefahrenstellen und Verbesserungsideen den kommunalen Verwaltungen mitgeteilt werden. Auch der Ausbau der Infrastruktur für Radler, wie etwa überdachte, bewachte Fahrradständer und Radwegesysteme, werden nicht unaufgefordert eingerichtet. In den Verkehrsetats der Kommunen kommen eben eher Umgehungsstraßen oder verkehrsberuhigte Einkaufsstraßen zum Zuge, gegen die ja auch prinzipiell nichts einzuwenden ist. Aber die Belange der Verkehrsteilnehmer, die weder Lärm noch Abgase verursachen, werden kaum bedacht. Radler haben keine so starke Lobby wie die Autofahrer, daher ist es notwendig, sich selbst zu Wort zu melden. In den Städten, wo der VCD oder der ADFC aktiv ist, findet der Umsteiger Ansprechpartner und muß nicht als Einzelkämpfer für die Gleichberechtigung im Verkehr eintreten.

Inventur der eigenen Mobilität

Das Verkehrsbudget

Der Umstieg fällt vermutlich leichter, wenn auch die Kostenseite durchsichtig ist. Es ist daher zu empfehlen, die bisherigen Ausgaben für den Verkehrsbedarf zu ermitteln. Ist erst mal klar, wieviel Geld bisher für das Auto ausgegeben wurde, fällt es leichter, sich auch die Benutzung der anderen Verkehrsmittel etwas kosten zu lassen. Wer das Geld für ein Auto einspart, braucht nicht mehr aus Kostengründen auf eine Taxifahrt zu verzichten oder «Schwarz» zu fahren.

Das Autofahren wirkt auf den ersten Blick billiger als eine Taxifahrt und die Benutzung der öffentlichen Verkehrsmittel. Das kommt wohl daher, daß ein großer Teil des Geldes, das für das Auto ausgegeben wird, im Alltag nicht bar aus der Brieftasche bezahlt werden muß, sondern jährlich vom Konto, oft durch Einzugsverfahren, abgebucht wird. Werden nur die Benzinkosten und die Kosten einer Taxifahrt oder einer Fahrt mit den öffentlichen Verkehrsmitteln verglichen, erscheint das Autofahren gar nicht teuer. Gehen aber die tatsächlich anfallenden Ausgaben für das Auto in die Kalkulation ein, sieht es ganz anders aus.

Im Durchschnitt gab 1988 ein 4-Personen-Haushalt (Ehepaar mit zwei Kindern) mit einem mittleren Einkommen für sein Kraftfahrzeug monatlich 455,– DM aus (172,– DM als monatliche Abschreibung der Anschaffungskosten des Fahrzeuges und 283,– DM für die Unterhaltung incl. Kraftstoffe). Ein Haushalt gleicher Größe mit einem über dem Durchschnitt liegenden Einkommen wandte sogar jeden Monat 581,– DM (Abschreibung 207,– DM, Unterhaltung 374,– DM) nur für das Kraftfahrzeug auf (Verkehr in Zahlen 1989, S. 260, 262).

Wieviel Geld man selbst monatlich für das Auto ausgibt, läßt sich nach folgendem Schema berechnen. Die festen Kosten entstehen, ob gefahren wird oder nicht. Sie lassen sich aber recht einfach durch einen Blick in die Kontoauszüge ermitteln. Der Wertverlust (Ab-

Berechnung der Autokosten		
1. Feste Kosten:	jährl.	monatl.
– Kfz-Versicherungen		
– (Autoanteil in der Rechtsschutzversicherung)		
– Kfz-Steuern		
– TÜV, ASU		
– Garagenmiete		
– Wertverlust		
– Sonstiges		
Summe		
2. Instandhaltung:		
– Wartung		
– Ölwechsel/Zündkerzen		
– Reifen		
– Reparaturen		
– Autopflege/Waschen usw.		
– Sonstiges		
Summe		
3. Kosten der Benutzung:		
– Kraftstoff		
– Parkgebühren		
– Strafzettel		
– Sonstiges		
Summe		
monatliche Gesamtkosten:		

schreibung) berechnet sich aus der Differenz zwischen dem Kaufpreis und dem erzielbaren Verkaufspreis. Über den Verkaufspreis informieren der ADAC und die Verbraucherzentrale.

Wer die Belege für die Instandhaltung sammelt, kann diesen Posten gut rekonstruieren, wer nicht, muß ihn schätzen. Die laufenden Betriebskosten lassen sich in der Regel problemlos summieren.

Das gesamte Verkehrsbudget besteht aber nicht nur aus den Kosten, die das Auto verursacht. Hinzu kommen noch die Ausgaben, die für Fahrkarten und Taxifahrten anfallen. Möglicherweise haben einzelne Familienmitglieder, etwa die Kinder, Monatskarten für den ÖPNV. Das gesamte Verkehrsbudget der einzelnen Personen und des Haushalts kann in etwa auf folgende Weise bestimmt werden:

Kalkulation des alten monatlichen Verkehrsbudgets						
	je Haushaltsmitglied					Summe
	1.	2.	3.	4.	5.	
Autokosten						
Taxifahrten						
Einzel-Fahrkarten						
Monatskarten						
Fahrradkosten						
Summe						

Zum Vergleich können nun auch die Verkehrskosten festgestellt werden, die anfallen, wenn das Auto nicht mehr benutzt wird. In diese Berechnung gehören alle Beträge, die für die zusätzlichen Monats- oder Wochenkarten ausgegeben werden müssen und für anfallende Taxi-Fahrten zu bezahlen sind. Fahrten mit der Bundesbahn sollten in diese Vergleichsrechnung nur dann eingehen, wenn sie vor dem Umstieg mit dem Auto gemacht worden wären.

Kalkulation des neuen monatlichen Verkehrsbudgets						
	je Haushaltsmitglied					Summe
	1.	2.	3.	4.	5.	
Monatskarte						
Taxifahrten						
Bundesbahn						
Fahrradwartung						
Wertverlust des Fahrrades						
Sonstiges						
Kosten insgesamt						

Sind bereits Fahrräder vorhanden und sind diese älter als sechs Jahre, brauchen lediglich die Wartungskosten veranschlagt zu werden. Das sind wahrscheinlich nicht mehr als 120,– DM im Jahr, also 10,– DM monatlich. Ist das Rad nicht älter als sechs Jahre, ist ein Sechstel des Kaufpreises als jährlicher Wertverlust anzusetzen. Gehen wir davon aus, daß das Fahrrad neu gekauft werden muß und 1200,– DM kostet, fallen bei einer Nutzungszeit von sechs Jahren jährlich 200,– DM Wertverlust und damit monatlich rund 17,– DM an.

Werden vom alten Verkehrsbudget die kalkulierten Kosten des neuen abgezogen, ist zu erkennen, ob die bisherigen Ausgaben auch zukünftig ausreichen oder ob sogar etwas übrig bleibt. Auch wenn etwas übrig bleibt, ist es ratsam, diese Summe zunächst im Verkehrsetat zu belassen. Vielleicht wurde zum Beispiel bei den Taxifahrten nicht großzügig genug kalkuliert. Im Prinzip sollte der alte Verkehrsetat nicht gekürzt werden. Er sollte so verwendet werden, daß die Verkehrswünsche optimal zu verwirklichen sind.

Wie die Kostenseite tatsächlich aussieht, ist erst nach einigen Monaten zu erkennen. Mit der Zeit entstehen neue Gewohnheiten; es wird bestimmte Situationen geben, in denen die Verkehrsmittel-

Berechnung des neuen monatlichen Verkehrsbudgets						
	je Haushaltsmitglied					Summe
	1.	2.	3.	4.	5.	
Monatskarte						
Taxifahrten						
Beitrag zum Gemeinschaftsauto						
Fahrkosten mit Gemeinschaftsauto						
Kostenanteil für Fahrgemeinschaft						
Bundesbahn						
Fahrradwartung						
Kleinkram: Ventile, Hosenbeinklammer usw.						
Wertverlust des Fahrrads						
Anschaffungen: z. B. Kindersitz						
Fahrradanhänger						
Regenkleidung						
Rucksack						
Gepäcktaschen						
Sonstiges						
Kosten insgesamt						

wahl ganz anders ausfällt als vorher. Es kann beispielsweise zur Gewohnheit werden von Geburtstagsfeiern, Kneipenbesuchen oder generell von allen Terminen, die erst sehr spät enden, mit dem Taxi heimzufahren.

Die Kosten für Anschaffungen können auf verschiedene Art und

Weise in die Abrechnung eingehen. Eine Möglichkeit besteht darin, die Anschaffungskosten voll in die Abrechnung aufzunehmen. Während der Umstellungsphase können diese Aufwendungen die Verkehrskosten viel höher erscheinen lassen, als sie danach tatsächlich sind. Wer es genauer wissen will, sollte nur einen Teilbetrag in die monatliche Berechnung aufnehmen. Beispiel: Es wurden Gepäcktaschen für 90,– DM gekauft. Wenn die Lebensdauer der Taschen auf etwa zwei Jahre geschätzt wird, dann gehen (90:24 =) 3,75 DM in die monatliche Abrechnung ein.

Was mache ich wo und wie gelange ich dorthin

Mit dem Umstieg wird sich einiges ändern. Die Touren, die bislang mit dem Auto gefahren wurden, müssen nun zu Fuß, mit dem Fahrrad oder den öffentlichen Verkehrsmitteln zurückgelegt werden. Vor Beginn des Umstiegs hilft eine Bestandsaufnahme der alten Verkehrsgewohnheiten, sich darüber klar zu werden, welche Konsequenzen ein Umstieg voraussichtlich haben wird.

Damit die bisherige individuelle Mobilität nicht verloren geht, verschafft man sich zunächst einmal eine Übersicht über das eigene Aktivitätenmuster und Verkehrsverhalten. Im allgemeinen macht man sich über die eigene Verkehrsmittelwahl, über die täglichen Aktivitäten und über die Orte, an denen sie ausgeübt werden, keine Gedanken. Irgendwann hat man für sich entschieden, wo man was am besten erledigt und wie man dort hingelangt. Aus solchen Entscheidungen, die die Alltagspraxis prägen, werden schnell Routinen. Diese Gewohnheiten werden aber auch oft dann nicht in Frage gestellt, wenn sich die Situation bzw. die Entscheidungsgrundlage verändert hat. Von Gewohnheiten trennt man sich nur ungern. So geht es bei der Vorbereitung auf den Umstieg als erstes darum, zu erkennen: *Was* mache ich *Wo* und *Wie* gelange ich dorthin.

Der erste Schritt auf dem Weg zum Umstieg besteht nun darin, zu entscheiden, *wie* – also mit welchem Verkehrsmittel – jedes dieser *wo*'s in Zukunft aufgesucht werden soll. In einigen Fällen – beispielsweise beim Großeinkauf – wird das *Was* aber eng mit der Benutzung des Autos zusammenhängen. In solchen Situationen kann es helfen, das *Was* und das *Wo* zu überprüfen. Eventuell ist es möglich, öfter kleinere Mengen oder an anderen Orten einzukaufen.

Beispiel:

Verkehrsverhalten einer typischen Woche			
was	wo	wie	wie oft
Arbeiten		Auto	5
Einkaufen		Auto	2
Einkaufen		zu Fuß	3
Abendkursus		Fahrrad	1
Joggen		Auto	4
Ausflug		Auto	1
Kneipenbesuch		zu Fuß	1–2
Kindertransport:			
zum Kindergarten		zu Fuß	5
vom Kindergarten	nach Hause	zu Fuß	3
von Freunden	nach Hause	Auto	3
zu Freunden		Fahrrad	2
zum Turnen		Auto	1
vom Turnen	nach Hause	Auto	1

Verkehrsverhalten in Situationen, die seltener auftreten			
was	wo	wie	wie oft im Jahr
Einkaufsbummel	Innenstadt	Straßenbahn	12
Verwandtenbesuch		Auto	9
Theaterbesuch		Auto	10
Kinobesuch		Auto	6

Die Wegeketten
Bei der Gestaltung des Alltags werden aber längst nicht alle Ziele von zu Hause aus aufgesucht. Im allgemeinen werden Wegeketten gebildet, die an der Wohnung beginnen und über verschiedene Stationen dort auch wieder enden. Dabei spielen die Routinen der Verkehrsmittelwahl, aber auch die Arbeitsteilung und -organisation im Haushalt eine wichtige Rolle. Durch den Umstieg werden sich die Wegeketten, die bislang an die Benutzung des Autos geknüpft waren, verändern. Für die Vorbereitung auf den Umstieg kann daher eine Bestandsaufnahme der bisherigen Wegeketten sehr nützlich sein.

Durch die Fahrten mit dem ÖPNV und dem Fahrrad werden neue, unbekannte Strecken benutzt. Eine Reform der Wegeketten, aber auch eine Umstrukturierung der Arbeitsteilung bzw. Haushaltsorganisation werden sicher unvermeidlich.

Beispiel: Vater

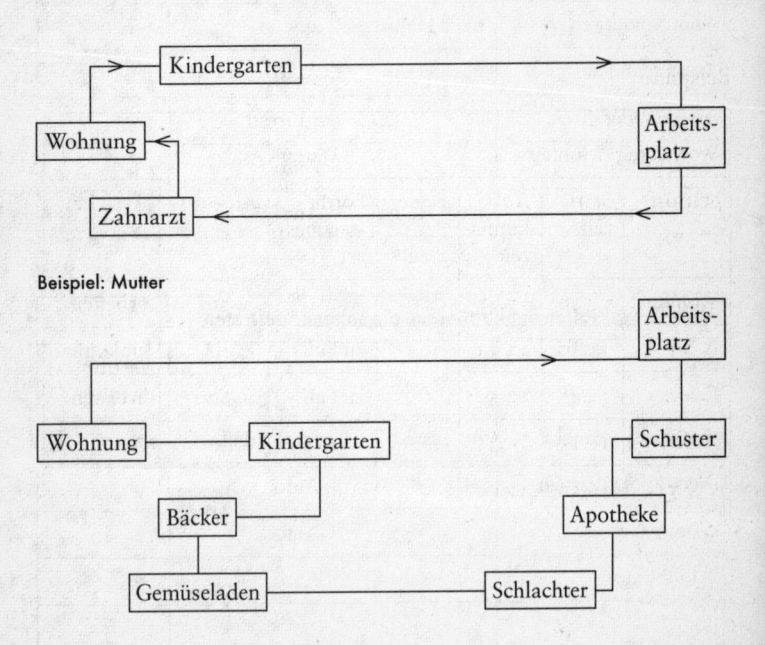

Beispiel: Mutter

Das Zeitbudget

Wer das Gefühl hat, ohne Auto in Zeitnot zu geraten, dem hilft es vielleicht, wenn er sich die Verwendung seiner Zeit einmal aufzeichnet. Die Zeit, die eine Person täglich für die drei bis vier Wege verwendet, um zwei bis drei Aktivitäten auszuüben, beträgt im Durchschnitt eine Stunde. Daß Automobilisten nicht mehr Orte aufsuchen und nicht mehr Aktivitäten ausüben als die anderen Verkehrsteilnehmer, ist schon ausgeführt worden. Wer sich vergewissern will, wieviel Zeit er tatsächlich täglich damit verbringt, von Ziel zu Ziel zu gelangen, und wieviel Aktivitäten er dabei ausübt, sollte seinen Tagesablauf einmal detailliert rekapitulieren.

Die Anzahl der Wege, ihre Dauer und die Aktivitäten können in die folgenden Tabellen eingetragen und abgelesen werden. Wer eine solche Übersicht eine Woche lang führt, wird staunen, wie wenig Zeit im Vergleich zur Aufenthaltsdauer für Wege verbraucht wird. Außerdem kann man diese Tabellen auch zum Vergleich der Wegezeiten während des Umstiegsversuchs weiterführen.

Beispiel:

Wochentag: Montag				Datum:		
Startort	Startzeit	Ankunftszeit	Dauer des Weges	Fortbewegungsart	Zielort	Aktivität
Wohnung	7.30	7.45	15	Auto	A. Str.	arbeiten
A. Str.	12.30	12.35	5	zu Fuß	E. Str.	einkaufen
E. Str.	12.45	12.50	5	zu Fuß	A. Str.	arbeiten
A. Str.	16.15	16.35	20	Auto	C. Str.	einkaufen
C. Str.	16.50	17.00	10	Auto	Wohnung	
Summen			55		3	3

Wegezeiten in Minuten

Art der Fort-bewegung	Wegezeit in Minuten							Summe
	Mo	Di	Mi	Do	Fr	Sa	So	
Zu Fuß	10							
Mit dem Fahrrad								
Mit dem ÖPNV								
Mit dem Auto	45							
Summe	55							

Anzahl der Wege

Art der Fort-bewegung	Anzahl der Wege							Summe
	Mo	Di	Mi	Do	Fr	Sa	So	
Zu Fuß	2							
Mit dem Fahrrad								
Mit dem ÖPNV								
Mit dem Auto	3							
Summe	5							

Unterwegs zu neuer Mobilität

Nachdem nun geklärt ist, mit welchen Veränderungen durch den Umstieg zu rechnen ist, können konkrete Überlegungen dazu angestellt werden, welche Fortbewegungsarten für welche Wege geeignet sind.

Da bei der Verkehrsmittelwahl die Entfernung nicht unberücksichtigt bleiben kann, empfiehlt es sich, auf einem Stadtplan die Orte, die bislang mit dem Auto aufgesucht wurden, zu kennzeichnen, denn die sollen ja nun anders erreicht werden. Wenn es sich um Entfernungen handelt, die für das Zufußgehen zu weit sind, kommt für die regelmäßigen Touren als Alternative zum Auto entweder ein öffentliches Verkehrsmittel oder das Fahrrad in Frage. Welches Verkehrsmittel gewählt wird, kann nach verschiedenen Kriterien entschieden werden.

*Das «Was» hat Einfluß
auf das «Wie»*
Soll eine große Menge eingekauft oder eine Kiste Leergut zurückgebracht werden, ist das Rad wahrscheinlich bequemer als öffentliche Verkehrsmittel. Wird am Ziel ein elegantes Outfit erwartet, kann es praktischer sein, mit dem ÖPNV zu fahren.

Im Gegensatz zur routinisierten Benutzung des Autos für fast alle Gelegenheiten und Ziele ermöglicht eine mit den Aktivitäten koordinierte Verwendung spezifischer Verkehrsmittel eine größere Flexibilität in der Alltagsgestaltung. Werden durch den Umstieg einerseits Bezugsrahmen aufgegeben, entstehen andererseits neue Freiräume, die – bewußt wahrgenommen und genutzt – die Chancen der Teilnahme am öffentlichen und kulturellen Leben erweitern.

Ein neues «Wo» kann das «Wie» verändern
Die Entscheidung über die Fortbewegungsart zu den jeweils angestrebten Zielen ist sicher nicht unabhängig von der Erreichbarkeit

und den Entfernungen, die zurückzulegen sind. Schon bei der Vorbereitung des Umstiegs muß deshalb darüber nachgedacht werden, ob ein anderer, nähergelegener oder besser erreichbarer Ort als der bisher mit dem Auto aufgesuchte für ein bestimmtes *Was* in Frage kommt. Der Arbeitsplatz ist zwar nicht zu verlegen, aber vielleicht der Einkaufsort oder das eine oder andere Ausflugsziel. Geeignet sind neue Ziele, wenn sie entweder so nah bei der Wohnung liegen, daß sie zu Fuß oder mit dem Fahrrad aufgesucht werden können, oder wenn sie an den täglichen neuen Wegen liegen, so daß etwa die Heimfahrt von der Arbeit mit dem Rad oder der Straßenbahn nur unterbrochen werden muß und kein zusätzlicher Weg anfällt.

Durch den Verzicht auf das Auto lernt man das Wohnumfeld, den Stadtteil und im Prinzip die ganze Stadt neu kennen. Viele Ekken bleiben aus der Autoperspektive unbekannt. Mit der Zeit wird der Umsteiger feststellen, wo sich alternative Zielorte befinden. Insgesamt bietet der Umstieg einen Anlaß, die alten Ziele in Frage zu stellen und sie zumindest probeweise durch andere zu ersetzen.

Modalitäten der Benutzung

Das Fahren mit den öffentlichen Verkehrsmitteln erfordert, im Unterschied zum Fahrrad, eine Anpassung an die Abfahrtzeiten. Außerdem muß man den Linienverlauf und die Tarifstufen kennen. Auch das Lesen der Fahrplanhefte braucht ein wenig Übung, oft enthalten sie nicht einmal alle Haltestellen. Sind bei einer Tour Linienwechsel nötig, erfordert die Planung komplizierte Berechnungen. In manchen Städten gibt es bei den Verkehrsbetrieben Kopien der an den Haltestellen angebrachten Fahrpläne oder sogar individuelle Umsteigepläne, bei deren Verwendung die Wartezeiten kurz bleiben.

Mit dem Fahrrad ist jedes Ziel direkt und häufig auf dem kürzesten Weg zu erreichen. Es fallen weder Wartezeiten an, noch muß man erst zur Haltestelle gehen. Wie lange ein Weg mit dem Fahrrad dauert, muß ausprobiert werden. Es lohnt sich aber, neben der Fahrtdauer auch die Strecke, die mit dem Rad gefahren werden soll zu testen. Auf dem Stadtplan läßt sich zwar eine Route festlegen, ob diese aber auch tatsächlich geeignet ist, merkt man erst, wenn sie befahren wird. Es ist gut möglich, daß sich bei einem Blick auf den

Straßenplan eine autobezogene Sichtweise einschleicht und man dann später plötzlich auf einer Autotrasse landet.

Das Fahrrad ist in der Stadt auf Strecken von bis zu fünf Kilometern das schnellste Verkehrsmittel. Aber auch auf längeren Strecken kann es schneller als der ÖPNV sein, wenn die Wege zwischen Start- bzw. Zielort und Haltestelle, die ja meistens zu Fuß gegangen werden, ähnlich viel Zeit beanspruchen wie die Fahrt selbst. Da außerdem Abkürzungen möglich sind, ist die Fahrtdauer mit dem Rad oft kürzer als mit den öffentlichen Verkehrsmitteln.

Die öffentlichen Verkehrsmittel sind auf längeren Strecken schneller als das Fahrrad (und auch als das Auto). Die Fahrdauer mit dem ÖPNV ist in den Fahrplänen nachzulesen. Hinzu kommt dann immer noch der Fußweg zur Haltestelle und von dort zum Ziel.

Aus der Perspektive der Zeitökonomie kann die Fahrzeit im ÖPNV im Gegensatz zur im Auto verbrauchten Zeit genutzt werden. Man kann Schularbeiten machen und sich gedanklich oder lesend auf Termine vorbereiten. Natürlich kann man auch nichts tun, sich einfach nur entspannen und dann ausgeruht am Ziel erscheinen. Für Leute, die der Gesundheit zuliebe Sport treiben möchten, sich aber nie die Zeit dafür genommen haben, bietet das Fahrrad als Verkehrsmittel unter dem Aspekt der Zeitökonomie den Vorteil, daß für gesundheitsfördernde Bewegung gleichsam nebenbei gesorgt ist.

Mit welchen Veränderungen ist im Alltag zu rechnen?

In den bisherigen Ausführungen ist dargestellt worden, was sich auf der organisatorischen Ebene im Alltagsleben durch den Umstieg verändert und wie man sich leichter darauf einstellen kann. Neben den eher funktionalen Veränderungen ergeben sich neue Situationen und Wahrnehmungen. Was sich konkret verändern wird, hängt von der Lebenssituation und der bisherigen Lebensweise ab. In Haushalten mit kleinen Kindern wird es sich zum Beispiel ergeben, daß ihnen während der Fortbewegung mehr Aufmerksamkeit gewidmet werden kann als früher beim Autofahren.

Die zu erwartenden Vorteile beziehen sich auf die Qualität der Interaktion mit der Umwelt. Sie wird intensiver und direkter sein, als es im Auto möglich war. Die funktionalen Veränderungen werden vermutlich zu Beginn des Umstiegs eher als Nachteil bewertet werden.

Mögliche Vorteile:
- Kein Aufenthalt im Angstraum Großgarage;
- mehr Ruhe auf den Wegen;
- weniger Streß als beim Autofahren;
- Möglichkeit, sich auf eine neue Situation umzustellen, zum Beispiel von der Arbeit auf die Familie;
- durch das Sehen, Riechen und Fühlen intensivere Selbst- und Raumwahrnehmung;
- Vergrößerung des Wissens über den Raum;
- bessere Kommunikationsmöglichkeiten mit Begleitpersonen oder Fremden;
- mehr Zeit zur Selbstbesinnung;
- multifunktionale Zeitnutzung während der Fortbewegung.

Mögliche Nachteile:
- Terminplanung (während der Umstellung);
- Organisieren der Verkehrsmittelwahl;
- Organisieren des Transportbedarfs.

Damit der Umstiegsversuch bei dem ersten unvorhergesehenen Ereignis nicht gleich wieder abgebrochen wird, sollte bedacht werden, daß die meisten Probleme sich aus der Umstellungssituation selbst ergeben. Sie sind nicht die Folge des Umstiegs. Nach einiger Zeit entstehen neue Routinen, von denen die Trennung ebenso schwierig sein würde. Damit aber nicht gleich zu Beginn alles im Chaos endet, haben wir eine Liste mit Fragen zusammengestellt, deren Beantwortung eine gute Basis für die Planung des Umstiegs ist.

1. Fragen zum ÖPNV:
- Wo ist die nächste Haltestelle?
- In welchem Takt fährt dort der ÖPNV?
- Wo fahren die öffentlichen Verkehrsmittel von dort aus hin?
- Was kostet die einzelne Fahrt?
- Was kostet die Monatskarte?
- Welche Fahrkarten gibt es sonst noch?

- Mit welchen verschiedenen ÖPNV-Linien kann ich meine täglichen Ziele erreichen?
- Wann muß ich los, um das angestrebte Ziel zum festgelegten Zeitpunkt zu erreichen?
- Welche Ziele kann ich mit dem ÖPNV erreichen?
- Welche Ziele will ich mit dem ÖPNV erreichen?

2. *Fragen zum Fahrradfahren:*
- Welche Ziele kann ich mit dem Fahrrad erreichen?
- Welche Wege finde ich verkehrssicher?
- Welche Wege finde ich angenehm?
- Wie lange dauert die Fahrt zu den regelmäßigen Zielen?
- Welche Ziele will ich auf welchem Weg mit dem Fahrrad erreichen?

3. *Fragen zum Zufußgehen:*
- Welche Ziele kann ich zu Fuß aufsuchen?
- Welche Ziele will ich zu Fuß aufsuchen?

4. *Fragen zu alternativen Zielen:*
- Welche Tätigkeiten, etwa Einkaufen, lassen sich in der Nähe der Wohnung ausüben?
- Welche Tätigkeiten, etwa Einkaufen, lassen sich in der Nähe der Haltestellen ausüben?
- Welche Tätigkeiten, etwa Einkaufen, lassen sich in der Nähe der Fahrradstrecke ausüben?
- Welche Ziele kann ich durch neue ersetzen?
- Welche Ziele will ich durch neue ersetzen?

5. *Organisatorische Fragen:*
- Was muß transportiert werden?
- Was muß eingekauft werden (Einkaufsliste/Einkaufsplan)?
- Welcher Laden bringt Einkäufe ins Haus?
- Gibt es ein Geschäft, das Getränke ins Haus liefert?

6. *Welche Vorteile erwarte ich für mich durch den Umstieg?*

7. *Welche Nachteile erwarte ich für mich durch den Umstieg?*

Ist alles Für und Wider bedacht, kann festgelegt werden, für welche Ziele welche Verkehrsmittel benutzt und welche neuen Ziele aufgesucht werden sollen.

Der Umstieg

Sind die Vorüberlegungen so weit gediehen, daß man sich gedanklich und praktisch auf das autolose Leben eingestellt hat, ergibt sich vielleicht noch die Frage, zu welchem Zeitpunkt der Versuch am besten gestartet werden sollte und ob es nicht vorteilhaft sein könnte, den Versuch mit mehreren gleichzeitig zu unternehmen.

Am günstigsten ist es, das Auto sofort dann stehen zu lassen, wenn die eigene Motivation – aus welchen Gründen auch immer – besonders groß ist. Da es aber wohl den meisten sehr schwer fallen dürfte, sich spontan von ihrem Auto zu trennen, empfiehlt es sich, zunächst einmal zu beschließen, lediglich zur Probe und nur für eine bestimmte Zeit nicht mehr mit dem Auto zu fahren. Wer sich auf diese Weise auf den Umstieg einläßt, hat den Vorteil, daß er in der Praxis feststellen kann, wie selten er das Auto wirklich benötigt und wie sich im übrigen sein Alltag tatsächlich verändert.

Für oder gegen den Zeitpunkt des Versuchs können, neben dem Grad der Motivation, noch andere Aspekte sprechen. Hierbei kann es sich zum einen um organisatorische Voraussetzungen und zum anderen um besondere Lebenskonstellationen handeln. Wer gerade eine neue Wohnung suchen muß oder dabei ist, umzuziehen, hat einen überdurchschnittlichen Verkehrsbedarf. In solchen Situationen ist eine Umstellung sicherlich komplizierter als im normalen Alltag. Nach einem Umzug kann es dagegen sehr vorteilhaft sein, mit dem Umstieg zu beginnen, weil sich die neuen Verkehrsgewohnheiten noch nicht entwickelt haben.

Eine für den Umstieg günstige Lebenskonstellation stellt zum Beispiel auch die Einschulung des jüngsten Kindes dar, weil sich nun die Kindertransporte reduzieren dürften. Kinder wollen und sollen sich in diesem Alter allein fortbewegen. Hier bietet es sich für die Erwachsenen geradezu an, mit ihnen zusammen zu Fuß die Umgebung zu erkunden und den Umgang mit den öffentlichen Verkehrsmitteln und dem Fahrrad zu üben.

Im Prinzip eignen sich für einen Umstiegsversuch alle Situationen, in denen sich das Alltagsleben durch langfristig wirksame Einschnitte verändern wird. Man kann den Umstieg gewissermaßen in die entstehende neue Lebenssituation integrieren. Ebenso geeignet sind Alltagsbedingungen, die so stabil und ruhig verlaufen, daß man sowohl in der Lage ist, die entsprechende Umstellung zu organisieren, als auch von der inneren Haltung her bereit ist, ein wenig Kreativität zu entfalten und gegebenenfalls ein bißchen Aufregung hinzunehmen.

Wird der Umstieg dagegen versucht, weil das Auto gerade für eine Woche in der Werkstatt ist, es also ohnehin nicht zur Verfügung steht, kann die autolose Situation leicht als defizitär erlebt werden. Die eigentliche Ursache für den erlebten Mangel liegt dann womöglich in einer gewissen Halbherzigkeit des Entschlusses. Da das Auto nicht zur Verfügung steht, läßt man sich eigentlich nicht freiwillig auf den Versuch ein. Die Kreativität, die sich aus der Freiwilligkeit der Entscheidung ergibt und die für den Erfolg des Versuchs so wichtig ist, wird in einem solchen Fall womöglich fehlen.

Darüber hinaus wäre die Versuchsdauer von einer Woche zu kurz, um genug Erfahrungen zu sammeln. Außer der täglichen Arbeit wiederholen sich die meisten Aktivitäten nur im wöchentlichen Rhythmus, so daß nach der ersten Versuchswoche lediglich festgestellt werden kann, ob die neue Verkehrsmittel- oder Standortwahl funktioniert hat oder nicht. Gab es Probleme oder sollen noch andere Verkehrsmittel und Ziele getestet werden, braucht man mindestens noch eine weitere Woche. Die ersten beiden Wochen sind eigentlich notwendig, um sich neu zu orientieren.

In der dritten Versuchswoche beginnt man, sich schon ein wenig an die Autolosigkeit zu gewöhnen; es entstehen die ersten Routinen. Mit dem Versuch soll ja nicht nur festgestellt werden, ob die eigenen Ziele ohne Auto zu erreichen sind. In erster Linie geht es darum, ob man selbst mit dem Leben ohne Auto zufrieden ist. Es empfiehlt sich deshalb, eine Versuchsdauer zu wählen, die es ermöglicht, sich in diese Situation einzuleben. Erst wenn neue Routinen entstanden sind, hat man sich tatsächlich umgestellt, und erst dann kann man beurteilen und entscheiden, ob man das Leben ohne Auto weiterführen will oder nicht. Wurde das Auto vor dem Versuch intensiv genutzt, sollte man sich ruhig vier Wochen Zeit nehmen. Wer das Auto dagegen schon immer sehr wenig benutzt hat, wird sich schon nach zwei, spätestens aber nach drei Wochen umgestellt haben.

Vielleicht fällt der Entschluß, vom Auto Abschied zu nehmen, leichter, wenn man ihn nicht allein faßt, sondern wenn es außer den Familien- bzw. Haushaltsmitgliedern noch andere Menschen gibt, die den Umstieg ebenfalls wagen. Die Umsetzung des Vorsatzes, das Auto für eine bestimmte Zeit nicht zu benutzen, erhält durch ein gegenseitiges Versprechen einen sozialen Kontext und ermöglicht einen Erfahrungsaustausch.

Wie es nach der Versuchszeit weitergeht, hängt nicht nur davon ab, ob es möglich war, die gewünschten Ziele ohne Auto zu erreichen, sondern zugleich auch davon, ob die «Mangelsituation» emotional befriedigend und rational einsichtig verarbeitet wurde.

Eine permanente Selbstvergewisserung der täglichen Erfahrungen trägt dazu bei, sich nicht nur praktisch auf die neue Situation einzustellen, sondern die Umstellung innerlich nachzuvollziehen. Das heißt, die vielen kleinen Veränderungen des Alltags bewußt wahrzunehmen und sich nicht nur an die unangenehmen Details zu erinnern, sondern auch die schönen und wohltuenden nicht zu vergessen. Hierzu mag es nützlich sein, während des Versuchs einmal am Tag kurz folgende Fragen zu beantworten und die Antworten in einem Taschenkalender oder einem kleinen Heft niederzuschreiben:

1. Gab es organisatorische Probleme?
   Wenn ja: Welche und wie soll zukünftig damit umgegangen werden?
2. Warum wurde welche Fortbewegungsart gewählt?
3. Was war dabei negativ? Was war positiv?
4. Welche besonderen Erlebnisse und Situationen gab es auf den Wegen?
5. Wie werden die neuen Ziele bewertet?
   Was war positiv? Was war negativ?
6. Wurde die Benutzung des Autos vermißt?
   Wenn ja: In welcher Situation?

Selbst wenn man die Probephase überwiegend positiv bewertet und mit dem Leben ohne Auto zufrieden ist, gab es wahrscheinlich Situationen, in denen es ohne Auto recht beschwerlich war und in denen man nicht so gut zurecht kam. Der Besuch auf dem Dorf, das weder mit dem Bus noch mit der Bahn zu erreichen ist, oder der Transport von sperrigen oder schweren Möbelstücken lassen sich ohne Auto kaum bewältigen. Gerade bei solchen Gelegenheiten kann das Auto seine spezifischen Qualitäten entfalten. Sie sind aber in der Regel sehr selten, so daß sich die Frage stellt, ob man dafür unbedingt ein eigenes Auto braucht.

Aus ökonomischer Sicht ist der unverzügliche Verkauf sicherlich sinnvoll, weil das Auto Monat für Monat an Wert verliert und weil es Kosten verursacht, ob es nun gefahren wird oder nicht. Es wird vermutlich dennoch nicht leicht fallen, sich vom Auto zu trennen. Trotz der Erfahrung, daß das Leben ohne Auto gut funktioniert hat, dürfte die Vorstellung von Dynamik, Freiheit und Beweglichkeit, die das Auto vermittelt und die auch das eigene Image prägt, erhalten bleiben. Es wird viel länger als vier Wochen dauern, bis man gar nicht mehr an das eigene Auto denkt und dessen Benutzung nicht mehr in Erwägung zieht.

Wer sich nun, obwohl er das Auto nicht mehr benutzt, nicht von seinem Auto trennen mag, kann es so lange vor der Haustür stehen lassen, bis es ihm lästig wird, sich um die Abgassonderuntersuchung zu kümmern, an den nächsten TÜV-Termin zu denken und dafür zu sorgen, daß das Auto fahrbereit bleibt. Wird das Auto nämlich tatsächlich nicht mehr gefahren, fängt man spätestens bei der Überweisung der Versicherungsprämie oder Kfz-Steuer an, kritisch zu überprüfen, ob man dieses Geld nicht für ein neues Fahrrad oder für etwas Sinnvolleres ausgeben sollte, als für ein Auto, dessen einziger Nutzen noch darin besteht, daß man es benutzen «könnte».

Da das Auto zweifellos hin und wieder vermißt werden dürfte, fällt der Verkaufsentschluß sicher leichter, wenn eine Alternative zum eigenen Auto vorhanden ist. Hier gibt es neben der Benutzung eines Taxis, eines Leihwagens oder der Mitfahrzentralen noch zwei weitere Möglichkeiten. Man kann sich mit mehreren Personen ein Auto teilen oder selbst Mitfahrgelegenheiten organisieren.

Soll ein Auto mit Freunden oder Bekannten zusammen benutzt werden, empfiehlt es sich, die Benutzungsmodalitäten vorher klar festzulegen, damit es nicht zu Mißverständnissen und Verdruß kommt. So ist es sinnvoll, sich darüber zu einigen, wie die Kommunikation über die jeweiligen Termine, zu denen die Beteiligten das Auto brauchen, erfolgen soll. Abgesprochen werden sollte außerdem, wie die festen Kosten verteilt werden: pro Kopf oder nach gefahrenen Kilometern? Ebenso ist es empfehlenswert, sich zu verständigen, wie bei Reparaturen, Unfällen und der Wartung des gemeinsamen Autos vorgegangen werden soll. Der ADAC und der VCD geben bei Bedarf Auskunft darüber, wie man ein solches Projekt formal organisieren kann.

Eine andere Form der gemeinsamen Autobenutzung bietet das Stadt- oder Teile-Auto. In zahlreichen Städten haben sich inzwischen solche Stadtauto-Initiativen gegründet. Mitglied kann nur werden, wer kein Auto besitzt oder binnen einer kurzen Frist sein Fahrzeug abschafft. Meistens steht für 10 bis 15 Personen (sechs bis acht Haushalte), die in einem Stadtteil bzw. nicht allzuweit voneinander entfernt wohnen, ein Auto an einem für alle gut erreichbaren Ort bereit. Wer mit dem Auto fahren möchte, meldet den Termin und die Dauer der Benutzung in der Zentrale und bekommt seine Reservierung bestätigt.

Die einzelnen Projekte sind untereinander (auch mit verschiedenen Projekten im Ausland) entweder in den Autogenossenschaften des VCD oder im *European car sharing* (ECS) vernetzt. Dadurch wird die Quernutzung (d. h. die Benutzung von Stadtautos in verschiedenen Städten) möglich.

Rechtlich sind die Initiativen als Verein, Genossenschaft oder Gesellschaft mit beschränkter Haftung (GmbH) organisiert. In der Kostenbeteiligung unterscheiden sich die Stadtauto-Projekte nur in wenigen Details. Wer in einer mitmachen will, muß sich im Prinzip am Kauf der Autos und an den Betriebskosten beteiligen. Die Mitgliedschaft erwirbt man, indem man eine Eintrittsgebühr bezahlt und/oder eine Kaution hinterlegt – das ist ein Betrag, der um 1000,– DM liegt. Angeschafft werden Autos bei den meisten Gemeinschaften dann, wenn sich genug Leute aus einem bestimmten Raum zusammengefunden haben und wenn ein Standort für das Auto gefunden wurde. Im allgemeinen wird darüber hinaus ein monatlicher oder jährlicher Beitrag für die Verwaltung verlangt. Ansonsten muß nur die Benutzung des Autos bezahlt werden. Die Abrechnung erfolgt nach gefahrenen Kilometern, nach der Benutzungsdauer oder einer Kombination aus beidem. Die Ausgaben für die Kfz-Versicherung, anfallende Reparaturen, Wartungen usw. werden bei den meisten Gemeinschaften auf die gefahrenen Kilometer umgelegt. Die Preise sind so veranschlagt, daß sich eine Mitgliedschaft für diejenigen lohnt, die im Jahr nicht mehr als 8000 km mit dem Auto fahren.

Die Beteiligung an einem solchen Projekt ist für Umsteiger jedenfalls allemal billiger als ein eigenes Auto. Wer in Zukunft ohne eigenes Auto leben will, dem bieten diese Initiativen eine sehr gute Alternative. Man muß dabei nicht – wie bei dem privaten Gemeinschaftsauto – im Bekanntenkreis Leute finden, die mitmachen wollen. Und man muß vor allem nicht alles selbst organisieren. Falls es am Wohnort keine solche Initiative gibt, sollten Umsteiger auf diesem Feld aktiv werden.

Für Umsteiger, die einen umständlichen oder sehr weiten Weg zur Arbeit haben, gibt es noch eine andere Möglichkeit, ohne eigenes Auto auszukommen. Auch im Kollegenkreis lassen sich Mitfahrinitiativen organisieren. Im allgemeinen benutzen alle beteiligten Kollegen der Reihe nach wochenweise ihr eigenes Auto und nehmen darin die anderen mit. Das hat den Vorteil, daß man nur in Ausnahmefällen komplizierte Abrechnungen vornehmen muß. Der Umsteiger könnte bei dieser Regelung das Stadt-Auto benutzen, wenn er an der Reihe wäre. Da ja beim Arbeiten meistens nur noch wenig Gelegenheit besteht, mit Mitarbeitern persönliche Gespräche zu führen, bieten solche Fahrgemeinschaften darüber hinaus ganz nebenbei die Chance, die Kollegen besser kennenzulernen.

Literatur

ADFC Hessen/Jürgen Wolf (Hrsg.): Fahrrad Stadt Verkehr, Darmstadt 1988

Aeschbacher, Ruedi: Zürichs Antwort auf die verkehrspolitische Herausforderung unserer Zeit, in: SNV Stadtverkehr 2000, 1989

Apel, Dieter; Kollech, Bernd; Lehmbrock, Michael: Verkehrsicherheit im Städtevergleich, DIFU, Berlin 1988

Apel, Dieter; Lehmbrock, Michael: Chancen zur Steuerung des Autoverkehrs durch Parkraumkonzepte und -bewirtschaftung, Stadtverträgliche Verkehrsplanung, DIFU, Berlin 1990

Apel, Dieter: Verkehrskonzepte in europäischen Städten, DIFU, Berlin 1992

Bastian, Till: Die deutsche Lust am Kraftwagen, in: die Zeit v. 6.9.1991

Becher, K.-P.; Wewers, B.: Vereinfachte Nachfrageermittlung und Kosten-Nutzen-Abschätzung für Park-and-Ride-Anlagen Teil 1 und 2; in: Verkehr und Technik 1990, Heft 3 und 4

Beckmann, Klaus J.: Verständniswandel in der städtischen Verkehrsplanung, in: SLR 1989

BFLR: Verkehrsberuhigung und Entwicklung von Handel und Gewerbe, Arbeitspapiere Nr. 33, 1988

Bode, M.P.; Hamberger, S.; Zängl, W.: Alptraum Auto, Eine hundertjährige Erfindung und ihre Folgen, München 1986

Böltken, Ferdinand: Subjektive Informationen für die Laufende Raumbeobachtung, in: Informationen zur Raumentwicklung, Heft 12, 1983

Brög, Werner: Verkehrsbeteiligung im Zeitverlauf – Verhaltensänderung zwischen 1976 und 1982 – in: Zeitschrift für Verkehrswissenschaft Nr. 56, 1985, 3–49

Brög, Werner: Verhalten beginnt im Kopf – Public awareness des öffentlichen Personennahverkehrs – Vortrag zum Internationalen Jubiläumskongreß «150 Jahre Eisenbahnen in den Niederlanden», München 1989

Buchanan, Colin: Verkehr in Städten, Essen 1964

Bundesminister für Verkehr: Verkehr in Zahlen (verschiedene Jahrgänge), Bonn 1990

Clar, M.; Friedrichs, J.; Hempel, W.: Zeitbudget und Aktionsräume von Städten, Hamburg 1979

Deutsche Shell AG: Motorisierung nach der Vereinigung: Aufbruch zu neuen Dimensionen; Aktuelle Wirtschaftsanalysen 9/91, Hamburg

Deutscher Städtetag (DST): Tempo 30: Materialien zur Verkehrsberuhigung in den Städten. Reihe F Heft 7, Köln 1989

Fiebig, K.-H.; Horn, B.; Krause, U.: Umweltverbesserung in den Städten, DIFU Heft 5, Berlin 1988

Frenz, Eckehard: Die Straßenbahnstillegung in der Bundesrepublik Deutschland, in: Köstlin 1987

GEOwissen Verkehr · Mobilität, Nr. 2 v. 6.5.91

Göbel, Norbert: Freiburg – Kommunalpolitische und verwaltungstechnische Durchsetzung der Verkehrsumverteilung, in: ADFC Hessen 1988, 97–101

Gyukits, H.: Parken in den Innenstädten in: Verkehr+Technik Heft 5 1989

Haack, Dieter: Verkehrsberuhigung in der Konzeption zu Erneuerung der Städte, Einführungsrede zum Fachseminar «Wohnumfeldverbesserung durch Verkehrsberuhigung» des Bundesbauministeriums und der Forschungsanstalt für Landeskunde und Raumkunde am 17.7.1979

Haaf, Günter: Diät für die heilige Kuh, in: GEOwissen 1991

Haaf, Günter: Alternative Antriebe, in: GEOwissen 1991

Häußermann H. u. a.: Stadt und Raum – Soziologische Analysen, Pfaffenweiler 1991

Häußermann, Hartmut; Petrowsky, Werner: Die Bedeutung der Wohnverhältnisse für die Bewältigung von Arbeitslosigkeit, Arbeitspapiere der WE Stadt- und Sozialforschung Bremen 1990

Herbold, M.; Hense, H. W.; Keil, U.: Effects of Road Traffic Noise on Prevalence of Hypertension in Men: Results of the Lübeck Blood Pressure Study; Soz. Praeventivmed, 34, 19–23 (1989)

Holzapfel, Helmut; Traube, Klaus; Ullrich, Otto: Autoverkehr 2000, Wege zu einem ökologisch und sozial verträglichen Autoverkehr, Karlsruhe 1985

Holzapfel, Helmut: Zahlen, Daten, Fakten zum Straßenverkehr, in ILS 1989

Horn, Burkhard; Schmitz, Andreas: Stadterneuerung und Hauptverkehrsstraßen, Arbeitsbericht 13.A.63 des Fb Stadtplanung und Landschaftsplanung, Kassel 1986

ILS: Verkehr der Zukunft, Dortmund 1990

Ipsen: Detlef: Stadt und Land – Metamorphosen einer Beziehung, in: Häußermann 1991

Jens, Walter; Zehn Pfennig bis zur Endstation, Der öffentliche Personennahverkehr in Geschichte und Gegenwart, in: Republikanische Reden, München 1976

Kellner, Torsten: Von Neukirchs Linienwagen zur modernen Stadtbahn, in: Roder 1987

Köstlin, Reinhart; Wollmann, Hellmut: Renaissance der Straßenbahn, Basel 1987

Kopetzki, Christian: Geplanter Strukturwandel in Großstädten des Deutschen Reiches zwischen den Weltkriegen. Vortrag am Institut für Städtebau und Wohnungswesen der Deutschen Akademie für Städtebau und Landesplanung München, München 1986

Kürer, R.: Neue Möglichkeiten gegen den Straßenverkehrslärm, in: Zeitschrift für Lärmbekämpfung, 29, 163–173, 1982

Kutter, Eckhard: Demographische Determinanten städtischen Personenverkehrs, Braunschweig 1972

Kutter, Eckhard: Mobilität als Determinante städtischer Lebensqualität – Situationsanalyse, in: Verkehr. Die technisch-wissenschaftlichen Vorträge auf der Deutschen Industrieausstellung Berlin, Berlin 1974

Kutter, Eckhard: Verkehrsintegrierende räumliche Planungsinstrumente, in: BfLR: Raumordnung in Deutschland Teil 2, Materialien zur Raumentwicklung Heft 40, Bonn 1991

Linder, Wolf; Maurer, Ulrich; Resch, Hubert: Erzwungene Mobilität, Köln 1975

Ludewig, Klaus: Tempo 30 – Wege zu menschenfreundlichen Städten und Dörfern, hrsg. v.: Umkehr, Berlin 1990

Mayer-Tasch P.C.; Molt, W.; Tiefenthaler H.: Transit: Das Drama der Mobilität: Wege zu einer humaneren Verkehrspolitik, Zürich 1990

Mitscherlich, Alexander: Thesen zur Stadt der Zukunft, Frankfurt a.M. 1971

Monheim, Heiner; Mohnheim-Dahndorfer, Rita: Straßen für alle, Analysen und Konzepte zum Stadtverkehr der Zukunft, Hamburg 1990

Müller, Peter; Schleicher-Jester, Frank; Topp, Hartmut H.: Bilanz zu Tempo 30 – Auswirkungen auf Städtebau und Verkehr, in: DST 1989

Neddens, Martin C.: Ökologisch orientierte Stadt- und Raumentwicklung, Wiesbaden 1986

Nickel, Bernhard E.: In Innenstädten weltweite Verkehrsbeschränkungen, in: Der Nahverkehr 1/91, S. 11–22

Reimann, Susanne; Rosenkranz, Adelheid: Beton und Asphalt, Straßenbau, Umweltzerstörung, Alternativen. Hrsg. Öko-Institut Freiburg, Bonn 1983

Roder, Hartmut (Hrsg.): Verkehr in Bremen, Bremen 1987

Sachs, Wolfgang: Die Liebe zum Automobil, Reinbek 1984

Schmid, Matthias; Vorfahrt für das Fahrrad, Frankfurt am Main 1981

SNV Studiengesellschaft Nahverkehr mbH (Hrsg.): Stadtverkehr 2000, Bielefeld 1989

Socialdata Institut für Verkehrs- und Infrastrukturforschung GmbH (Brög), München; im Auftrag vom Verband Deutscher Verkehrsunternehmen (VDV); Mobilität in Deutschland, Köln 1991

Socialdata: Einschätzungen zur Mobilität in Europa, München 1992

SRL (Hrsg.): Neue Strategien für den Verkehr der Stadt, Bochum 1989

Staisch, Erich; Straßenbahn adieu, Ein Stück Hamburg verabschiedet sich, Hamburg 1978.

Topp, Hartmut H.: Erreichbarkeit als Voraussetzung lebendiger Stadtzentren, in: Internationales Verkehrswesen, 41, 1989

Ueberschaer, Manfred: Zur Verlagerung von Pkw-Fahrten auf andere Verkehrsmittel, in: Verkehr und Technik 1988, Heft 1

Umkehr (Hrsg.): Lärm-Minderung durch prinzipielle Verkehrsberuhigung, Berlin 1988

UPI (Umwelt- und Prognose-Institut Heidelberg e. V.): Stadt und Verkehr, UPI-Bericht Nr. 10, Heidelberg 1989

VCD Hessen: Zur verkehrspolitischen Bewertung von P&R Anlagen, Stellungnahme v. Hermann Daiber zur Planung von P&R Anlagen an Autobahnen, Wiesbaden 1991

Walz, Felix: Freie Fahrt für kranke Bürger? Der (Transit-)Verkehr aus medizinischer Sicht, in: Mayer-Tasch, P. C., 1990

Weber, Manfred: VÖV-Jahrestagung 1988 in Essen, ÖPNV in Zürich und Stockholm, in: Verkehr und Technik 1988, Heft 8

Wermuth, M. J.: Struktur und Effekte von Faktoren der individuellen Aktivitätennachfrage als Determinanten des Personenverkehrs, München 1978

Wille, Joachim: Die Tempomacher: Freie Fahrt ins Chaos, München 1988

Wismeth, Wolfgang: (Hrsg.): Photovoltaik-Handbuch, Staufen 1990

Wohltmann, Heike: AutoTeilen – Möglichkeiten zur Verringerung des Autoverkehrs, in: Verkehrszeichen 3, 1991

Wolf, Winfried: Sackgasse Autogesellschaft, Frankfurt a. M. 1988

Greenpeace-Report

«Gar besonders wunderbar wird mir zu Mute, wenn ich allein in der Dämmerung am Strande wandle – hinter mir flache Dünen, vor mir das wogende, unermeßliche Meer, über mir der Himmel wie eine riesige Kristallkuppel –, ich erscheine mir dann selbst sehr ameisenklein, und dennoch dehnt sich meine Seele so weltenweit.»
Heinrich Heine

Jürgen Streich
Stoppt die Atomtests!
GREENPEACE REPORT 1
(aktuell 5926)
Sie heißen «Bravo» oder «Mighty Oak». Sie verwüsten ganze Landstriche und zerstören Leben: 1687mal sind bisher Atombomben gezündet worden, die meisten von ihnen in ihrer Zerstörungskraft um ein Vielfaches stärker als die Bombe, die – 1945 über Hiroshima abgeworfen – das Atomzeitalter einläutete. Jürgen Streich hat die Geschichte der Atomtests aufgezeichnet und die Opfer zu Wort kommen lassen.

Jürgen Stellpflug
Der weltweite Atomtransport
GREENPEACE REPORT 2
Bearbeitet von Michael Mutz
(aktuell 5745)
Der Autor hat die geheime Reise der strahlenden Stoffe vom Uranbergwerk zum Atommeiler, von der Wiederaufarbeitung bis zum Endlager um den ganzen Erdball verfolgt.

Jochen Vorfelder
Eispatrouille – Greenpeace in der Antarktis
GREENPEACE REPORT 3
(aktuell 12236)

Greenpeace-Aktivisten berichten von den Beweggründen für ihr Antarktis-Engagement. Der Autor erzählt die Geschichte des Zugriffs der Menschen auf die Antarktis, von den ersten Entdeckungsfahrten und Expeditionen bis hin zur aktuellen Situation wenige Jahre vor Ablauf des Antarktis–Vertrages.

Johanna Wieland (Hg.)
Nordsee in Not
GREENPEACE REPORT 4
(aktuell 12554)
Mit Beiträgen von Andreas Ahrens, Walter Feldt, Jörg Feldner, Ingrid Jütting, Jochen Lamp, Jürgen Oetting, Peter Prokosch, Michael Sontheimer, Peter Todt und Johanna Wieland

Monika Griefahn (Hg.)
Wir kämpfen für eine Welt, in der wir leben können
GREENPEACE REPORT 5
(aktuell 12602)
Die Berichte in diesem Buch sollen Mut machen, sollen andere dazu ermuntern, selbst aktiv zu werden. Denn sie zeigen, daß es sich lohnt.